百済王氏と古代日本【普及版】

大坪　秀敏　著

雄山閣

百済王氏と古代日本／目次

推薦の辞

わが国古代の、文化の発展と国家の形成に、渡来人・渡来系集団が大きな役割を果たしたことは、今日では国民的な常識となった。

たとえば、弥生文化の母体となった水田稲作農耕をはじめ、青銅器・鉄器などの金属器や漢字の伝来と定着、神仙思想・儒教・仏教および律令などの学問や宗教思想の受容と展開はほとんどが渡来人とその子孫らに担われてきたといっても過言でない。

したがって、渡来人研究はわが国古代史学の重要な分野のひとつであって、彼らの顕著な活躍が伝えられる七世紀後半までは、研究の蓄積も少なくない。しかし、律令国家が確立する八世紀以降のことになると関心は薄れ、本書の主題である「百済王《くだらのこにきし》」氏についても手付かずの部分が少なくなかった。

百済王氏は、通説では七世紀中葉にわが国に派遣された百済王族の「質《しち》」に遡るとされるが、近年異論が出され、本書でも検討されている。当時のわが国に在った百済王族は、六六〇年の百済滅亡と六六三年の白村江での倭国・百済遺民連合軍の大敗による亡命百済人をも内包し、一大渡来人集団を形成するに至った。その中核として在った百済王族が持統朝に「百済王」を賜わったことに始まるが、天皇の後裔以外にわが国で王を称するのはこの百済王氏だけであり、その特別な扱いに注目されよう。

事実、奈良時代から平安時代前葉にかけて百済王氏は、中堅の律令官人として朝廷の要職を歴任するとともに女たちは後宮に入り、天皇家の姻族としても重要な位置を占めた。

本書の著者、大坪秀敏氏は注目されることの少なかったこの百済王氏に焦点を定め、奈良時代から平安時代初頭の百済王氏の動向を詳細に分析、考察し、百済王氏の果たした政治的な役割や宮廷文化への影響などについて、地道かつ堅実な考察を重ねられた。かくして、わが国古代史上に果たした百済王氏の役割とその実態がほぼ明らかになったことは、大坪氏の業績として高く評価されているところである。

大坪氏の研究姿勢は、一言で申せば「真摯」に尽きる。学生時代は池田源太博士に師事され、卒業後は日野昭博士の下で私的に研鑽を続け、着実に業績を重ねられた。ところで、大坪氏は大学卒業以来、古代史研究とは無縁な大手銀行に勤務され、決して恵まれた研究環境にあったわけではないということを特筆したい。さらに、長く管理職の要職にあってもなお学問への志を失うどころか、ますます寸暇を惜しんで研究に邁進され、確かな成果をものにしてきたことは敬服に値しよう（現在は他企業に転籍）。

大坪氏も参加する研究会で日野昭先生が、「学問研究にしたがう者は本居宣長が『うひ山ふみ』で述べていることを旨とするべきである」と仰ったことがある。すなわち、「学問は、たゞ年月長く倦ずおこたらずして、はげみつとむるぞ肝要」ということだが、大坪氏はまさにこのことを実践されたといえよう。

このようにして成った本書は、わが国古代史、とくに奈良時代の政治・文化の研究に益するところ大なるものがあると考えられ、江湖に推薦する次第である。

元龍谷大学文学部教授　博士（文学）
平林　章仁

緒言

百済王氏は、『新撰姓氏録』右京諸蕃下に「百濟王出レ自二百濟國義慈王一也」と載る渡来系の氏族である。具体的には、『日本書紀』舒明天皇三年三月庚申朔条に「百濟王義慈入二皇子豊章一爲レ質。」とあり、その後の唐、新羅連合軍による百済攻撃、日本国が援助介入した白村江における敗戦、本国の滅亡を経て日本に定着したことに始まるとされる。ただ近年の研究では、舒明朝の入質についての『日本書紀』の記載を疑問視する論（1）も出されており、聞くべき所が多い。豊璋は百済再興のため本国に帰国したが、その弟善光は帰国せず自国の滅亡により難波に居を構えたことが、『日本書紀』天智天皇三年三月条に「以二百濟王善光王等一、居二于難波一」とある所から明らかとなる。しかし、一族は即刻わが国の政治体制に組み込まれた訳ではなく、百済遺民の頂点となるべき地位を有する者として特別に遇されたものと考えられる。持統朝になると一族は位階を与えられるとともに、「百済王氏」を賜姓されて律令体制に編成され、以降歴史上にその足跡を残していくことになる。

さて、かかる百済王氏に関しての研究に先鞭をつけられ、後々大きな影響を与えたのは今井啓一氏である。就中、『百済王敬福』（2）に収録された諸論考は体系的に百済王氏を研究した唯一のものと言ってよかった。しかし、その論は史料的に問題のある『百済王三松氏系図』に大きく依拠したものであり、当系図が史料的に信頼のおけるものであるという根本的な考察を抜きにしては俄かに首肯できない一面を持つ。さらに、百済王氏と他氏族との関わり、就中、政治との関わりという視点からの考察が十分ではない。即ち、百済王氏の実態を捉えるという点からすればやや弱いものがあるのはいかんともし難い。ただそうは言うものの百済王氏を軸とした周辺渡来氏族についての考察には綿密なものがあり、参考となる点も少なくない。

これに対し、利光三津夫（3）、大石良材（4）、長瀬一平（5）、石上英一（6）の諸氏により、日本王権の中における「百済王権」を巡る諸論考が出された。田中史生氏はかかる諸論考から、

（一）日本王権の中に「百済王権」が取り込まれている

（二）百済滅亡後、日本にとって「百済王権」を象徴するものが亡命百済王族である

という点で百済王氏の基本的性格が定まったとされ、そこから出発してさらに深い考察（7）を展開された。すなわち、田中氏は単に百済王氏のみではなく、高句麗系の高麗王氏、肖奈王氏をも視野に比較検討を進める。結果、国名を示すウジナ「王」姓を賜与することは、その国の王族を臣下の立場におき、対外関係における日本の優位性を誇示しようとしたことに発したものであるとする。しかし、それは国際的承認の上に立脚したものではなく、あくまで「日本本位の中華世界を充足させるもの」に過ぎないことも併せて主張（8）する。さらに田中氏はこの賜与が滅亡した百済、高句麗を含むことは「日本の独自の中華世界の原型」が七世紀後半にあったが反面、新羅系渡来氏族や渤海からの渡来人に対し「王」姓が賜与されなかったのは、その出身国が滅亡しない限りその王族出身の氏族を日本に組み込めなかったためであると説く。要するに、田中氏の百済王氏に関する考察には、百済王氏が日本に取り込まれた「百済王権」を象徴する存在であるという観点が貫いている。田中氏の論考は、日本律令国家の持つ中華思想の中に百済王氏を正確に位置づけることにより、百済王氏の持つ氏族的特質を鮮やかに描き出したものとして評価できよう。

しかし、百済王氏の氏族的特質はそれのみでは説明しきれない面のあることもまた言を待たない。田中氏の明らかにされた一面を持ちながらも、百済王氏が律令官人として奈良、平安時代の初期に至る激動の時期を生き抜いたこともまごうことなき事実である。その実態解明なくしては、百済王氏を多角的に考察することはできないと言っても過言ではない。解明にむけてのアプローチの方法は多岐に亘ろうが、その一つに、百済系渡来人の統率者としての百済王氏いう視点がある。田中氏自身も「王」姓を持つ渡来氏族の国内渡来人に与える影響力を否定しておられないが、百済王氏の

百済系渡来人に対する影響力は、母国が滅亡しているが故になおさら強いものがあったと考えられる。即ち、百済王氏を掌握することは背後にある技術力あるいは戦力を有する百済系渡来人をも掌握することを意味したのである。時の為政者からすればその存在は無視し得ないもの、否、積極的に自己の政権内に組織すべき氏族として意識されたに相違ない。

その端的な一例を示すと、聖武天皇の発願による大仏造営事業における百済王氏がある。造営過程において百済王敬福が黄金を発見、奉献したことについては百済王氏を論ずる際に必ず言及される。しかし、ただそれを単なる背後関係のない一歴史的事実としてのみ取り扱うことは、問題を矮小化することになる。大仏造営は聖武天皇が、「夫有二天下之富一者朕也。有二天下之勢一者朕也。以二此富勢一造二此尊像一」(9)とする詔により事業が開始された。その大事業において百済系渡来人の国君麻呂が、造仏長官として造像に中心的役割を担ったことからもわかるように渡来人の技術力なしには到底成就し得ないものであった。かような点を考慮するならば、黄金の発見、奉献という歴史的事実の呈示だけでなく、百済王氏が大仏造営事業に百済系渡来人の統率者として果たした役割を、史料の中から読み解いていく作業が必要となる。本文で詳しく述べるが、百済王氏の難波から河内国交野への本拠地移動はそのような観点から捉えるべきものである。

かような百済系渡来人の統率者という観点とは別に、他氏族との関わりにおいて百済王氏を捉えるという視点ももちろん必要である。右も触れたが、時の政権から無視し得ない存在であった百済王氏は、その政治的動きから当然他氏族との関わりを避けることはできない。史料上より見ると五位を中心とした貴族の地位を安定的に保持しているから、百済王氏を百済の王族であったという枠にはめ込み、独自性を保持した一氏族として見做すこともできなくはない。しかし、歴史の経過の中において、時の政治動向に左右されず一氏族として単独で生き抜いたと考えることは、およそ現実と乖離したものである。詳しくは本論に譲るが、たとえば大仏造営過程において藤原仲麻呂を介して藤原豊成の南家と密接に結びついている。この関係の成立以降、百済王氏の歴史上における動向は藤原南家、それも藤原継縄の動向と切り離せないものとなっていく。かかる関係の成立要因及びその後の経過を歴史上から掘り起こし意味づけを行うことは、百済王氏の一面を考える上で有意義なものとなろう。

百済王氏にとって桓武朝は、「百濟王等者朕之外戚也」(10)という詔からも導かれるように、天皇から特に優遇されていることは衆諸の知る所である。しかし、そこにおいても藤原継縄との関係を常に念頭において考察する必要があると考える。確かに桓武朝は百済王氏にとって頂点をなす時代であったが、延暦十五年七月十六日の藤原継縄の死は百済王氏に暗い影を落とすことになった。その後、大同二年十月に発生した伊予親王事件により藤原南家は決定的な打撃を蒙り、その政治的な支配力を喪失していく。それと歩調を合わせるかの如く、百済王氏の動向もまた停滞を余儀なくされる。即ち、九世紀後半から十世紀前半にかけて政界における百済王氏の活動も大きなものとはなり得ず、やがて没落への道を歩み始めるのである(11)。これよりして、藤原南家と百済王氏の関係を究明することは、百済王氏の政治上の地位の変遷を見極める上で有効なものであると考える。

本書の中心課題は以上述べた二点を論述する所にある。

注

(1) 西本昌弘「豊璋と翹岐」—大化改新前夜の倭国と百済—『ヒストリア』107 一九八五年
(2) 今井啓一『百済王敬福』綜芸舎。 一九六五年
(3) 利光三津夫「百済亡命政権考」『律令制とその周辺』所収。慶応義塾大学法学研究会。 一九六七年
(4) 大石良材「大刀契」『日本王権の成立』所収。塙書房。 一九七五年
(5) 長瀬一平「白村江敗戦後における『百済王権』について」『千葉史学』六 一九八五年
(6) 石上英一「古代国家と対外関係」『講座日本歴史』2所収。東京大学出版会。 一九八四年

（7）田中史生「「王」姓賜与と日本古代国家」『日本古代国家の民族支配と渡来人』第一章　校倉書房。一九九七年

（8）田中史生注（7）

（9）『続日本紀』天平十五年十月辛巳条

（10）『続日本紀』延暦九年二月甲午条

（11）本書での考察は桓武朝で終わっている。かかる見通しについての考察は後日を期したい。

第一章　百済王氏の成立

はじめに

持統朝は百済王氏にとって位階制のみならず、姓秩序においても日本古代律令制に編成されたという点において画期をなす時代であった。それは『日本書紀』持統天皇五年春正月己卯条に「正廣肆百済王余禪廣、直大肆遠寶」との記載があり、また『続日本紀』稱徳天皇天平神護二年六月壬子条の百済王敬福の薨伝に「藤原朝廷賜レ号曰二百濟王一。」という記載のある所からも確かめ得る。しかし、彼ら一族が持統朝のいかなる時点において位階を得、また百済王と賜姓されたのかという点については原史料である『日本書紀』に記載されておらず確定し難い。賜姓一つをとってみても関晃（1）、鬼頭清明（2）両氏が持統七年説を唱えておられるが、その根拠となる史料を明示されていない。おそらくそれは『日本書紀』持統天皇七年春正月乙巳条の「以二正廣參一、贈二百濟王善光一。并賜二賻物一。」という記載が念頭にあってのことと思われるが、ここには百済王賜姓の内容は含まれておらず、一つの仮説にとどまるであろう。また早く『百済王敬福』を世に出され、百済王氏を論じられた今井啓一氏もこの点については「持統朝、百済王の号を賜う」（3）たという叙述のみで、この問題については考察の対象とはされていない。しかし、この百済王賜姓は、天武十三年十月のいわゆる八色の姓制定からあまり年数を経過していない持統朝におけるものであり、百済王氏に対する他は、持統天皇十年五月壬寅朔甲辰条に「詔二大錦上秦造綱手一、賜レ姓爲二忌寸一。」とある如く、秦造綱手に忌寸を与えているにとどまる。しかも、かかる賜姓を「秦造が天武十二年九月に連、同十四年六月に忌寸と改姓された際に綱手の一族が賜姓から洩れたために申請し」(4)、それを天武八姓制定と関連するものととらえた時、百済王賜姓がきわめて政治的な機縁を有したものであったのではないかと想定し得る。かように百済王賜姓が持統朝の政治状況と密接な関連を有したものと考えれば、この賜姓問題追究は有意義なものとなろう。以下この点について考察を加えていきたい。

(一)

前述の如く、禪廣ら一族は持統朝において百済王と賜姓されたのであるが、そこに至るまでの一族の動向を『日本書紀』の記載により確認し、そこからいかなる状況にあったのかを考えてみたい。

『続日本紀』称徳天皇天平神護二年六月壬子条の百済王敬福薨伝によると「其先者出レ自二百濟國義慈王一。高市岡本宮馭宇天皇御世。義慈王遣二其子豊璋王及禪廣王一入侍。」とあり、『日本書紀』舒明天皇三年三月庚申朔条の「百濟王義慈入二王子豊章一爲レ質」とする記載に対応する。しかるに、舒明天皇三年の時点の百済は武王璋の時代であり、義慈王が即位前に豊璋を入侍させたことになり、矛盾を生ずることになるのである。かかる矛盾を大化改新前後の国際情勢を視野に入れてとらえられたのが西本昌弘氏(5)である。氏は、『日本書紀』皇極天皇元年及び二年条に見える翹岐を豊璋、塞上を禪廣に比することが可能であると考えられ、舒明紀三年の記事は皇極天皇二年の誤りであるとされた。以上の西本氏の考察は舒明天皇三年の記載を矛盾なく解釈でき、百済王敬福の薨伝をいかにとらえるかという問題（6）は残るものの採る（7）ところとなりつつある。

さて、それでは滞日中の百済王子はいかに遇されていたのであろうか。孝徳天皇白雉元年二月庚午朔戊寅条（8）及び、同月甲申条（9）は白雉出現に関するものであるが、ここに百済君豊璋、塞上（禪廣）、忠勝が登場している。この白雉出現を機に白雉と改元されたのであるが、この改元を孝徳天皇を中心とするグループの政治理念を示したセレモニーと解釈（10）し、難波長柄豊碕宮造営、遷都の主体を百済君豊璋、新羅人旻らによって推進されたものと見なす説（11）がある所からも窺える如く、厚く遇されていたものと思われる。かかる点を踏まえ、難波長柄豊碕宮の遺構が天武朝まで存在し、それを改修及び、補修し再利用したものが朱鳥元年正月に焼失した前期難波宮に比定出来る（12）とすると、難波の百済寺とされる堂ヶ芝廃寺と百済尼寺の位置が俄かにクローズアップされてくることとなる。即ち、四天王寺と同様、難波宮の朱雀大路と推定される中軸線に沿う位置に存在しているからである。それをただ単なる偶然と解することはできず、そこに百済君豊璋の存在を想起すべきではなかろうか。藤沢一夫氏（13）は四天王寺について

㈠堂ヶ芝廃寺跡出土瓦の最古の遺例が飛鳥後期（白鳳）の山田寺系の単子葉弁文のものであり、四天王寺に同笵遺例があること

㈡この同笵瓦は「金堂跡をはじめ諸堂塔跡に普遍していて一時期を画したものである」こと

㈢「孝徳天皇大化元年に上は天皇から下は伴造に至るまで所造の寺の造り能わないものは皆助け作らしめんとの詔が発せられ」、また「大化四年には阿部大臣が仏像四軀を四天王寺に迎えてその塔内に安置し、霊鷲山像を作らしめたことがあった」こと

㈣「大化改新に際し、国家の対仏教政策に伴い、また四天王寺の支持氏族勢力交替に伴い，一つの画期の生じたことはほぼ確実であ」り、「単子葉弁文を飾る幾つかの形式はこの画期に照応して行われたものと考えられる」こと

等を指摘しておられる。

かかる指摘は、四天王寺の発掘調査（14）が

ⓐ創建が七世紀初頭の飛鳥時代にさかのぼること
ⓑ創建当初から中門、塔、金堂が南北一直線に並ぶ伽藍配置をとっていたこと
ⓒ孝徳朝の難波遷都に伴い回廊、南大門、東大門などの整備が進められたこと
ⓓ天武朝における講堂の建立で完成したこと

の事実を明らかにしていることとあいまって極めて注目すべきことであると考える。即ち、先述の堂ヶ芝廃寺出土の四天王寺同笵瓦が飛鳥後期（白鳳）のものであることは、孝徳朝における整備と深い関連性を有していたことを示唆している。従って摂津の百済寺の創建が孝徳朝であった可能性が高く、創建者を百済君豊璋とその弟等とすべきではなかろうか。しかも、百済尼寺の発掘（15）調査では、七世紀中葉の溝から四天王寺創建瓦と同笵である素弁蓮華文軒丸瓦が出土しており、その創建が七世紀中葉であったと考えられることは、百済寺の創建ときわめて深い関係にあったことを窺わせる。

さらに、両寺が存在したと考えられる百済郡の設置時期に関しても長屋王邸跡の発掘調査において出土した木簡（16）の記載に

（表）百済郡南里車長百済部若末呂車三転米十二斛上二石 中十石
（裏）　元年十月十三日田辺廣國 八木造意弥万呂

とあり、以下のことが考えられる。即ち、

ⓘ百済郡は摂津国のみに存在すること
ⓡこの木簡は年号は欠くものの今次の長屋王邸の他の出土木簡との比較から、霊亀元年である蓋然性が高いこと

(ハ)地方行政組織が郡里制から郡郷里制に変わるのは、霊亀元年以降であるとする岸俊男氏(17)の研究と一致すること
(ニ)南里が南部郷になったとしても矛盾はない(18)こと
(ホ)大宝令の施行当初から存在していた可能性が高い(19)こと
(ヘ)『続日本紀』が郡の新設、改廃を掲載することを原則としており、そこに百済郡の建郡記載がないところから郡制創始期以来のものと考えられることも出来、浄御原令制施行期に建評された可能性も考えられる(20)こと

である。この百済郡の成立については議論のあるところであるが、服部昌之氏(21)は、その建評を大化二年に求めようとされる今井啓一氏(22)と同様の考えを示しておられる。百済郡の成立を大化の評制創始期に求めうる確証はないものの、後に百済郡となる地に百済王族の氏寺、あるいは尼寺が発願された可能性は十分可能なことであり、そこに孝徳朝と豊璋の強いつながりが想定出来るのではなかろうか。そのことは、『日本霊異記』上巻僧憶持心經得現報示奇事縁第十四に「釋義覺者本百濟人也其國破時當後岡本宮御宇天皇之代入我聖朝住難破百濟寺矣」とする記載とも矛盾しないのである。その後、唐、新羅連合軍による祖国滅亡の危急に際し豊璋は、天智二年乞われて帰国し、その復興を謀ったが内紛を生じて敗れ、倭国もこの戦いに干与し、唐、新羅連合軍によって白村江で決定的な敗北を喫し、ここに百済国は滅亡した。

かかる滅亡を契機として禪廣ら一族は天智朝において渡来したのであるが、天智朝における一族の記載は『日本書紀』天智天皇三年三月条の「以百濟王善光王等、居于難波。」とする難波配置事項のみに過ぎない。しかし、この記載は本国の滅亡を経て渡来した百済王一族の再配置記事であり、難波に配置されたことは、天智朝が孝徳朝以来の百済王一族に対する処遇に変更のないことを明らかにしたものであったと考えられる。このことからも天智朝が禪廣ら一族を厚く遇したであろうことは想像に難くないが、同じく百済滅亡に際し渡来した貴族、官人層に対しいかなる対処を示しているのかを究明し、それとの対比を加えることにより一族の状況を推察してみたい。

百済救援を目的とした対朝鮮干渉戦争における敗北は、唐、新羅からの日本進攻という危機感を生むと同時に大陸先進文明の流通経路の喪失をも意味した。これらの社会的状況に対して天智朝は各地に防衛施設を構築し、進攻に備えたが、この危機は朝鮮半島における情勢の変化、即ち、新羅が朝鮮半島の統一を志向し、実施に移すことによって唐と戦闘状態に入ることによって回避された。この防衛対策において百済滅亡に際しての渡来官人が城を築くのに際し、政府⒇より派遣されていることに留意しておきたい。それは『日本書紀』天智天皇四年二月是月条に「勘二校百濟國官位階級一。」とあり、渡来百済人に「官位を授けるために彼此の位階の対応の原則を検討」(24)し、彼ら渡来人を積極的にその政治組織に編成しようとする政策の一端であるとみなし得る。即ち、百済貴族、官人は先進大陸文明の保有者であり、その利用価値が十分あったと考えられるからである。この天智四年二月の彼此の位階の対応が実施に移され、渡来百済人に位階が授けられたことは、『日本書紀』天智天皇十年正月是月条に「以二大錦下一授二佐平余自信・沙宅紹明一。法官大輔。以二小錦下一、授二鬼室集斯一。學職頭。以二大山下一、授二達率谷那晉首閑二兵法一。木素貴子閑二兵法一。憶禮福留閑二兵法一。答㶱春初閑二兵法一。㶱日比子贊波羅金羅金須解レ薬。鬼室集信解レ薬。以二小山上一、授二達率德頂上解レ薬。吉大尚解レ薬。許率母明二五經一。角福牟閑二於陰陽一。以二小山下一、授二餘達率等、五十餘人一。」とある所から明確(25)となる。大津宮で詩文が興隆(26)したのも彼らに負うところが大としなければならない。

かように天智朝は、百済貴族、官人層を日本の政治組織に編成し、その力量を吸収しようとしたのであるが、一方、旧百済王の禪廣ら一族に対しては何らの働きかけも窺われない。かかる事実は百済渡来貴族、官人の結節点、象徴的存在として禪廣ら一族を政治組織に編成することを回避する配慮が働いていたものと思われる。それはとりもなおさず百済王族の地位を温存することとなったが、その背景には国が消滅したとは言え、なお新羅との関係において、その存在が軽視すべからざるものととらえられていたことを意味しよう。

（二）

以上のような状況は次の天武朝においていかに変化したであろうか。先述した如く、天智朝における百済渡来貴族、官人の政治組織化は大伴、物部、平群氏などの伝統名族の中央からの疎外を生み、これら一族の不満を発生させる原因ともなった。その結果、不満は大海人皇子への期待に転化され、壬申の乱（27）の一因となったとも考えられることは、天武朝において百済貴族、官人の立場が抑圧されたであろうことを推測せしむる。平野邦雄氏（28）は大海人皇子が壬申の乱において古い東西漢氏系の武力を利用し、「百済の新帰化人」を一人も利用しなかった事実、即位後、天皇が「白村江の敗戦にかんがみ、しきりに遣新羅使を遣わし、新羅仏教を輸入し、新羅との国交回復につとめ」、「帰化人にたいしても、百済人を登用」していない事実は「反天智政策をとったもの」とされた。しかし、個々の人々は天武朝においても重んじられた様で、天武二年閏六月六日に大錦下百済沙宅昭明が卒した際、天皇は驚き外小紫位（29）を贈っており、六年五月三日（30）には大博士百済人率母に大山下位を授け、三十戸を封している。とりわけ天武天皇の病気に際し、渡来百済人が活躍（31）し、朱鳥元年五月九日（32）に侍醫百済人億仁が病により死に至らんとした時勤大壹位を与え、食封一百戸を封している。

これに対し禪廣ら一族はいかなる動向を見せているのであろうか。『日本書紀』天武天皇三年春正月辛亥朔庚申条に「百濟王昌成薨。贈二小紫位一。」とする記事を載せる。私はここで昌成の死に際し薨という語が使用されていること、及び小紫位をあたえられていることに留意すべきであると考える。そこで今、天武朝において紫位を追贈された者を抽出し、その死に際しいかなる語が使用されているのかを示すと次の様になる。

（二十九日）

二年　五月癸丑　大錦上坂本財　卒　小紫位　（壬申の功臣）

（六日）

閏六月乙酉朔庚寅　大錦下百濟沙宅昭明　卒　外小紫位

（十日）

三年　春正月辛亥朔庚申　百濟王昌成　薨　小紫位

（二十八日）

二月辛巳朔戊申　紀臣阿閉麻呂　卒　大紫位　（壬申の功臣）

（二十三日）

四年　六月癸酉朔乙未　大分君恵尺　薨　外小紫位　（壬申の功臣）

五年　六月　物部雄君連　卒　内大紫位　（壬申の功臣）

秋七月是月　村國連雄依　卒　外小紫位　（壬申の功臣）

八月是月　大三輪眞上田子人君　卒　内小紫位　（壬申の功臣）

九月是月　坂田公雷　卒　大紫位　（壬申の功臣）

（二十七日）

九年　五月辛丑　小錦中星川臣麿呂　卒　大紫位　（壬申の功臣）

（十八日）

十一年　秋七月己酉　膳臣摩漏　卒

（二十一日）
壬子　　膳臣摩漏　　大紫位　（壬申の功臣）
（三日）
十二年　六月丁巳朔己未　　大伴連望多　　薨　大紫位　（壬申の功臣）

ここで注目すべきは、紫位を追贈されているのは百済沙宅昭明及び、百済王昌成を除きすべて壬申の功臣でしめられていることである。この点については夙に井上光貞氏がその論考（33）の中で究明されているが、これら紫位追贈の中でその死に際し薨の語で書き記されているのは、百済王昌成、大分君恵尺、大伴連望多（馬来田）の三例に過ぎない。しかも、天武紀において死の際に薨の語が使用されている他の例は、元年十二月是月条の大紫韋那公高見、十年二月己巳条の小紫當摩公豊濱のみであり、彼らは生前に紫位を有していた。従って、上記の三名については特別な要因が存したと考えねばならないであろう。そこで今一度『日本書紀』の内容を検討すると、大分君恵尺と大伴連望多については破格の取扱いがなされていることが判明する。即ち、大分君恵尺の死に際し天武天皇が「汝恵尺也、背レ私向レ公、不レ惜二身命一。以二遂雄之心一、勞二于大役一。恆欲二慈愛一。故爾雖二既死一、子孫厚賞。」とする詔を下しており、壬申の乱の功臣の中でも特に厚遇されていたことを窺わせる。一方、大伴連望多の際には「天皇大驚之、則遣二泊瀬王一而弔之。仍擧二壬申年勳績及先祖等毎レ時有功一、以顯寵賞。乃贈二大紫位一、發二鼓吹一葬之。」とある如く、鼓をうち、笛を吹いて葬ったとある。養老喪葬令（34）によると、その葬送に際し、葬具として鼓、大角、小角を用いるのを許されていたのは有品の親王、三位以上の王臣及び、大納言以上の者に限られていたことを勘案すれば、生前においても紫位に相当するような（35）地位にいたと考えてよいのではあるまいか。しからば百済王昌成の場合はいかに解釈すればよいのであろうか。

私は、先に指摘した如く、その本国が消滅したとは言え新羅との関係上百済国の王族の地位を温存し、保護あるいは配慮を加えた結果ではないかと考える。その点において百済王一族は貴族中の貴族であり、甍の語を使用するのにふさわしい氏族であったと言えよう。しかし、『日本書紀』天武天皇四年春正月丙午朔条によると禪廣が大学寮の諸学生・陰陽寮・外薬寮及び舎衛の女・堕羅の女・新羅の仕丁等と共に薬及び珍異しき物などを天皇に捧げ進っているのは、旧百済国の王族として天武朝に服属すべき、あるいは奉仕（36）すべきものとしてとらえられていたことを推測させる。即ち、禪廣の服属がとりもなおさず旧百済貴族、官人層の天皇に対する服属をも意味することを考慮に入れたものであったとすべきであろう。かように考えてくるならば、百済の王族たる禪廣ら一族は、一方では手厚い保護を受けながらも他方では服属すべきものとする二面的な要素を天武朝によって賦与されていたとしなければならない。こと位階、及び姓秩序編成における古代律令体制への彼ら一族の取り込みは、前述の天智朝において考察した理由及び天武朝における百済官人の抑圧された立場と共にかかる服属すべきものとの意識によって阻止されていたと考える。

さて、『日本書紀』天武天皇十年二月庚子朔甲子条によると天武天皇は親王・諸王及び諸臣を喚し「朕今更欲下定二律令一改中法式上。故俱修二是事一。然頓就二是務一、公事有レ闕。分レ人應レ行。」とする詔を宣した。この詔によりいうところの飛鳥浄御原令の制定に着手したのであるが、それは律令体制のより一層の整備強化を意味した。それと同一目的をもって諸氏族を大化以降、壬申の乱を経た段階において天皇を頂点として、その政治的勢力（37）を再評価し、氏族統制を計ることを目的としたのが天武の八姓の制定であった。即ち、『日本書紀』天武天皇十三年冬十月己卯朔条に「詔曰、更改二諸氏之族姓一、作二八色之姓一、以混二天下萬姓一。一曰、眞人。二曰、朝臣。三曰、宿禰。四曰、忌寸。五曰、道師。六曰、臣。七曰、連。八曰、稲置。」とあるものである。今、渡来人でこの八姓に組織されたものを見ると、天武天皇十四年六月乙亥朔甲午条に倭漢連、河内漢連、秦連、書連が忌寸を与えられているのにとどまる。この四氏は古い渡来伝承を持ち、この頃には渡来人としての特殊性（38）を失い、一般豪族化していたものであり、持統朝に禪廣一族が百済王賜姓される前段階としてかかる状況にあったことを確認しておきたい。

明	浄
正	直
大壱　広壱　大弐　広弐　大参　広参　大肆　広肆	大壱　広壱　大弐　広弐　大参　広参　大肆　広肆

勤	務
大壱　広壱　大弐　広弐　大参　広参　大肆　広肆	大壱　広壱　大弐　広弐　大参　広参　大肆　広肆

追	進
大壱　広壱　大弐　広弐　大参　広参　大肆　広肆	大壱　広壱　大弐　広弐　大参　広参　大肆　広肆

さらに天武天皇はその十四年正月二十一日に天智天皇三年二月九日制定の冠位を改定し、四十八階からなる冠位を制定した。その内容は上表の如くである。

この改定は、天武統治下における律令体制の整備に伴う官人層の増大、なかんずく先に述べた八姓の制定に対応するものであった。これにより、諸王以上と諸臣が異なる爵位を帯びることとなり、「諸皇子も冠位を授けられて天皇の臣下として位地づけ」(39)られた。かように律令体制の整備は着々と実施に移されていったが、推進の主役ともいうべき天武天皇が病を得、朱鳥元年九月九日正宮で崩じてしまった。この事態に対し皇后鸕野は天武天皇の殯を盛大に挙行(40)し、その遺烈を官人層に追想させる事により動揺の鎮静化を試みた。その過程において、『日本書紀』天武天皇朱鳥元年九月丁卯条によると、是日、百済王良虞が禪廣に代わり殯の儀で誄を奉っている。かかる良虞の行為をいかに解釈すべきなのであろうか。そこで天武天皇の死から良虞の誄に至るまでにいかなる者が誄を奉じたのかを表示すると以下の如くである。

月日	位	氏名	内容
九月二十七日		大海人宿禰菖蒲	壬生の事
	浄大肆	伊勢王	諸王の事
	直大参	縣犬養宿禰大伴	総べて宮内の事
	浄廣肆	河内王	左右大舎人の事
	直大参	當麻眞人國見	左右の兵衛の事
	直大肆	采女朝臣竺羅	内命婦の事
	直廣肆	紀朝臣眞人	膳職の事
九月二十八日	直大参	布勢朝臣御主人	大政官の事
	直廣参	石上朝臣麻呂	法官の事
	直大肆	大三輪朝臣高市麻呂	理官の事
	直廣参	大伴宿禰安麻呂	大蔵の事
	直大肆	藤原朝臣大嶋	兵政官の事
九月二十九日	直廣肆	阿倍久努朝臣麻呂	刑官の事
	直廣肆	紀朝臣弓張	民官の事
	直廣肆	穂積朝臣蟲麻呂	諸国司の事
		大隅・阿多の隼人	誄
		倭・河内の馬飼部造	誄
九月三十日		百濟王良虞	誄
		国国の造等	誄

以上の事実から明らかな如く、二十八日は内廷関係、二十九日は外廷関係の誄がなされている。その中において、二十九日に大隅・阿多の隼人、倭・河内の馬飼部造、三十日には百済王良虞、国々造が誄をなしているのは、夙に北山茂夫氏が説かれている如く、「朝廷と関係が深いこと、あるいはまたその隷属性の強いことによ」(41)るものであろう。従って、この時点においても禪廣ら一族は先に述べた様に、旧百済国の王族としてその地位を温存、保護されながらも反面それなるが故に隷属すべきものと見なされていたことが明確となるのである。政府の禪廣ら一族に対するかような処遇が持統朝において一変し、位階を与え、賜姓するに至るにはいかなる要因が存したのであろうか。以下その究明を試みたい。

(三)

天武天皇崩後の皇位後継者は皇后鸕野との間に誕生し、既に立太子していた草壁皇子が最有力であった。しかし、異母兄弟の大津皇子の器量は草壁皇子を凌ぐものがあり、官人間における評価も高かった。壬申の乱を経験してきた皇后にとって皇位継承を巡る争いは未然に回避しなければならなかった。かかる状況下において鸕野は、朱鳥元年十月二日大津皇子を謀反の罪で捕らえ、翌三日、死刑に処した。草壁皇子の地位を守るためにライバルを葬り去ったのである。そして、公卿、百寮人等を率い、殯宮で慟哭る行為を草壁皇子(42)にさせているのは、皇位継承者であることを官人に再確認させる意図があったものと思われる。

さて、二年三カ月に亘る天武天皇の殯の儀が終わり、大内陵に葬られたのは持統天皇二年十一月十一日のことである。草壁皇子の即位は眼前に迫っていたとすべきであろう。しかし、持統天皇三年四月十三日、草壁皇子が急逝してしまった。草壁皇子の遺子、軽皇子（後の文武天皇）は七歳に過ぎなかった。皇統を天武天皇と自分の間の血をひく者のみに伝えることを志向した皇后鸕野は、軽皇子の成長を待つ間、敢然として皇位に就いた。持統天皇四年正月一日のことである。持統天皇の登場である。彼女は『日本書紀』持統天皇称制前紀二年に「皇后従レ始迄レ今、佐二天皇一定二天下一。毎於侍執之際、輙言及二政事一、多レ所二毗補一。」とある如く、父、天智天皇の血をひいて政治的資質にすぐれており、夫、天武天皇の死後は実質的に政治を執っていたものと思われる。持統天皇の治世は、『日本書紀』持統天皇三年六月庚戌条に「班二賜諸司令一部廿二巻一。」とある如く、夫、天武天皇が定めた浄御原令を実施に移している所からして、天武天皇のめざした律令体制の整備強化をはかり、完成に導こうとした時代であったと言える。即ち、持統朝は天武天皇のやり残した事業を達成することを目標とした時代であった。

さて、持統天皇四年四月十四日、天皇は詔を下し、考課に基づいて冠位を進める年限を有位者六年、無位者七年とした。そして、評価の基準を上日の日数とし、その結果を九等となし、年限が到来した際、評価の平均が四等以上の者で善最・功能、氏姓の大小を勘案した上で適うものに対して階を加えることを規定した。これは、『日本書紀』天武天皇七年十月己酉条に「詔曰、凡内外文武官、毎レ年、史以上、其属官人等、公平而恪懃者、議二其優劣一、則定二應レ進階一。―下略―」とある如く、史以上の官人に対して毎年考課すべきことを定めたが、その考課に基づき冠位を進めることの基準が欠如していたことに対する補正であったと考えられる。さらに、同年六月庚午条には「盡召二有レ位者一、唱二知位次與二年歯一。」とあり、朝廷での序列確定(43)、および位記授与に対する準備とみられ、官人の再掌握が実施に移されている。その結果、七月五日には高市皇子を太政大臣、丹比嶋眞人を右大臣に任命し幷せて八省百寮の異動を行っている。

かような律令官人に対する規定、再掌握が実施された翌年、即ち、持統天皇五年正月一日、親王・諸臣・内親王・女王・内命婦等に位をあたえている。これは、先述の持統天皇四年四月十四日の詔をうけたもので、天武天皇十四年正月二十一日に草壁皇子に浄廣壹、大津皇子に浄大貳、高市皇子に浄廣貳を与え、さらに川嶋、忍壁皇子に浄大參、諸王・諸臣等に爵位を増し加えてから満六年になるところから位が与えられたものと考えられる。さて、この日から六日後の七日、『日本書紀』は「優三賜正廣肆百濟王余禪廣・直大肆遠寶・良虞與二南典一、各有レ差。」と記載し、禪廣が正廣肆、遠寶が直大肆を帯びていることが明らかになる。この授位は天武天皇三年正月十日に禪廣の子、昌成が薨じた際、小紫位を追贈されて以来のものであり、生存中に与えられたものとしては最初のものである。この位階がいつ与えられたのかについては明確にし難いが、持統天皇五年正月一日の授位に伴うものであったと考えて大過なかろう。かように禪廣と遠寶は授位しているのであるが、その与えられた位階がいかなるものであったのかを見るために天武天皇十四年正月二十一日の冠位改定より持統天皇五年に至るまで『日本書紀』に記される授位者およびその冠位を表示すると以下の如くである。

冠位	年号	月日	授位者
正廣參	持統四年	七月五日	丹比嶋眞人（右大臣）
	持統五年	正月十三日	丹比嶋眞人（右大臣）
正廣肆	持統五年	正月七日	百濟王余禪廣
		正月十三日	百濟王禪廣
直大壹	天武十四年	五月十九日	當麻眞人廣麻呂　卒す。壬申の功を以って贈る。
	天武朱鳥元年	三月二十五日	羽田眞人八國　卒す。壬申の功を以って贈る。
	持統五年	正月十三日	布勢御主人朝臣

			大伴御行宿禰
直廣壹	持統三年	閏八月二十七日	丹比眞人嶋
直大貳	持統五年	九月二十三日	佐伯宿禰大目　死亡。壬申の功臣。
直大參	天武十四年	三月十六日	許勢朝臣辛檀努　卒す。
		五月十九日	當麻眞人廣麻呂　卒す。
	天武朱鳥元年	三月六日	羽田眞人八國
		九月二十七日	當麻眞人國見
			縣犬養宿禰大伴
		九月二十八日	布勢朝臣御主人
	持統五年	五月二十一日	百濟淳武微子　死亡。壬申の功を以って。
直廣參	天武十四年	九月十五日	路眞人迹見
	天武朱鳥元年	一月	大伴宿禰安麻呂
		九月二十八日	石上朝臣麻呂
			大伴宿禰安麻呂
	持統元年	十二月十日	路眞人迹見
	持統三年	九月十日	石上朝臣麻呂
直大肆	天武十四年	五月十九日	粟田朝臣眞人
	天武朱鳥元年	一月	藤原朝臣大嶋

		九月二十七日	采女朝臣竺羅
		九月二十八日	大三輪朝臣高市麻呂
			藤原朝臣大嶋
	持統元年	八月二十八日	藤原朝臣大嶋
			黄書連大伴
	持統五年	正月七日	百濟王遠寶
直廣肆	天武十四年	九月十五日	都努朝臣牛飼
			石川朝臣蟲名
			佐味朝臣少麻呂
			巨勢朝臣粟持
			佐伯宿禰廣足
		十月十二日	巨勢朝臣馬飼
	天武朱鳥元年	一月	境部宿禰鯯魚
			穂積朝臣蟲麻呂
		四月八日	桑原連訶都
		九月二十七日	紀朝臣眞人
		九月二十九日	阿倍久努朝臣麻呂

			紀朝臣弓張
			穂積朝臣蟲麻呂
	持統稱制前紀	十月二日	八口朝臣音橿
	持統元年	一月十九日	田中朝臣法麻呂
	持統二年	十一月十一日	當麻眞人智徳
	持統三年	二月二十六日	土師宿禰根麻呂
			大宅朝臣麻呂
			藤原朝臣史
		六月二日	佐味朝臣宿那麻呂
			羽田朝臣齊
		九月十日	石川朝臣蟲名
		十月二十二日	下毛野朝臣子麻呂
	持統五年	正月十四日	筑紫史益
勤大壹	天武朱鳥元年	五月九日	百濟人億仁
		六月一日	榎本連勝麻呂
勤廣肆	持統三年	六月二日	伊余部連馬飼
			調忌寸老人
務大參	持統三年	六月二日	大伴宿禰手拍

			巨勢朝臣多益須
	持統五年	十二月二日	徳自珍（醫博士）
務大肆	持統三年	正月三日	脂利古（蝦夷）
		二月二十六日	當麻眞人櫻井
			穂積朝臣山守
			中臣朝臣臣麻呂
			巨勢朝臣多益須
			大三輪朝臣安麻呂
	持統四年	十月二十二日	大伴部博麻
追大貳	持統元年	一月十九日	守君苅田
追廣貳	持統三年	十一月八日	高田首石成
追廣參	持統三年	七月二十日	生部連虎

この表で明らかな如く、禪廣は右大臣正廣參丹比嶋眞人に次ぐ位階であり、遠寶のそれも低いものではない。持統天皇五年の時点まで服属あるいは奉仕すべきものとされてきた百済王一族が一転して位階を与えられた時、かような高位であったことに注目すべきである。

さて、しからば持統朝に百済王と賜姓されたのはいかなる時点であったのか。この点において私は、先述した持統天皇五年正月七日の記載に留意すべきであると考える。即ち、そこには正廣肆百濟王余禪廣とあり、百済王姓と余姓が複合的に記されている。かかる記載はこれ以前の記載において百済王○○と整然と記されているのに反している(44)こと、および之れ以降も百済王○○で統一されていることを考慮に入れる時、この時点あるいはこの時点を遠くさかのぼらない時点において賜姓された可能性がすこぶる高いとしなければならない。かように百済王賜姓および位階の授与が持統天皇五年になされたものとすれば、何故この時点でそれがなされねばならなかったのかという理由を明らかにしなければ十分説得的なものとは言い難いであろう。以下、その間のことについて解明を進めることとしたい。

(四)

先述の如く、朱鳥元年九月九日天武天皇はその波乱に富んだ生涯を閉じたが、『日本書紀』持統称制前紀元年正月十九日条によると、皇后鸕野を中心とする朝廷は、直廣肆田中朝臣法麻呂、追大貳守君苅田等を新羅に遣し、天武天皇の喪を赴げしめた。朝廷は天武朝と同様に、新羅に対して大化前代からの伝統的な臣礼を強要(45)する立場を保持するとともに、唐との国交が中断していることを背景に、大陸先進文明を受容する必要性から交流を実施する挙に出たものと考えられる。一方、新羅も半島における唐との対抗関係から日本と修交状態にある方が得策であると考えていた様である。さて、この日本からの使節に応えるため、新羅は級飡金道那等を弔奉使として遣わしてきた。持統天皇三年四月二十日のことである。この遣使に対し持統朝は

㈠先に田中朝臣法麻呂らを遣わし、天武天皇の喪を赴げしめたが、その際、勅を受ける新羅の官人の位階が前例に違い低位であったこと

㈡今回の弔奉使の位が天智天皇の際の弔奉使より低位であること

㈢朝貢の量が少ないこと

等を理由にこの遺使でもたらされた調、即ち、金銅の阿彌陀像・金銅の観世音菩薩像・大勢至菩薩像、各一軀、綵帛・錦・綾等を返還するの挙に出た。しかし、この拒絶は国交の断絶を意味するものではなかった(46)。そのことは、筑紫大宰粟田眞人朝臣等に詔して、今回の新羅使に従って帰朝した学問僧明聰・観智等が新羅の師友に贈るための綿各一百四十斤を賜ったり、筑紫の小郡において、金道那等を饗応し、物を賜っていることからも判明する。かように日本の態度には厳然としたものが欠如していたのであるが、これ以降、持統天皇六年十一月八日に新羅からの使節が来訪するまで三年間正式に修交が行われていない。北山茂夫氏はこの背後に朝廷の内部にわだかまっていた新羅に対する宿怨(47)の感情を想定しておられるが従うべきであろう。

さて、かように新羅との正式修交が中断している中、『日本書紀』持統天皇四年十月壬申条は「高市皇子観二藤原宮地一。公卿百寮従焉。」と記し、持統天皇が造都に着手しようとしていることを窺わせる。この造都は天武朝における律令体制の整備強化に伴う官人層の増大、及びそれに付随する建物の増設に対応する必要性から派生したものであった。造都については、『日本書紀』天武天皇五年是年条に「將レ都二新城一。而限内田園者、不レ問二公私一、皆不レ耕悉荒。然遂不レ都矣。」とある如く、既に天武朝において実施に移されているが果たせず、さらに天武十一年三月一日にも三野王、宮内官の大夫等を新城に遣わし地形を見せしめ、十六日には天皇自身も行幸している。しかし、この度も造都は決定されずに終わっている。次いで天武十三年二月二十八日には廣瀬王・大伴連安麻呂、及び判官・録事・陰陽師・工匠等を畿内に派遣して造都すべき地を求めさせている(48)。しかるに、天武十三年三月辛卯条の「天皇巡二行於京師一、而定二宮室之地一。」という記載を最後に造都地探索の関連記事はあらわれない(49)。とするとこの三月九日に造都すべき地が決定されたことになるが、その地は『日本書紀』に記されておらず一切不明である。北山茂夫氏は夙に、この地が持統朝において皇居を造った藤原の地(50)ではないかとされ、岸俊男氏も天武・持統合葬陵の位置、及び天武九年発願の薬師寺の占地が藤原京条坊と密接な関係を有するところから「藤原京の設定計画は天武十三年三月に決定され、寺院の造営などは一部始められ」(51)たが、天武天皇、及び皇太子草壁の死により遂行が遅れ、持統朝において再開されたとされた。これらの説の妥当性は藤原京の発掘調査において明らかにされつつある。即ち、

ⓐ平成五年の発掘によって、本薬師寺中門の下層から、その造営に先行する西三坊坊間路の遺構が発見されたこと(52)

ⓑ宮城内で宮造営によって埋められた条坊の道路を検出し、京の設定が宮の造営に先行すること

ⓒ大極殿院北部の調査においては、宮造営に先行する南北運河の中から天武十一年～十三年(53)の年記を持つ木簡三点、及び天武十四年制定の冠位である進大肆の記載のある木簡が出土したこと

である。私は、天武天皇十四年二月四日に大唐人・百済人・高麗人、幷て百四十七人に冠位を与えたのは、一月二十一日の新冠位制定に関連するとともに、新都造営に密接に関わるものであったのではないかと考えている。彼らは何らかの技術を保有する者であったのではなかろうか。

さて、前述の如く、藤原宮は天武朝における造都計画を継承するものであったが、かような事業が、新羅と正式修交が中断している時期に開始されていることに留意すべきである。即ち、それは唐と国交が断絶している状況下において新羅との関係悪化は先進文明、及び技術受容が阻まれることを意味したからである。この間、持統朝はその五年四月一日に大学博士上村主百済に学業を勧めるため大税一千束、九月四日には音博士大唐の續守言・薩弘恪、書博士百済末士善信に各々銀二十両、十二月二日には醫博士徳自珍・呪禁博士木素丁武・沙宅萬首に各々銀二十両をあたえている。さらに六年二月十一日に陰陽博士沙門法藏・道基にも各々銀二十両を与えている。しかも、六年十月十一日には前新羅学問僧山田史御形を還俗させ務廣肆の冠位を授け、さらには、七年六月一日に高麗の沙門福嘉を還俗させている。律令制下において僧侶の還俗は普通刑罰の一種であったが、この場合は刑罰を伴うものではなく、山田史御形は務廣肆を授けられている。関晃氏は、持統朝から奈良朝の初年にかけて刑罰でない還俗が史料上多く見られることに注目され、これ

らの還俗は「国家が還俗者の学芸・技術を利用するために行ったもの」(54)であるとされた。さらに氏は、その還俗時期の集中化の原因としてこれらの人々が「知りうる限りすべて大陸系の学芸・技術の所有者であって、かれらを採用しなければ、まさに完成しようとする律令制度の学芸・技術部門の陣容を整えることができなかったからである」(55)とされた。この説は説得性があり、従うべきであろうが、この持統朝における二例についてはそれが六年、七年に実施されているところから考えて別の面からの解釈が必要となってくるのではなかろうか。即ち、これは学問の振興をはかり、新羅との関係悪化によるマイナス面を埋めようとする方策から出たものとすべきであろう。しからば、かような状況の中で何故に持統朝は造都に着手しようとしたのであろうか。その点において北山茂夫氏(56)が、藤原京の経始が新羅との対抗関係という副次的要素をもっていたのかもしれないとされていることは示唆的である。即ち、持統朝はこの時期に壮大な都城を造営し、新羅に見せしめようとする意識が働いたのではあるまいか。その造営には多くの技術を要するが、天智朝に渡来した百済遺民、あるいはその子孫の保有する技術は必要欠くべからざるものであったと思われる。そこでそれらの者の統率者として旧百済国の王族である禪廣らの存在が重視されたのではないかと考える。禪廣らの位階授与・賜姓が藤原の宮処を観した翌年一月であったことは、そこに密接な関連性があったことを窺わせる。しかもその位階は高位であり、姓が天武八姓とは異なる「百済王」であったことは旧百済国の王族としての立場を明らかにするとともに、新羅との関係をも考慮にいれたものであったのではなかろうか。ここに服属、あるいは奉仕すべき氏族から利用すべき氏族へという意識の転換が成立したのではないかと考える。持統天皇五年一月七日、禪廣・遠寶・良虞・南典が優を賜り(57)、十三日に禪廣が増封(58)されているのは一日の親王、諸臣等にたいする授位に伴うものであるとともに、即位後一年間の論功行賞の意味あいをもったものであるとすれば、既述の藤原京との関わり(59)を想定すべきであろう。

かように藤原京の造営に新羅との関係が反映していたと考えるのであるが、そのことを今一度検討するために天武、及び持統朝における新羅使の来朝に関する表を掲げることにする。

天皇	年	月日	官位	氏名	摘要
天武	二年	閏六月十五日	韓阿飡	金 承元	賀騰極使　京に召す
			阿飡	金 祇山	〃　〃
			大舍	霜 雪	〃　〃
			一吉飡	金 薩儒	弔喪使
			韓奈末	金 池山	〃
				貴 千寶	送使　筑紫より帰国
				眞毛	〃　〃
				承元	〃　〃
				薩儒	〃　〃
	四年	二月		王子忠元	調使　難波に至る
			大監級飡	金 比蘇	〃
			大監奈末	金 天沖	〃
			第監大麻	朴 武摩	〃
			第監大舍	金 洛水	〃
			奈末	金 風那	送使　筑紫より帰国
			奈末	金 孝福	〃　〃
		三月	級飡	朴 勤修	調使　筑紫に饗賜う

		大奈末	金　美賀	〃	〃
五年	十一月三日	沙飡	金　清平	政を請さしむ	京に召す
		汲飡	金　好儒	調使	
		第監大舎	金　欽吉	〃	
		奈末	被　珍那	送使	筑紫より帰国
		奈末	好福	〃	〃
七年		汲飡	金　消勿	調使	暴風の為遭難
		大奈末	金　世世	〃	〃
		奈末	加良井山	送使	京に向く
		奈末	金　紅世	〃	〃
八年	十月十七日	阿飡	金　項那	調使	筑紫に饗賜う
		沙飡	薩　虆生	〃	〃
九年	十一月二十四日	沙飡	金　若弼	調使	筑紫に饗賜う
		大奈末	金　原升	〃	〃
十年	十月二十日	沙喙一吉飡	金　忠平	調使	筑紫に饗賜う
		大奈末	金　壹世	〃	〃
十二年	十一月十三日	沙飡	金　主山	調使	筑紫に饗賜う
		大奈末	金　長志	〃	〃

	十四年	十一月二十七日	波珍飡	金 智祥	政を請す 調進る 筑紫に饗賜う
			大阿飡	金 健勲	〃 〃 〃
持統	元年	九月二十三日		王子 金 霜林	国政を奏請 調賦を献る 筑紫の館に饗たまう
			級飡	金 薩慕	〃 〃
			級飡	金 仁述	〃 〃
			大舎	蘇 陽信	〃 〃
	三年	四月二十日	級飡	金 道那	天武天皇の喪を弔い奉る。天智天皇の弔奉使より低位であることを問題とするも筑紫の小郡で饗応す
	六年	十一月八日	級飡	朴 億徳	調使 難波館に饗祿たまう
				金 深薩	〃
	七年	二月三日	沙飡	金 江南	王の喪を赴げもうす
			韓奈麻	金 陽元	〃
	九年	三月二日		王子 金 良琳	國の政を奏請す 調進り物献る
			補命薩飡	朴 強國	〃
			韓奈麻	金 周漢	〃
				金 忠仙	〃

この表で明らかな如く、その使者が京、及び難波にまで至ったのは天武天皇二年閏六月の賀騰極使、四年二月、五年十一月、七年是年条、及び持統天皇六年十一月の五例にとどまる。その他の使節については、『日本書紀』からは確認することができないものの、そのほとんどが筑紫において饗を賜ったり、筑紫より帰国している事実は、新羅使の来朝に際しその到着地となったのが筑紫であったことを勘案すると京、難波に召されなかった可能性が高い。かように考えることが許されるとすれば、持統六年十一月、新羅が三年間の中断を経て級飡朴億徳等を遣わし来朝した際、彼らを難波館に饗応していることに注目すべきであろう。表に明らかな如く、新羅使が畿内に至ったのは、天武天皇七年暴風のため遭難し、送使加良井山らが京に召されて以来のことであった。しかし、難波の地に営まれた副都難波宮は天武天皇朱鳥元年正月、大蔵からの出火により焼失し、その復興が神亀三年聖武天皇によって企てられるまでなされていないことは、新羅使に対する国力誇示という観点からすれば理解し難いこととしなければならない。ここであえて推測を述べるならば、朴億徳らは造営中の藤原の地に誘われた(60)のではなかろうか。そのことが新羅使に対する国力誇示の最たるものであり、彼等を畿内に召した目的であったと考えた時、難波館の饗応も無理なく解釈できるのではなかろうか。

結語

かように私は、百済王氏の位階授与、及び賜姓は新羅との修交が中断している時点において造都を決意した持統天皇が高い技術力をもっていたであろう百済遺民の結節点として百済王族としての禪廣ら一族をとらえなおそうとしたところから派生したと考える。さらにこの造都には新羅との対抗関係という副次的要素も含まれていたとすれば禪廣ら一族が天武八姓以外の百済王と賜姓されたことの一因をなしていたとすべきであろう。

以上述べてきた如く、百済王氏にとって持統朝は画期をなす時代であったが、その後百済王氏が歴史上にいかなる足跡を記したかについては以下の章で究明していきたい。

注

（1）『日本歴史大辞典』百済氏の項による。　河出書房。　一九五六年

（2）『セミナー日朝関係史Ⅰ』古代編第四章離れゆく二つの国家42日本における百済王一族の消長。　桜楓社。　一九六九年

（3）今井啓一「百済王敬福とその周縁」4頁『百済王敬福』所収。　綜芸社。　一九六五年

（4）日本古典文學体系『日本書紀』下　持統天皇十年五月壬寅朔甲辰条頭注。　青木和夫氏執筆による。　岩波書店。　一九六五年

（5）その主要論点は次の如くである。

㈠皇極元（六四二）年は、百済の新羅領侵攻、特に旧任那領である大那城占領、高句麗の泉蓋蘇文のクーデターによる宝蔵王の擁立専制化、それに対する新羅の唐への救援依頼の動き等が見られる。即ち、東アジア世界が、唐、新羅と高句麗、百済の本格的な抗争の構図を見せはじめた年として重視することができる。

㈡かような朝鮮半島の情勢に対して任那復興を企てる皇極朝は阿曇比羅夫を百済に派遣し、百済の任那領有を承認する代償として百済王子豊璋と佐平智積の倭国への入貢を要求した。

㈢この倭国の要求に百済義慈王が屈したことは翹岐（豊璋）、塞上（禪廣）、弟王子忠勝（翹岐の叔父）、大佐平智積が来朝したことにより証せられる。

㈣かかる背景には、倭国が百済の新羅侵攻政策を支持する外交路線の選択があり、それは「任那復興に固執する倭国の伝統的な外交政策」に拠ったものであり、この路線は大化改新を経て、白村江の敗戦にまで至るものである。

㈤以上の点からして舒明紀三年の記事は皇極二（六四三）年の誤りである。

西本昌弘「豊璋と翹岐」―大化改新前夜の倭国と百済―『ヒストリア』一〇七。　一九八五年

なお、渡辺康一氏も豊璋についての考察を加えられ、豊璋の来朝の時期は皇極元年初めであり、その目的は百済義慈王による百済・高句麗・

倭国同盟政策の一環としての援軍要請であったとされる。
渡辺康一「百済王子豊璋の来朝目的」『国史学研究』第十九号所収。　一九九三年

（6）西本氏は、敬福の薨伝が『日本書紀』に拠ったものと考えられたが、一方、渡辺氏は、可能性として豊璋の派遣決定の年を義慈王元（六四一）年、舒明十三年であるとした史料があり、『日本書紀』もそれに拠ったものの舒明十三年を三年に誤ったとする推測をなされているが、あくまでも推測であり、西本氏の説が妥当なものと考える。
西本昌弘注（5）論文。
渡辺康一注（5）論文。

（7）『大阪市天王寺区細工谷遺跡発掘調査報告Ⅰ』第Ⅳ章第四節分析と検討　百済王氏と「百済尼寺」財団法人大阪市文化財協会。
一九九九年

（8）「穴戸國司草壁連醜經、獻白雉曰、國造首之同族贄、正月九日、於麻山獲焉。於是、問諸百濟君。百濟君曰、後漢明帝永平十一年、白雉在所見焉、云々。―中略―僧旻法師曰、此謂休祥、足為希物。伏聞、王者旁流四表、則白雉見。又王者祭祀、不相踰、宴食衣服、有節則至。又王者清素、則山出白雉。又王者仁聖則見。又周成王時、越裳氏、來獻白雉曰、吾聞、國之黄者曰、久矣無別風淫雨、江海不波溢、三年於茲矣。意中國有聖人乎。盍往朝之。故重三譯而至。―下略―。」

（9）「朝庭隊仗、如元會儀。左右大臣百官人等、爲四列於紫門外。以粟田臣飯蟲等四人、使執雉輿、而在前去。左右大臣、乃率百官及百濟君豊璋・其弟塞城・忠勝・高麗侍醫毛治・新羅侍學士等、至中庭。―中略―天皇卽召皇太子、共執而觀。―下略―。」

（10）原　秀三郎「大化改新と難波宮」『難波京と古代の大阪』所収。　学生社。　一九八五年

（11）八木　充「難波遷都論」『歴史公論』第九巻六号通巻九一号所収。　雄山閣。　一九八三年
なお、『日本書紀』孝徳天皇白雉元年二月甲申条の天皇の詔に「聖王出世、治天下時、天則應之、示其祥瑞。曩者、西土之君、周成王世、與漢明帝時、白雉爰見。」とあることは、同月庚午朔戊寅条の百済君豊璋と僧旻法師の白雉出現の意義について述べた内容が盛り込まれており、両者と孝徳天皇の関係を考える上で注目すべき点であるとしなければならない。

（12）新修『大阪市史』第一巻第五章大化改新前後の難波第三節大化改新と難波遷都　中尾芳治氏執筆。大阪市。　一九八八年

(13)『四天王寺』埋蔵文化財発掘調査報告第六　第四章遺物　文化財保護委員会。　藤沢一夫氏執筆。一九六七年
藤沢一夫「摂津国百済寺考」『日本文化と朝鮮』所収。　新人物往来社。　一九七三年
(14) 注(12)
(15) 注(7)
(16)『平城京長屋王邸宅と木簡』木簡—釈文と図版—　120頁　吉川弘文館。　一九九一年
(17) 岸　俊男「古代村落と郷里制」『日本古代籍帳の研究』所収。　塙書房。　一九七三年
(18) 直木孝次郎「長屋王邸出土木簡に関する二—三の考察」平松令三先生古稀記念論集『日本の宗教と文化』所収。　同朋舎。
一九八九年
(19) 注(18)
(20) 注(18)
(21) 新修『大阪市史』第一巻第一章大阪の自然と居住空間第三節古代における景観構成とその変化　服部昌之氏執筆。　大阪市。
一九八八年
(22) 今井啓一「摂津国百済郡考」『百済王敬福』所収。　綜芸社。　一九六五年
(23)『日本書紀』天智天皇四年秋八月条に「遣二達率答㶱春初一、築二城於長門國一。遣二達率憶禮福留・達率四比福夫於筑紫國一、築二大野及椽二城一。」とある。
(24) 日本古典文學大系『日本書紀』下　天智天皇四年春二月是月条頭注。　青木和夫氏執筆。岩波書店。　一九六五年
(25) かかる政策に批判のあったことは、『日本書紀』天智天皇十年正月是月条に「多致播那播、於能我曳多々々、那例々騰母、陀麻爾農矩騰岐、於野兒弘儞農倶。」とする童謡が流れたことで知れる。日本古典文學大系『日本書紀』下の補注は、「生まれや身分・才能が異なっている者を、共に叙爵し、臣列にひとしく並べた政治を、ひそかにとがめて、やがて起る戦乱を諷した童謡」としている。
補注27—一九。　青木和夫氏執筆。　一九六五年
川崎庸之氏は、この童謡の背景は「先に來朝した沙宅紹明・鬼室集斯らを高位に陞せて朝廷のかざりとするような方策」がなされたことにあるとされる。しかし、本文で述べた如く、彼等新渡来の人々は新知識を有しており、かざりの為のみに高位に陞せられ

たとは考えられない。

(26) 川崎庸之『天武天皇』岩波新書98　77頁。岩波書店。一九五二年
北山茂夫「大化改新」『日本古代政治史の研究』所収。岩波書店。一九五九年
『柿本人麻呂』岩波新書869　岩波書店。一九七三年
「近江朝における宮廷文化の様相」『續萬葉の世紀』所収。東京大学出版会。一九七五年

(27) 直木孝次郎「宴げと笑い―額田王登場の背景―」『夜の船出―古代史からみた萬葉集―』所収。塙書房。一九八五年
門脇禎二「天武天皇」『古代日本の人間像（Ⅲ）』所収。学生社。一九八五年。

(28) 平野邦雄「畿内の帰化人」『古代の日本』5近畿。角川書店。一九七〇年。後、同氏著『帰化人と古代国家』に収録。吉川弘文館。一九九三年　以下の引用はこれによる。

(29)『日本書紀』天武天皇二年閏六月乙酉朔庚寅条。

(30)『日本書紀』天武天皇六年五月甲子条。

(31) 北山茂夫『天武朝』中公新書506　中央公論社。一九七八年

(32)『日本書紀』天武天皇朱鳥元年五月庚子朔戊申条。

(33)「天武はかれら（壬申の功臣―筆者注―）をつとめて優遇し、乱の直後、おしなべて勲功あるものに小山位以上を賜わったが、最も勲功の高い者には、死に臨んで紫冠を惜しみなくあたえた。追贈とはいえ、元来が大臣以上のみにあたえられた紫冠を、身分の低い功臣にあたえたことは、きわめて注目に値する。」とされる。
井上光貞「律令体制の成立」旧版岩波講座『日本歴史』3古代3所収。岩波書店。一九六七年

(34)『令義解』巻九　喪葬令。

(35) 北山茂夫氏は、『日本書紀』巻二九には見えないが、天武即位後、政府上層の人事が行われたであろうと想定され、「太政官制を保持したが、納言（近江朝の御史大夫に当たる）、その下の大弁官などしか任命せず、近江朝末期以来の、法官、理官、大蔵、兵政官、刑官、民官と、内廷の宮内官、常備の左右大舎人、左右兵衛の府の長官には、解体したばかりの臨時軍事政権の要人、すなわち幕僚グループの諸王、旧大族出身の美濃王、また阿倍臣御主人、大伴連馬来田、坂本臣財、坂田公雷、星川臣麻呂、膳臣摩漏、縣犬

養連大伴らのうちから起用されたのではあるまいか。」とされる。
北山茂夫　注（31）著書。127頁

（36）日本は古くから百済を日本に対する朝貢国として取扱い、いわゆる日本の立場からの冊封関係というべきものに編成していた。

（37）伊藤千浪「律令制下の渡来人賜姓」『日本歴史』４４２号　吉川弘文館。一九八五年
直木孝次郎『持統天皇』人物叢書41　吉川弘文館。一九六〇年
関　晃『帰化人』日本歴史新書18　至文堂。一九六六年。後、関晃著作集第三巻『古代の帰化人』に収録。吉川弘文館。一九九六年

（38）伊藤千浪　注（37）
関　晃　注（37）

（39）北山茂夫　注（31）221頁

（40）殯宮の儀は二年三カ月にも及ぶものであった。

（41）北山茂夫　注（31）243頁

（42）『日本書紀』持統天皇二年春正月庚申朔条、二年冬十一月乙卯朔戊午条。

（43）日本古典文學大系『日本書紀』下　同条頭注。青木和夫氏執筆。岩波書店。一九六五年

（44）それは追記であると考えられる。

（45）北山茂夫「持統天皇論」『日本古代政治史の研究』所収。岩波書店。一九五九年

（46）北山茂夫　注（45）

（47）北山茂夫　注（45）

（48）同日、三野王・采女臣筑羅等を信濃に遣わして地形を看せしめているが、この信濃の地派遣についても『日本書紀』は「將レ都二是地一歟。」と記している。かかる動きは天武十二年十二月庚午条に「又詔曰、凡都城宮室、非二一處一、必造二兩參一。故先欲レ都二難波一。」と深い関わりを有していると思われる。北山茂夫氏は、天武十三年閏四月壬辰条に「三野王等、進二信濃國之圖一。」とあり、また十四年十月壬午条に「遣二輕部朝臣足瀬・高田首新家・荒田尾連麻呂於信濃一、令レ造二行宮一。」とある所から実際に造都の準備

が整えられつつあったと考えられた。即ち、前掲の十四年十月壬午条の記載の続きに「蓋擬レ幸二東間溢湯一歟。」とあるものの、信濃の地は遠隔地であり、療養の為の温泉行きの必然性はなく、壬申の内乱に際して東国の重要性を認識した天武が「蝦夷の諸集団が蟠踞していた」地域への侵攻を目標として東国開拓の一大拠点とすべく都城づくりを目指したものと考えられたのである。

北山茂夫　注（31）著書。207頁～208頁

(49) 岸　俊男『日本の古代宮都』NHK大学講座テキスト。日本放送出版協会。一九八一年。後に岩波書店より刊行。一九九三年

(50) 北山茂夫　注（45）

(51) 岸　俊男　注（49）著書。51頁

(52) 奈文研『飛鳥・藤原宮発掘調査概報』24　一九九四年

八木　充　研究史『飛鳥藤原京』172頁　吉川弘文館。一九九六年

(53) 壬午・癸未・甲申年の記載があった。八木　充　注（52）著書。171頁

今泉隆雄「藤原宮と出土木簡」『國文学』第27巻5号　飛鳥。奈良―記紀万葉の文学空間所収。學燈社。一九八二年

新版『古代の日本』⑥近畿Ⅱ　4新益京の建設　大脇　潔氏執筆。角川書店。一九九一年

(54) 関　晃　注（37）著書。148頁

(55) 関　晃　注（37）著書。148頁

(56) 北山茂夫　注（45）

(57)『日本書紀』持統天皇五年正月己卯条。「優三賜正廣肆百濟王余禪廣・直大肆遠寶・良虞與二南典一、各有レ差。」

(58)『日本書紀』持統天皇五年正月乙酉条。「増レ封、皇子高市二千戸、通レ前三千戸。淨廣貳皇子穂積五百戸。淨大參皇子川嶋百戸、通レ前五百戸。正廣參右大臣丹比嶋眞人三百戸、通レ前五百戸。正廣肆百濟王禪廣百戸、通レ前二百戸。直大壹布勢御主人朝臣與二大伴御行宿禰一八十戸、通レ前三百戸。其餘増レ封、各有レ差。」

日本古典文學大系『日本書紀』下　同条頭注には「大宝・養老令制では位階に応じた封戸、すなわち位封がある。浄御原令でも同様であったために、このたびの授位によって、その位に応ずる増封が行われたのであろう。しかし以下の増封戸数には、官職に応じた封戸、すなわち職封や、功績に応じた封戸、すなわち功封も含まれているかも知れず、必ずしも位階のみには対応していない。」

とする。青木和夫氏執筆。　岩波書店。　一九六五年

(59) かかる推論について注目すべきは、百済尼寺の存在が明らかにされた細工谷遺跡から富本銭が出土している事実である。飛鳥池遺跡よりの富本銭の大量出土は、和銅開珎以前に富本銭が発行されていたことを明らかにし、『日本書紀』天武天皇十二年夏四月戊午朔壬申条に「詔曰、自㆑今以後、必用㆓銅錢㆒。莫㆑用㆓銀錢㆒。」とある記載を裏付けるものと解された。今、その発行目的の詳論について記すことはできないが、栄原永遠男氏は大宝律雑律に私鋳銭条が存在し、その対象が富本銭であったこと、「私鋳銭で利益が得られるのは、対象とする銭貨に、製造コストよりも高い公定価値が付与されて」いたからであり、富本銭は「国家の支払手段たることを第一義として発行された銭貨であって、藤原京の造営などの国家的な造営事業に関する支払いに用いることを意図していた」とされた。そしてかかる策は、平城京の造営費用を和銅開珎によりまかなおうとする策に受け継がれるとされるのである。これに対し、松村恵司氏は、天武天皇の造都の志向はその五年に始まっており、銅銭の使用を命じた十二年四月の詔とは年代的な開きがあるところから、「富本銭の発行意図を新都造営費用の捻出に限定するには無理があり」、「新たな都城建設で誕生する都市住民の経済を支えるために、実質的な機能を備えた通貨として発行され」たものであるとされた。しかし、松村氏も栄原氏の主張を全く否定されたものではない。そこで今一度富本銭の出土地をみると次の如くである。

一　平城京右京八条一坊十四坪、井戸ＳＥ一五五五、　一九八五年　（奈良国立文化財研究所）
二　平城京左京一条三坊、東三坊大路東側溝、　一九六九年　（奈良国立文化財研究所）
三　藤原京右京一条二坊、西二坊々間路東側溝、　一九九一年　（奈良国立文化財研究所）
四　藤原京左京北三条六坊、北三条大路北側溝、　一九九三年　（桜井市教育委員会）
五　大阪市細工谷遺跡、溝ＳＤ六〇三、　一九九七年　（大阪市文化財協会）
六　明日香村飛鳥池遺跡、　一九九八～一九九九年　（奈良国立文化財研究所）
七　長野県下伊那郡高森町武陵地1号古墳、　一八九七～一九〇七年代　（高森町教育委員会）
八　長野県飯田市座光寺地区、　明治・大正期　（飯田市教育委員会）
九　藤原京右京四条七坊、西六坊大路西側溝、　一九九九年　（奈良県立橿原考古学研究所）
十　群馬県藤岡市上栗須遺跡Ｉ区6号古墳、　一九八五年　（群馬県埋蔵文化財調査事業団）

ここでまず注目すべきは、長野県で二例、群馬県で一例の出土例をみていることである。この両国は古代における信濃、上野国であり、先に注（48）で述べた信濃造都と密接な関わりが想定できるからである。私は、栄原氏が論じられている藤原京の造営費用として富本銭が発行されたとする前段階として信濃国における造都に富本銭が使用された可能性があるのではないかと考える。さらにこの推定は天武天皇の銅銭使用の詔の時点とも矛盾しない。第二に注目すべきは、先に述べた如く細工谷遺跡からの出土である。溝ＳＤ六〇三は飛鳥時代の遺構とされており、藤原京造営の時期とも矛盾しない。しかも「難波京推定「朱雀大路」の痕跡と推定される南北道路の東側に近いところで見つかった」七世紀末から八世紀初頭に機能し、廃棄されたと考えられる井戸の掘形から「上和尼父南部□□王久支」とする木簡が出土し、「百済尼寺」へ出入りする男性が身分証明のために携行し、後に寺門またはその近辺において廃棄されたものと推定されることは注目すべきことである。従って、百済尼寺の寺域の西辺が難波京推定「朱雀大路」と推測され、また百済郡は少なくとも「朱雀大路」の東辺に接する地域を含んでいたこともまた推測できる。しかも、細工谷遺跡は難波の百済寺が存したと考えられる字堂ヶ芝とも隣接しているのである。以上の如き事実よりして、富本銭が百済郡より出土したことはほぼ認められる所であり、百済王氏が藤原京造営と深い関わりを有した一証左となるのではなかろうか。

栄原永遠男「日本古代国家の銭貨発行」―富本銭から和銅開珎へ―『銭貨』―前近代日本の貨幣と国家　池　享編所収。48頁、52頁　青木書店。二〇〇一年

松村恵司「富本銭と藤原京」『歴史と地理』二〇〇〇年六月号所収。山川出版社。

松村恵司「富本銭をめぐる諸問題」季刊『考古学』第78号。雄山閣　二〇〇二年

『大阪市天王寺区細工谷遺跡発掘調査報告Ⅰ』財団法人大阪市文化財協会。一九九九年

古市　晃「摂津国百済郡の郡域と成立年代」『大阪の歴史』56所収。大阪市史編纂所。二〇〇〇年

(60) 田村圓澄氏は、天武八年以降、新羅使の入京を拒否した理由として、神格化された天武天皇の「尊厳と威光を示す場として」飛鳥の浄御原宮が相応しくないと判断されたからだとされる。そこで、新都造営計画が練られたものの、天武天皇在世中には完成を見ず、その事業を受け継いだ持統天皇によって、日本最初の都城藤原宮と藤原京が完成し、持統八年十二月六日に遷都した。その間、「来日した新羅使を筑紫にとどめ、用務が終われば筑紫から帰国させるという変則的な対応」をしたが、その理由は「藤原京の竣工を待つまでの一時的な便法」であったとされる。そして、新羅使として最初に入京したのは文武天皇元年十月二十八日筑紫に到着し、

翌二年正月壬戌朔の朝賀の座に列した新羅使金弼徳らであったとされるのである。かかる論は、藤原京の造営と新羅使との関係を示唆するものとして注目に価するが、その造営過程を新羅使に見せ、日本の国力の誇示をはかったことも十分考えられるのではなかろうか。

田村圓澄『古代日本の国家と仏教―東大寺創建の研究―』第一編盧舎那仏の造立第六章「律令国家」と「蕃国」第三節藤原京・平城京の新羅使　一　天武期・持統期の新羅使　二　文武期の新羅使　吉川弘文館。一九九九年　264～265頁

第二章　聖武天皇難波行幸と百済王氏

はじめに

聖武天皇の難波行幸は『続日本紀』による限り、その在位中に六度実施（1）にうつされている。それは朱鳥元年正月十四日酉の時に難波の大蔵省からの失火により宮室を悉く焚いた難波宮を復興し、天武天皇が志向した難波副都制を再現すべく神亀三年十月二十六日、式部卿藤原宇合を知造難波宮事に任じたことと深い関わりを有していたものと考えられる。しかし、天平十二年以降三度の行幸は、大仏造営および西都大宰府で勃発した藤原広嗣の乱を発端とした五年にもおよぶ聖武天皇の恣意とも思える彷徨の過程において一度は皇都にまで定められるという異常な政治情勢の中での行幸であった。しかも、その背景に聖武天皇を軸とした橘朝臣諸兄と藤原朝臣仲麻呂の勢力闘争があったことを考えあわせる時、その個々の難波行幸の目的を考察することは意義のあることとなろう。

さて、かかる問題提起において注目すべきは、天平十二年の行幸の目的が大仏造営という大事業に深い関連性を有していたとされる平岡定海氏（2）の所論である。即ち、氏は行幸の一面を難波の地が百済寺が建立されていたほど文化的であり、渡来人の中心居住地であったこと、それらの中でも特に百済系渡来人が唐文化の吸収に熱心であったことをあげられ、木工、仏工、鋳工などの技術面の確保を百済系渡来人にとりつけるためになされたものと定義された。以上の指摘は確かに多くの示唆に富むが、その百済系渡来人の統率者としての百済王氏の存在を考慮しておられない点において補強すべきものがあると思われる。

以下私は平岡氏の論をベースとして難波行幸を大仏造営との関連性に絞り、かつ百済王氏の動向を中心に考察を加えていきたい。

(一)

そもそも聖武天皇に大仏造営を思い立たせたのが光明皇后であったことは『続日本紀』天平寶字四年六月乙丑条の光明皇太后の薨伝に「創二建東大寺及天下國分寺一者。本太后之所レ勸也。」とあるところから窺い知ることができる。そしてその直接的動機をなしたのが天平十二年二月七日から十九日に到る難波行幸の過程において河内国大縣郡の智識寺に坐す盧舎那仏をみたことにあるのは、『続日本紀』天平勝寶元年十二月丁亥条（3）より明らかである。この難波行幸に際し、百済王氏は風俗の楽を奏し、慈敬が従五位下から従五位上に、全福が正六位上から従五位下にそれぞれ昇叙（4）されている。百済王氏が難波にその本拠地をかまえていたことは、『日本書紀』天智天皇三年三月条に「以二百濟王善光王等一、居二于難波一。」とあるところから判明し、また従来天平六年三月以降、天平九年ないし天平十二年の間のある時期に難波の地に百済郡が建置されたと考えられていた（5）ものが、長屋王邸出土木簡により大化の建評時にまでさかのぼる可能性（6）がでてきており、百済王氏と難波の地が深い関係で結ばれていたことを想起させる。その百済王氏が天皇の難波行幸に際し、本国の楽を乞われて奏したとも考えられるが、単にそれのみの理由であれば天平六年三月の聖武天皇の難波行幸に際し、百済王氏が何らの動向をも見せず、同月十五日に摂津職が吉師部の楽を奏していることと対比して考えてみる時、そこに決定的な相違点があることを認識する必要があろう。かような点を追究するにあたって今少し時代をさかのぼって文武、元明、元正朝を経て聖武朝の天平六年に到るまで百済王氏がいかなる状況におかれていたのか考察を加えておきたい。そこで便宜上その期間における動向を表示すると以下の如くである。

天皇	和暦	年	月日	摘要
文武		四年	十月己未	直廣參百済王遠寶→常陸守
	大寶	三年	八月辛酉	従五位上百済王良虞→伊豫守
元明	和銅	元年	三月丙午	正五位上百済王遠寶→左衛士督（同日、従五位下阿倍狛朝臣秋麻呂が常陸守となっているので、文武四年より当日までは異動はなかったと考えられる。） 従四位下百済王南典→備前守 従五位上久米朝臣尾張麻呂が伊豫守となっており、良虞はこの時点でその任を解かれたものと考えられる。
		六年	四月乙卯	正五位上百済王遠寶→従四位下
			四月	「依備前守百済南典介堅身等解割備前六郡始置美作國」（7）
	霊亀	元年	正月癸巳	従四位下百済王南典→従四位上 正五位下百済王良虞→正五位上 （元日、首皇太子が始めて拝朝し、慶雲が出現したことに関連した昇叙。）

元正			五月壬寅	従五位上大伴宿奈麻呂→左衛士督（この時点で遠寶の任解かれたか？左衛士督の任官記載は遠寶以来のものである。）
	霊亀	二年	十一月乙亥	正五位下夜氣王→備前守（南典の後任と考えられる。）
	養老	元年	正月乙巳	正五位上百済王良虞→従四位下
			十月戊寅	従四位下百済王良虞→益封（8）
			十一月甲辰	「高麗百濟二國士卒。遭本國乱。投於聖化。朝庭憐其絶域。給復終身。」
		元年		百済王良虞→攝津亮（9）
		五年	六月辛丑	従四位上百済王南典→播磨按察使（10）
		七年	正月丙子	従四位上百済王南典→正四位下
聖武	天平	六年	三月壬申	散位従四位下百済王遠寶→卒す

以上の表から見て取れることは、まず禅廣を起点とした孫の世代に対する高位な昇叙が見られる反面、枢要な官職には就いていないことである。かかる点については、夙に菅澤庸子氏が統率力の強さと血統の良さは認められるものの、国内政治を動かす中央政界任官は殆どなく、「亡隣国の貴客」扱いであったとする鋭い指摘（11）がある。しかし、任官においても和銅六年に備前守であった百済王南典が介、堅身らと備前六郡を割き美作国を置いたという事実が示す如く、その実務面に有能さを発揮した人物も輩出している。南典は養老五年六月二十六日、播磨按察使に任命されているが備前守時の実績が考慮されたものと思われる。

次に指摘すべきは、『続日本紀』による限り元正天皇養老七年春正月十日に南典が従四位上から正四位下に昇叙されたとする記載より聖武天皇天平六年三月十一日の散位従四位下百済王遠寶が卒したとする記載に至るまで十一年余の空白が生じており、それが聖武天皇の即位とオーバーラップしている点である。かかる状況にあった百済王氏が天平十三年聖武天皇の難波行幸に際し百済楽を奏するに至った歴史的背景はいかなるものであったのであろうか。そのことを解明するため遠寶の卒後より天平十二年の難波行幸までの記載を抽出してみると以下の如くである。

天皇	和暦	年	月日	摘要
聖武	天平	七年	四月戊申	正四位下百済王南典→正四位上 正六位上百済王慈敬→従五位下
		八年	正月辛丑	正六位上百済王孝忠→従五位下
			四月十四日	従六位上行左京職少進勲三等百済王全福とする木簡出土
		九年	七月己丑	散位従四位下百済王良虞→卒す
			九月己亥	正四位上百済王南典→従三位
		十年	四月庚申	従五位下百済王孝忠→遠江守
			四月	上階官人歴名に百済王敬福陸奥介とあり
		十一年	四月戊寅	正六位上百済王敬福→従五位下

それではかかる表からいかなることが指摘できるであろうか。まず第一点は百済王氏に対する昇叙面である。即ち、百済王遠寶が天平六年三月十一日に卒すと、天平七年四月二十三日にその子、百済王慈敬が従五位下に、天平八年正月二十一日には良虞の長男孝忠が従五位下に、天平九年七月十七日に良虞が天然瘡で卒すると、天平十一年四月十七日に

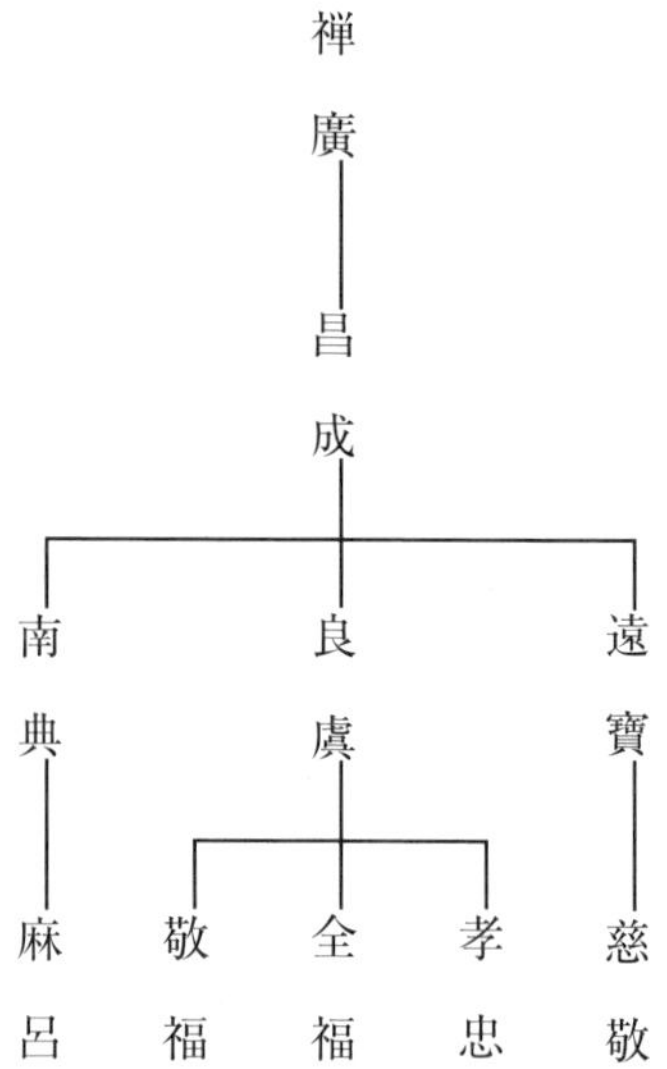

は良虞の三男敬福が従五位下に昇叙されていることよりすると禅廣の孫からひ孫への代替わりに伴うものであったことが想定し得る。さらに、百済王南典が天平七年四月二十三日に正四位上に、また天平九年九月二十八日には従三位に昇叙されているのは、孫の代の減少そして一人になったことに伴なうものであり、また百済王氏を代表する立場に対応するものであったと解釈し得る。かかる点よりすれば政府による百済王氏一族に対する配慮というものが十分窺えるのである。

一方、任官の面ではいかなることが指摘し得るであろうか。任官については、天平八年四月十四日の年記を持つ出土木簡に従六位上左京職少進百済王全福（12）とあり、『続日本紀』天平十年四月二十二日には、百済王孝忠が遠江守に任命されており、さらに『上階官人歴名』（13）断簡に陸奥介百齊敬福とある。この百済王敬福の任官については、前川明久氏（14）がきわめて注目すべき論を展開しておられる。即ち、

㈠遣唐使派遣に際しては金が必要なこと
㈡その金の調達は産金国の新羅からの貢調に依存していたこと
㈢天平六年から十年を境に日羅関係が冷却したこと
㈣従って、遣唐使派遣は新羅貢調の金がない為不可能となり、この窮地を打開すべく百済王敬福に金探索を命じたこと
㈤天平十二年、聖武天皇が東大寺大仏造顕を志向し、造顕の詔が発布されると敬福の探索目的が大仏の鍍金に必要な金の探索へと変更されたこと

を明らかにされたのである。前川氏は何故金の探索者が百済王敬福でなければならなかったかという点については触れ

ておられないが、天平二十一年の陸奥国よりの貢金の恩賞関係者に渡来人が多いことは、渡来人の統率者としての立場を有する百済王氏の一族が注目された結果だと考えられる。かように考えることが許されるとすれば、元正天皇養老五年六月、南典の播磨按察使任命以来の任命が前川氏も指摘されている如き日羅関係の悪化に伴う百済王族の任用という点に起因しているとすべきであろう。天平六年以降の百済王氏が以上の如き氏族状況にあったことを考慮すると、天平十二年二月の百済王氏による風俗の楽演奏は、大仏造営を思い立った聖武天皇が大仏の鍍金に必要な金の探索を行っている敬福の一族であり、百済系渡来人の統率者としての立場を有する百済王氏に将来の協力をとりつけ、かつ密着をはかることを目的として設けたもの（15）であろう。百済王慈敬、全福に対する昇叙はその反映であったと考えられる。私は、かかる天皇の百済王氏に対する意識変更の背後に光明皇后、ひいては藤原朝臣仲麻呂の存在があるのではないかと考える。即ち、藤原朝臣仲麻呂は天平十一年一月従五位下となり、天平十二年の一月には正五位下に昇叙されてはいるものの、政界に対する影響力は直接的にはまだ無かったとすべきであろう。しかし、後述の天平十二年の藤原朝臣広嗣の乱に伴う聖武天皇の東国行幸に際し、前騎兵大将軍に任ぜられ、東西史部、秦忌寸ら四百人の騎兵を率いて天皇の警護にあたり、従五位上を同年に与えられていることは、「仲麻呂が聖武天皇はじめ諸兄らの信任をえていたことを示（16）しており、光明皇后が藤原氏復興の人物として仲麻呂に注目しだしたのが天平十一年頃であったのではないかという指摘（17）に注目すべきであろう。仲麻呂の渡来人に対する意識の一端は、その政権下における無制限賜氏姓（18）にあらわれている如く、渡来人の力量を自己の支配下に包摂しようとする傾向を示している。かかる渡来人に対する意識は母、県犬養橘三千代の本貫が河内国古市郡と考えられ（19）、自らの幼名も安宿媛と称し、古市郡の隣郡である安宿郡と深い関わりを有する光明皇后に影響を受けていたと考えられる。何故なら河内国古市郡一帯は王仁を祖とする西文氏の一族、あるいは、丹比郡には王辰爾を祖とあおぐ船氏およびその同族、葛井・津両氏が居住しており、彼等渡来人により古くから仏教をはじめとする高い文化が展開した地であったからである。おそらく光明皇后は幼時より母を通じて渡来人の力量を認識する立場にあったと考えて大過あるまい。光明皇后、仲麻呂が渡来人の重要性を力説し、その結果、聖武天皇の百済王氏に対する認識を改めさせることとなったのではなかろうか。聖武天皇が二月の何日に智識寺に行幸したのかは不明というほかないが、百済王氏の風俗の楽演奏が二月十九日であり、『続日本紀』に「是日。車駕還レ宮。」とある所から十九日以前であったことは明確であり、前述の推測を可能ならしめる。

私は、かように百済王氏は大仏造営計画の当初から深く関わりあう要因を有していたと想定している。

(二)

さて、『続日本紀』によるとこの難波行幸の半年程後、天平十二年八月二十九日、大宰少貳藤原朝臣広嗣は「上レ表。指二時政之得失一。陳二天地之災異一。因以レ除二僧正玄昉法師。右衛士督従五位上下道朝臣眞備一爲レ言。」行動を北九州の地においておこした。藤原広嗣の乱と言われるものである。この乱の勃発の報に接し最もうろたえたのは聖武天皇自身であった。天皇は十月二十六日、広嗣討伐の大将軍大野朝臣東人等に「朕縁レ有レ所レ意。今月之末。暫往二關東一。雖レ非二其時一。事不レ能レ已。将軍知レ之不レ須二驚恠一。」と詔してここに五年にも及ぶ彷徨が開始されたのである。この関東行幸は藤原広嗣の乱に誘発されて平城京でも内乱が起こることを警戒し、一時退避する為(20)であったろうが、当の広嗣の乱が終息をみた(21)にもかかわらず平城京に還ろうとはせず、山背国相楽郡恭仁郷に遷都する旨が宣せられた。この地は橘宿祢諸兄の別業が存在した地であり、諸兄の強力な働きかけがあったものと推測される。さらにこの恭仁宮の造営がすすめられている中、天平十四年二月五日、恭仁宮の東北から近江国甲賀郡に至る路が開かれ、八月、天皇はここに行幸し、離宮を造ることを命じた。さて、大仏造営の事業はこの甲賀郡紫香楽の地において天平十五年十月十五日、「夫有二天下之富一者朕也。有二天下之勢一者朕也。以二此富勢一造二此尊像一。」とする造営の詔によって公にされたが、この際の紫香楽行幸に橘宿祢諸兄が参加していなかったことは、『続日本紀』天平十五年七月癸亥条(22)により明らかであり、この詔に関しては完全に疎外されている(23)感がある。しかも、その後二ヵ月ほど経た十二月二十六日、今度は恭仁宮の造作を停めて紫香楽宮を造る旨の勅が発せられた。おそらくこの詔及び紫香楽宮造営は光明皇后、藤原朝臣仲麻呂の画策によったものであろう。しかし、奇妙なことに『続日本紀』天平十六年閏正月乙丑朔条によると天皇は百官を朝堂に集め、恭仁、難波二京のいずれを都と定めるかについて決をとらしめ、四日には従三位巨勢朝臣奈弖麻呂、従四位上藤原朝臣仲麻呂を遣して市人に意向を徴さしめている。その結果は恭仁京を可とするものであったが、それにもかかわらず天皇は十一日に難波行幸を強行した。この間の政治情勢については直木孝次郎氏の説かれる(24)如く、天平十六年の政界においては、聖武天皇を中心として光明皇后、藤原朝臣仲麻呂の勢力と元正太上天皇、橘宿祢諸兄勢力が対立していたことは確実なことの様で、そこからするならば光明皇后、藤原朝臣仲麻呂の聖武天皇紫香楽誘致策に対し、元正太上天皇、橘宿祢諸兄勢力が聖武天皇を奉じて難波におもむいたもの(25)と解釈出来よう。しかし、聖武天皇の難波滞在は短く、二月二十四日には紫香楽宮に帰還している。直木氏は、この紫香楽宮帰還を光明皇后、藤原朝臣仲麻呂勢力のまきかえしとしてとらえられ、その結果、難波に残った元正太上天皇はこれを不満として難波宮を都とする勅を発し、橘宿祢諸兄に宣せしめたとされる。直木氏の所論は傾聴に価するが、私は紫香楽において大仏造営を推進する光明皇后、藤原朝臣仲麻呂派が元正太上天皇、橘宿祢諸兄勢力の聖武天皇難波誘致を利用し以下の二点の政策を実施したのではないかと考える。

㈠難波に居住する百済系渡来人の掌握を意図した。即ち、二月十日には渡来人の居住がきわめて濃密な和泉の地に行幸し、十二日には京畿諸国の馬飼、鉄工、銅工、金作、甲作、弓削、矢作、桙削、鞍作、鞆張等の雑戸の人等を身分的には平民とし、手伎は子孫に伝習せしめることを義務づけた。この策は雑戸の構成員の多数が技術を有する渡来系の人々で占められていた（26）こと、同日に官奴婢六十人を良（平民）に従わしめた事実とあいまって大仏造営の推進に彼等を利用しようとするものであった（27）と考えられる。さらに、二十二日には難波の安曇江に幸して松林を遊覧したがその際、百済王氏は百済の楽を奏し、无位百済王女天が従四位下に、従五位上百済王慈敬、従五位下孝忠、全福は正五位下へとそれぞれ昇叙されている。この昇叙は大仏造営が現実に進行しているのに際し、百済系渡来人の統率者としての協力要請および政府の百済王氏掌握に起因しているものとみなければならない。そのことは、『続日本紀』の八月乙未条に「詔授二蒲生郡大領正八位上佐々貴山君親人従五位下一。幷賜二食封五十戸。絁一百疋。布二百端。綿二百屯。銭一百貫。神前郡大領正八位下佐々貴山君足人正六位上幷絁卌疋。布八十端。綿八十屯。銭卌貫一。斯二人並伐二除紫香樂宮邊山木一。故有二此賞一焉。」とする記載があり、この賞は四月丙午条に「紫香樂宮西北山火。城下男女數千餘人皆趣レ伐レ山。然後火滅。天皇嘉レ之。賜レ布人一端。」とある紫香楽宮近辺の火災の際の働きによるものと考えられる。佐々貴山君は地方の有力者であるが、蒲生郡大領、神前郡大領であったことに注目すべきであろう。即ち、蒲生郡、神前郡の地は、『日本書紀』天智天皇四年二月是月条、および八年是歳条に「以二百濟百姓男女四百餘人一、居二于近江國神前郡一。」、「以二佐平餘自信・佐平鬼室集斯等、男女七百餘人一、遷二居近江國蒲生郡一。」とそれぞれある如く、百済遺民の居住地であったからである。これら遺民、あるいはその子孫が紫香楽宮および大仏造営事業に関与したという史料はないが、蒲生、神前郡大領の記載はそのことを推測せしむるのではなかろうか。そしてそこに百済王氏の絶大な影響力を想定することもまた可能であろう。

（二）において聖武天皇の和泉行幸の意義を考察したが単にそれのみならず、この行幸の背後にはかつては少僧として政府から弾圧を加えられた和泉出身の行基の存在が考えられていたのではなかろうか。行基は聖武天皇の大仏造営の詔に即応する形で弟子等を率い衆庶を勧誘するという挙に出ており（28）、おそらくはこの時点で政府側に組織された様であるが、この行基の弟子に和泉国の郡の大領血沼縣主倭麻呂がいたということは『日本霊異記』中巻、烏の邪婬を

派遣方面	官位	氏名
畿内使	従四位下	紀朝臣飯麻呂
東海道使	正五位下	石川朝臣年足
東山道使	正五位上	平群朝臣廣成
北陸道使	従五位下	石川朝臣東人
山陰道使	正五位下	百済王全福
山陽道使	外従五位下	大伴宿祢三中
南海道使	外従五位下	巨勢朝臣嶋村
西海道使	従四位上	石上朝臣乙麿

見て、世を厭ひ、善を修する縁第二においてみられる。『日本霊異記』は仏教説話集で史料批判を厳にしなければならないが、この血沼縣主倭麻呂が実在の人物であったことは、天平十年『和泉監正税帳』に和泉郡少領(29)外従七位下と記されており、『日本霊異記』に大領とあるのと相違するものの確認できるところであり、和泉の地の重要さを考えさせる。即ち、和泉の地は地方の有力者である少領をも含む広範囲な行基集団への共鳴者が多数存在していたことを想定せしめ大仏造営をめざす光明皇后、藤原朝臣仲麻呂らにとって最重要の地と認識されていたと考えられる。

かように考えることが許されるとすると和泉行幸を終え、難波における百済王氏に対する昇叙の直後の二月二十四日に聖武天皇が三嶋路をとって紫香楽に帰還したことは光明皇后、藤原朝臣仲麻呂勢力のまきかえしといったものではなく予定の行動であったとすべきであろう。しかも、この年九月秋収後に聖武天皇は紫香楽の地から畿内七道に巡察使を送り出したが、その目的について『続日本紀』が記すところによると諸国の官人らが擅に利潤を求め、その結果として公民が歳ごとに弊え、彼等に隷属している現状を厳しく詰問し、地方監察の強化を志向したものであった。確かに地方において班田農民の分解に伴う有力者への隷属農民の包摂という現状はいかんともしがたく、そこから中川收氏の説かれる如く(30)「統制を強化して仲麻呂などと私的に結びつく懸念をとり除いておこうとした諸兄の意向も含まれていたのでないか」とする見解も当然出てくるであろう。しかし、何故この時期に巡察使が派遣されねばならなかったのかという問いに対する十分説得的な解釈とは言い難いのではあるまいか。

　しからば何故天平十六年九月という時期に巡察使が派遣されねばならなかったのだろうか。その問いに答えるために任用の顔ぶれを見ると前頁の表のようになる。

かかる赴任者八名中、石川朝臣年足、百済王全福が藤原朝臣仲麻呂となんらかの関係（31）を有していたと考えられることは、この巡察使派遣が橘宿祢諸兄によるものではなく、むしろ光明皇后、藤原朝臣仲麻呂の政策によった可能性のたかいことを推測させる。しかも前年の天平十五年十月大仏造営の詔が発布され、今こそ国家が総力をあげてこの大事業を完遂しなければならない時、光明皇后、藤原朝臣仲麻呂の眼に映じたのは庸役を負担すべき地方の班田農民の分解であり、その結果による官人への隷属であったに相違ない。その実態を踏まえた上での改善策としての派遣であったとすべきではなかろうか。

　以上見た如く、天平十六年における難波行幸及び巡察使派遣の目的はすべて大仏造営推進という面に集約されていくと考えるが、その成果は『続日本紀』同年十一月壬申条に「甲賀寺始建㆓盧舍那佛像體骨柱㆒。天皇親臨。手引㆓其繩㆒。于㆑時種々樂共作。四大寺衆僧僉集。襯施各有㆑差。」という段階にまで進捗していた。そして、翌十四日には元正太上天皇が甲賀宮に幸し、十七日には「太上天皇自㆓難波㆒至。」とあるところをみればこの頃に光明皇后、藤原朝臣仲麻呂勢力と元正太上天皇、橘宿祢諸兄勢力との対立は一応の妥協をみていた様である。かように紫香楽の地において盧舎那仏像の體骨柱が建てられるまでに至ったのであるが、翌天平十七年四月に入ると一日、三日、八日と火災がおこり、十一日には宮城の東の山にまで火災がおこる事態に陥った。この火災は自然発火ではなく、不満を持つ何者かによる放火であると見るべきであろうが、それに加えての地震の発生は、紫香楽宮放棄の原因となったようである。即ち、五月二日には太政官が諸司官人等を召して都を何処に為すべきかを議せしめ、二日後の四日には大膳大夫正四位下栗栖王を平城の薬師寺に遣わして四大寺の衆僧を集めて同様のことを議せしめたが、すべて平城を都となす可しとする意見であったという。あるいはこの決定は両勢力に対する折衷案的要素があったのかもしれないが、ともかくここに藤原朝臣広嗣の乱に誘発された聖武天皇の彷徨はようやく平城京帰還という方向でもって収拾されるに至った。

さて、聖武天皇が平城京に帰還した後の八月二十八日、またしても天皇は難波に行幸している。この行幸の目的についても『続日本紀』は黙して語らないが、『東大寺要録』本願章第一天平十七年八月廿三日条に「天皇自二信樂宮一車駕廻二平城宮一。於二大倭國添上郡山金里更移二彼事一。創二同廬遮那佛像一。天皇以二御袖一入レ土。持運加二御座一。公主夫人命婦采女文武官人等。運レ土築二堅御座一。」とあり、大仏造営が大倭国添上郡山金里において再開されていることを考慮するならば難波居住の渡来人に対する協力要請という側面を強く持つものであったといえよう。しかも九月四日の任官で藤原朝臣仲麻呂派と考えられる百済王全福が尾張守、田邊史高額(32)が参河守に任ぜられ、当の仲麻呂も近江守(33)を兼務した。このことは二月二十四日に藤原朝臣仲麻呂派と目される(34)佐伯宿祢毛人が伊勢守に任ぜられているることと考え併せる時、東国における大仏造営物資搬出促進、徭役徴発を視野に入れた任官であったとすべきであろう。この難波行幸中、聖武天皇は重態に陥り、一時は危篤状態にまでなった様であるがどうにかもちなおし、九月二十五日には平城帰還の途についた。必ずしも完全な体調でないのをおして難波行幸に出ねばならなかった理由は以上のように考えてくるならば、大仏造営と深く関わりあっていたとすべきであろう。

結語

かように天平十二年以降における聖武天皇の難波行幸は、平岡定海氏の説かれる如く大仏造営と密接なる関連を有していたと考えられる。また、百済王氏も百済系渡来人の統率者という立場上、大仏造営推進者たる光明皇后、藤原朝臣仲麻呂に重視されたと見るべきであり、その結果が百済王氏に対する昇叙、敬福による金の探索、全福の山陰道巡察使および尾張守任用に顕現化していると考える。以降、藤原朝臣仲麻呂と百済王氏はより密接なる関わりをその歴史上に残していくのであるがそれについては第三章～第五章で考察したい。

注

（1）神亀二年十月十日。神亀三年十月十九日～二十八日。天平六年三月十日～三月十六日。天平十二年二月七日～二月十九日。天平十六年閏正月十一日～二月二十三日。天平十七年八月二十八日～九月二十四日。

（2）平岡定海『東大寺』教育社歴史新書〈日本史〉16　36～37頁　教育社。一九七七年

（3）「—前略—左大臣橘宿祢諸兄奉レ詔白レ神曰天皇我御命尓坐申賜止申久。去辰年河内國大縣郡乃智識寺尓坐盧舎那佛遠礼奉天則朕毛欲奉造止思毛登得不爲之間尓。—下略—」

（4）『続日本紀』天平十二年二月丙子条

（5）吉田　晶「地域史からみた古代難波」難波宮址を守る会編『難波宮と日本古代国家』所収。塙書房。一九七七年

（6）直木孝次郎「長屋王邸出土木簡に関する二・三の考察」平松令三先生古稀記念論集『日本の宗教と文化』所収。同朋舎。一九八九年

新修『大阪市史』第一巻第一章大阪の自然と居住空間第三節古代における景観構成とその変化　服部昌之氏執筆。一九八八年

今井啓一「摂津国百済郡考」『百済王敬福』所収。綜芸社。一九六五年

古市　晃「摂津国百済郡の郡域と成立年代」『大阪の歴史』56所収。大阪市史編纂所　二〇〇〇年。

なお、古市晃氏はその建評を大化五年の「天下立評」年に求めておられる。

（7）『伊呂波字類抄』美、美作國条所引旧記　正宗敦夫編『伊呂波字類抄』風間書房。一九七六年

（8）『続日本紀』養老元年十月戊寅条に「正三位阿倍朝臣宿奈麻呂。正四位下安八萬王。従四位下酒部王。坂合部王。智努王。御原王。百濟王良虞。中臣朝臣人足等。益レ封各有レ差。」とある。かかる条に関して「位封は四位以上に給されるので、「益封」されるには

従四位下がふさわしい。」とし、「ここで益封された人はすべてこの年正月乙巳に昇叙されているが、同時に四位以上に昇叙された石川朝臣難波麻呂だけは益封されていない。」とする注釈がある。

(9) 称徳天皇天平神護二年六月壬子条の百済王敬福薨伝に敬福の父、良虞について「奈良朝廷従四位下攝津亮。」とするのみであるが、『続日本紀』二、新日本古典文学大系　養老三年冬十月戊寅条脚注22、23　33頁　岩波書店。　一九九〇年

『大日本史』巻之三百七十九の国郡司表には「亮百濟郎虞元正帝朝任」とあり、その史料としての根拠は必ずしも明確ではないものの元正朝である可能性がある。菅澤庸子氏は、養老元年正月四日条の良虞の昇叙の頃に任官されたのではないかと考えられ、その根拠として十一月甲辰条の亡命渡来人に対する優遇策を想定しておられる。即ち、難波は百済郡が設置された場所でもあり、亡命百済渡来人が「日本の地におちつけるようにその便宜を計り、世話をする役割を百済王族である良虞に（朝廷が）期待をしてのことであろう。」とされる。氏の推定は妥当なものであると思われるが、養老元年二月壬午条に「天皇幸難波宮。」とある元正天皇の難波行幸に際して任命されたとも考え得るのではなかろうか。なお、吉田晶氏は、摂津亮が良虞の生前の極官であり、かつ百済郡の為の有利な条件であったことは否定できないのではないかとされ、その任官を天平六年前後に想定しておられる。しかし、本文でも述べた如く、百済郡の建置が大化の建評時にまでさかのぼる可能性がたかく吉田氏の説は認め難くなっている。

『大日本史』　巻之三百七十九　吉川弘文館。　一九一八年

菅澤庸子「百済王氏の風俗楽奏について」―天平期の日本対朝鮮意識―　高麗美術館館報『高麗美術館』22号　一九九四年

吉田　晶　注（5）論文

(10)「養老三年に至り新設された官職である。律令地方行政の単位である道の範囲に拘泥することなく数か国をまとめ、その中の特定国の国司が兼任し、管内諸国の行政を監察することになっており巡察使に比べ帯びる位階が高く、現地に常駐している点に特色がある。」

『続日本紀』二、新日本古典文学大系13　第八補注8三四　476頁　岩波書店。　一九九〇年

(11) 菅澤庸子　注（9）論文

(12) 平城宮東院と長屋王邸にはさまれた二条大路北の側溝より、表「左京職進　鶏一隻　馬穴三村　雀一隻　鼠一十六頭」、裏「天平八年四月十四日　従六位上行少進勲三等百済王全福」と記された木簡が出土した。　一九八九年五月二日朝日新聞朝刊

(13)『大日本古文書』廿四巻75頁
(14)前川明久「八世紀における陸奥産金と遣唐使」『日本古代政治の展開』所収。法政大学出版局。一九九一年
(15)菅澤庸子氏は拙論を認めながらももう一つの面、即ち、天平期における対朝鮮外交事情について論じておられる。それは
㈠従来新羅は唐の脅威から日本の求める朝貢外交形式をとっていた
㈡しかるに、天平六年頃より日羅関係の悪化のきざしが窺える（菅澤氏は詳論しておられないが、天平六年十二月六日の新羅使がその国号を王城国と変更していることを理由に天平七年二月二十七日、その使を返却したことを指していると思われる。）
㈢新羅聖徳王三四（七三五、日本天平七）年に新羅が唐より浿江以南の地を下賜されたことにより唐の脅威が去り、朝貢形式をとる必要がなくなった
㈣渤海との国交は聖武天皇の神亀四年にさかのぼるが、その当初より渤海は対等外交で臨んだ
㈤それに対し、日本側は高句麗の後身を称える渤海に対して附庸国高句麗の後身からの朝貢ととらえた
㈥この様な日本の朝鮮に対する前時代的認識は両国との意識のずれを生ぜしめた
㈦この意識のずれに対応すべく両国よりも自国に正当性、優位性のあることを表すために日本国内に住する百済系渡来人、高句麗系渡来人等を内臣化させようとする動きを呼んだ
㈧その一つの表れが百済王氏による楽奏であった
とする内容である。かかる指摘は私論と異なる面から述べたもので傾聴すべきであろう。
菅澤庸子　注（9）論文
(16)岸　俊男『藤原仲麻呂』人物叢書153　80頁　吉川弘文館。一九六九年
(17)中川　收『奈良朝政争史』歴史新書14　教育社。一九七九年
(18)石母田　正氏はこの無制限賜氏姓が「仲麻呂政権の意識的な基盤の拡大を示すものであった」とされる。
石母田　正『日本の古代国家』日本歴史叢書77頁　岩波書店。一九七一年
(19)岸　俊男「県犬養橘宿禰三千代をめぐる臆説」『末永先生古稀記念古代学論叢』所収。一九六七年。のち、同氏著『宮都と木簡―よみがえる古代史―』所収。吉川弘文館。一九七七年

(20) 岸　俊男　注(16)著書

(21) この藤原広嗣の乱発生に伴う聖武天皇の東国行幸に百済王全福が従駕していたことは、『続日本紀』天平十二年十一月甲辰条に「詔二陪従文武官。并騎兵及子弟等一。賜二爵人一級一。」とあり、従二位橘宿祢諸兄が正二位に昇叙された以下の記載に従五位下百済王全福が従五位上に昇叙されている所から判明する。かかる事実は、百済王氏の動向を考える上で極めて注目すべき点であると思う。

(22) 「行二幸紫香樂宮一。以二左大臣橘宿祢諸兄。知太政官事鈴鹿王。中納言巨勢朝臣奈弖麻呂一爲二留守一。」

(23) 北山茂夫「天平末葉における橘奈良麻呂の變」『日本古代政治史の研究』所収。岩波書店。一九五九年

(24) 直木孝次郎「天平十六年の難波遷都をめぐって」『飛鳥奈良時代の研究』所収。塙書房。一九七五年

(25) この難波行幸の主導者として野村忠夫氏は、元正太上天皇の意向と結びついた左大臣橘諸兄と推測しておられる。

野村忠夫「聖武天皇の遷都の謎」『歴史読本』特集大仏建立と天平の世紀所収。一九八〇年十一月号

(26) 北山茂夫『部落の歴史と解放運動』古代篇第四章律令体制と隷属民　社団法人部落問題研究所。一九五四年

(27) 北山茂夫　注(26)書　古代篇第五章古代的隷属民の闘争

井上　薫『行基』人物叢書24　吉川弘文館。一九五九年

(28) 『続日本紀』天平十五年十月乙酉条

(29) 井上　薫　注(27)著書97頁

(30) 中川　收　注(17)著書116頁

(31) 石川朝臣東人も年足と何らかの族的関係を有していたものと考えれば、ここに加えてもよいのではなかろうか。

(32) 天平勝寶元年八月、大納言藤原仲麻呂家々令、外従五位下として、同家牒に署がある田邊史は外従五位下という同位からみて高額である可能性が強く、同家牒に暇とみえることもこのことを裏づけていよう。

『大日本古文書』巻三　273頁。

(33) 『元亨釈書』巻二十八石山寺縁起伝説に、聖武天皇が一十有六丈の遮那銅像を鋳、多く金を聚めて鍍金しようとしたが、この時本朝には未だ黄金がなかったので良弁法師をして持念させたところ、比良明神の示現があり、幾ばくもなくして奥州より初めて黄金が貢献されたとする記載に注目すべきである。この伝説は、当の石山院が造東大寺別当の直轄する出先機関であり、造東大寺別当

に良弁僧正が任ぜられていたところから起こったものとも考えられ史料的には多くの問題を含む。しかし、石山寺の所在地が近江であり、藤原朝臣仲麻呂の祖父不比等及び父武智麻呂以来藤原氏にゆかりの深い地であり、仲麻呂もまたこの就任よりその没落に至るまで近江守であり続けた。この様に石山寺縁起伝説の背景に仲麻呂の存在を想定する時、その内容に百済王敬福の黄金発見の内容が含まれていることは注目に価する。

(34) 岸　俊男　注(16)著書。415頁

第三章　大仏造営と百済王氏

はじめに

天平勝寶四年四月九日、種々の工程を経て、ほぼその完成に近づきつつあった大仏の開眼供養が聖武太上天皇、光明皇太后、孝謙天皇臨席のもと、文武百官が集い盛大に挙行された。『続日本紀』は儀式の模様を（1）「佛法東歸。齋會之儀。未三甞有二如レ此之盛一也。」と記しているが、この大仏完成に至るまでには造営の過程において政治のイニシアティヴをめぐる権力闘争が展開された。即ち、橘宿禰諸兄と藤原朝臣仲麻呂との闘争がそれである。両者は大仏造営という国家的事業を成功に導かんが為に種々の行動を起こしたであろうことは想像に難くないが、この両者のいずれを重視するかにより、また大仏造営過程における評価（2）も確定するという結果を生じている。かかる傾向は、それだけ大仏造営自体が政治と直結していたことを示すものであり、大仏造営をただ単に文化面からのみ捉えることは問題の矮小化をもたらす結果となろう。かような観点からするならば、百済王敬福の黄金発見及びその貢献をただ単に大仏造営の過程における一つの大きな事件とのみ捉え、その結果、百済王氏の地位を確乎ならしめたとするが如き解釈（3）は歴史の実相とかけ離れているものであるとしなければならない。即ち、敬福の黄金貢献は、大仏造営に携わる政治権力に対してなされたきわめて政治的な行為であり、当然そこに他氏族との関係及びその内容を踏まえた真の歴史的評価を付与しなければならない。しかるに、かかる観点からの考察は従来欠落しており、わずかに辻善之助（4）及び北山茂夫（5）、今井啓一（6）の各氏によって暗示されているにとどまる。

以下、私は、百済王敬福の黄金貢献のもつ歴史的背景を他氏族、ことに藤原朝臣仲麻呂、百済系渡来人、石川朝臣年足との関わりの中で考究し、あわせて百済王氏は言うにまたず、藤原朝臣仲麻呂が大仏造営の過程で果たした役割の一端を明らかにしていきたいと思う。

(一)

さて、かかる点を究明する上において岸俊男氏の光明皇后の仏教的素地についての考察は（7）きわめて示唆に富んでいる。即ち、氏は光明皇后の崇仏が母である県犬養橘三千代の影響に起因すること及び、その三千代の本貫が百済系渡来人が蕃延し、仏教の盛行していた河内国古市郡であり、しかも光明皇后の旧名安宿媛の名も隣郡の安宿郡にちなんだものか、あるいは古市郡に近いところから選ばれた乳母の出身地にちなんだものではないかとされ、光明皇后自身のその地とのつながりを重視された。河内国南部はもと安宿・古市・石川・錦部・丹比の各郡より構成されており、古市郡には王仁を始祖とする伝承を有する西文氏が居住し、その一族、書首・馬首（武生宿禰）・桜野首・栗栖首・高志史・蔵首も居をかまえていた。また丹比郡には、王辰爾を祖とあおぐ船氏及びその同族、葛井・津両氏が、安宿郡においても飛鳥戸氏（8）が居住するというように、渡来の新旧はあるものの、百済からの渡来という共通の基盤のもとに極めて「密接な関係」を保ち「ひとつの文化複合体」(9)を形成していた。しかもこれらの氏族が先進仏教界の思想にきわめてすばやい対応を示したことは夙に井上光貞氏(10)によって指摘されている。そのことは、西文氏が西琳寺、船氏が野中寺というように氏寺を有しており、その他、新堂廃寺・大県廃寺等の寺院址の存在からもその居住地に早くから仏教が盛行していたと考えられるところから窺うことができる。そもそも大仏造営の契機をなしたのが、天平十二年二月に聖武天皇が難波行幸の際に古市郡に近い大県郡の智識寺において盧舎那仏を拝したことにあるとするのは『続日本紀』の記す(11)ところである。それとともに、岸俊男氏は、その背後に聖武天皇に同道したと考えられる光明皇后の母、県犬養橘三千代から承け継いだ「この地方の仏教信仰(12)に対する関心と帰依」を想定しておられる。即ち、天平十二年前後において、古市郡を中心に華厳教学が流布していたことを背景に光明皇后が聖武天皇を智識寺に誘ったのではないかとされるのである。岸氏は言及しておられないが、仏教信仰及び帰依は人を媒体とするものであり、当然そこに居住する百済系渡来人の存在が光明皇后に認識されていたとせねばなるまい。それは田村圓澄氏(13)が述べておられる如く、聖武天皇にとっては河内南部の「渡来系氏族の文化、技術の水準の高さ」を確認し、「大仏造立の自信」を深め得たことの素地を形成していたとも考えられる。かような推測は、渡来人の力量を光明皇后自身が認識しており、その重要性を「藤原氏の権勢再興の期待」(14)を託した藤原朝臣仲麻呂に注入したのではないかと考えられる可能性を生ぜしめる。あるいは後の仲麻呂政権下における渡来人重視政策形成に光明皇后の果たした役割は想像以上に大きいものがあったとすべきなのかもしれない。

さて、それとともに注目しなければならないのは王仁及び王辰爾後裔氏族と蘇我氏との関係である。即ち、『日本三代実録』元慶元年十二月廿七日条の記載には「右京人前長門守従五位下石川朝臣木村、散位正六位上箭口朝臣岑業、改二石川箭口一、並賜二姓宗岳朝臣一。木村言、始祖大臣武内宿禰男宗我石川、生二於河内國石川別業一。故以二石川一爲レ名、賜二宗我大家一爲レ居。因賜二姓宗我宿禰一。淨御原天皇十三年賜二姓朝臣一。以二先祖之名一、爲二子孫之姓一、不レ避レ諱。詔許レ之。」とあり、日野昭氏（15）あるいは加藤謙吉氏（16）が述べておられる如く、河内国石川郡に蘇我氏勢力の進出がなされていたことが推定できるからである。しかも、この石川郡は古市・丹比・安宿各郡と隣接しており、さらには、その内部に百済系渡来人が居住していた。

蘇我氏と王仁、王辰爾後裔氏族との関係については井上光貞氏（17）が

㈠『古語拾遺』の蘇我麻智宿禰の三蔵検校において東西文氏がその管理の職掌についていること

㈡『日本書紀』欽明天皇十四年秋七月辛酉朔甲子条に「幸二樟勾宮一。蘇我大臣稲目宿禰、奉レ勅遣二王辰爾一、数二録船賦一。即以二王辰爾一為二船長一。因賜レ姓為二船史一。今船連之先也。」とあり、蘇我大臣稲目宿禰と船氏の関係が知れること

㈢『日本書紀』皇極天皇四年六月己酉条に、いわゆる大化改新に際し、蘇我蝦夷等が死に臨み、天皇記・国記・珍宝を焼く行動に出たのに対して、船史恵尺が焼ける所の国記を取り出し、中大兄皇子に奉ったとあり、船氏と蘇我氏の関係が知れること

㈣『日本書紀』敏達天皇三年冬十月戊子朔丙申条の白猪屯倉の記事における蘇我馬子と白猪史膽津の関係が知れること

を明らかにされた。さらには加藤謙吉氏（18）が指摘されている如く、蘇我氏勢力下の石川地方、板持の地を本拠とする板持史（連）が古市郡の西文氏との間に史という職掌を媒体として密接な関係を有していたことが『西琳寺縁起』により判明する。即ち、そこには巨勢・金集・清内・清野・茅原・板持・文の七姓が西琳寺を建立したとあり、また寺官事にも檀越として浄野・文・板持・武生・蔵とあり、板持氏を除く他の氏が西文氏及びその同族であることが確認できるからである。かように仏教最初の信奉者蘇我氏が王仁、王辰爾後裔氏族に対して支配権を有していたことを前提におくとき、両後裔氏族の居住地の仏教摂取が早くからなされていたことも容易に推測できるのである。

しからば、かかる支配体制は蘇我氏の滅亡とともに消滅したであろうか。確かに蘇我氏の滅亡はその支配、被支配の

関係を崩壊せしめた。とはいえ、蘇我本宗家とは別系統の河内の石川を基盤とする蘇我氏（石川朝臣）との関係は支配体制の遺産というべきものとともに地縁的要素を増しつつ、とぎれることなく保持されていたとすべきであろう。かような点を考慮に入れるとき、藤原朝臣仲麻呂の腹心的律令官人（19）と称される石川朝臣年足と仲麻呂との関係がいかなる時点、また契機をもってなされたのかの解明の端緒となるべきものが見出せるのではなかろうか。即ち、大仏造営計画に際し、古市、丹比郡に居住する西文氏あるいは船氏等に影響力を有する石川朝臣氏をその支配下に組織する必要性がこれまた光明皇后によって主張されたのではないかと考えられるからである。石川朝臣年足自身も『続日本紀』天平十一年六月甲申条に「賜㆓出雲守従五位下石川朝臣年足。絁卅疋。布六十端。正税三萬束㆒。賞㆓善政㆒也。」とある如く、有能な官吏であったことは、より強い印象を光明皇后、あるいは仲麻呂に与えずにはおかなかったであろう。しかも年足が仏教に対し深い理解を示していたことは、天平二年八月（20）に父、石足のために弥勒成仏経十部を書写し、天平十年六月、出雲守在任中に弥勒菩薩像一鋪を造るとともに弥勒菩薩上生兜率天経を写し、あるいは、天平十一年七月大般若経一部を書写し、浄土寺に安置したことにより知れるのであって、大仏造営の協力者として適任と考えられたのではなかろうか。以上の考察から私は、藤原朝臣仲麻呂と石川朝臣年足との関係が生ずる契機は大仏造営計画の萌芽期から存したと考えるのである。

　一方、百済王氏と王仁、王辰爾後裔氏族、及び仲麻呂との関係はいかなるものであったろうか。この点に関して考えねばならぬのは、百済王氏の旧居住地難波（21）と文氏系あるいは船氏系氏族の居住する古市郡・丹比郡は、難波京の南北縦貫道路（22）及び長尾街道（大津道）・竹内街道（丹比道）により直結していたと考えられることである。さらには、吉田晶氏が述べておられる如く（23）、「主として六世紀代において」難波の「上町台地の北部を堀江で切り開いた水路は、台地の東部を南進して東除川に入り、さらに古市大溝を通って河内中央部まで達して」おり、古市大溝の終着地点に彼ら氏族がいたことは、難波との関係が古くから結ばれていたことを推測せしむる。しかも、

ⓐ難波の百済寺に比定される堂ヶ芝廃寺跡出土瓦の最古の遺例が飛鳥後期（白鳳）の山田寺系の単子葉弁文のものであり、四天王寺に同遺笵例のあること(24)

ⓑ孝徳朝の難波遷都に伴い四天王寺の回廊、南大門、東大門などの整備がおこなわれたこと(25)

ⓒ百済尼寺の発掘調査では、七世紀中葉の溝から四天王寺創建瓦と同笵である素弁蓮華文軒丸瓦が出土しており、その創建が百済寺の創建ときわめて深い関係にあったこと(26)

ⓓ難波百済寺とされる堂ヶ芝廃寺と百済尼寺が四天王寺と同様、難波宮の朱雀大路と推定される中軸線に沿う位置に存在すること

ⓔ長屋王邸跡の出土木簡によって百済郡が少なくとも大宝令の施行当初から存在していた可能性が強く(27)、一部論者の主張の如く(28)大化二年の建評期に求めうるか否かは判然としないが、孝徳朝において後に百済郡となる地に氏寺、尼寺が創建された可能性は否定できないこと

などを勘案すると孝徳朝に百済君豊璋とその弟らが創建者となって寺、尼寺が創建された可能性が高い。この造寺に際して百済系渡来人である王仁、王辰爾後裔氏族が関与したことは十分考えられるところである。この関係は祖国百済の滅亡により渡来した百済王善光の難波百済郡定住により、より強化されたと推察できる。即ち、百済王氏を中心とした百済系渡来人相互の関係の成立である。従って、大仏造営を推進する上において渡来人の技術知識が必要不可欠なものである以上、百済系渡来人を掌握するに際してその統率者である百済王氏をその協力者に包摂することは緊急の要件であった。その点において、天平十二年二月の聖武天皇の難波行幸に際し、百済王氏が風俗の楽を奏し、それぞれ昇叙(29)されていることは注目すべきことである。そのことは、難波の百済寺とされる堂ヶ芝廃寺の遺物に聖武天皇の難波宮と同笵遺例が認められる端丸瓦・端平瓦が三組見出され、「官窯の作瓦が奈良時代のこの百済寺に給与流用されているることは、当時この寺院が官寺的取扱いを受けていたことを思わせ」(30)ることとあいまって百済王氏の氏族的状況を

示唆するきわめて象徴的な事実であるとしなければならない。

以上、考察してきた如く、大仏造営計画の初期の段階において文氏系、あるいは船氏系氏族を掌握するために百済王氏、石川朝臣年足という二重の支配体制がそれぞれ成立しており、彼らは光明皇后の進言に基づく仲麻呂の政策の担い手として、以降大仏造営事業に組み込まれていくのである。

(二)

天平十二年の藤原広嗣の乱に端を発した聖武天皇の東国行幸は、一旦、恭仁遷都ということで落ち着く様に思えたが、さらに紫香楽の地に離宮を造るという如く、その行動には異常さが伴っている。かようなただ中、天平十五年十月十五日、紫香楽の地において「夫有二天下之富一者朕也。有二天下之勢一者朕也。以二此富勢一造二此尊像一。」とする有名な詔(31)を発し、大仏造営を衆庶の前に公にした。しかもそこに「如更有四人情三願持下一枝草・把土上助二造像一者。恣聽レ之。國郡等司莫下因二此事一侵二擾百姓一强令中收斂上。布二告遐迩一知二朕意一矣。」とする如く、知識に対する期待が述べられている背景には、かの河内国の智識寺における知識層のことが念頭におかれていたことは明らかである。それに呼応するかの如く、四日後の十九日、『続日本紀』(32)は「皇帝御二紫香樂宮一。爲レ奉レ造二盧舍那佛像一。始開二寺地一。於レ是行基法師率二弟子等一勸二誘衆庶一。」と記し、行基が大仏造営の為に民間での活動を積極的に開始したことを明らかにする。行基は天智称制七年河内国大鳥郡において父、高志才智、母、蜂田古爾比売との間に生を享けた。多年民衆のもとで布教活動を実施することにより百姓を組織し、架橋及び布施屋等を設け、民衆と密接な関係を保っていたが為に小僧行基と呼ばれ政府から度々弾圧をうけていた。

行基の父は高志氏であり、『大僧正舎利瓶記』（33）によると王爾（王仁）の子孫とされており、先述の詔と対応して考えるとき、きわめて注目すべき点があると考える。即ち、従来行基をその組織下に組み込む政策の主体をなしたのが橘諸兄か藤原仲麻呂かの論争（34）があり、それぞれの観点からの論述がなされているが、行基自身が王仁後裔氏族の出身であるという点を重視するならば、そこには先述した如き光明皇后、藤原仲麻呂の存在が浮かび上がってくるのである。私は、かかる行基の政府への組織化の主体をなしたのは仲麻呂であり、この組織化は、とりもなおさず民衆の自発的な労働力の把握を可能ならしめた点で大仏造営事業において画期をなすものであったと考える。

かように大仏造営の事業は着々と進められつつあったが、天平十六年九月十五日、畿内七道に巡察使が派遣された。その任についた者を以下列挙すると次の如くになる。

畿内使	従四位下	紀朝臣飯麻呂
東海道使	正五位下	石川朝臣年足
東山道使	正五位上	平群朝臣廣成
北陸道使	従五位下	石川朝臣東人
山陰道使	正五位下	百済王全福
山陽道使	外従五位下	大伴宿祢三中
南海道使	外従五位下	巨勢朝臣嶋村
西海道使	従四位上	石上朝臣乙麿

彼らの任務は『続日本紀』同年九月丙戌条に「諸國郡官人等。不レ行二法令一。空置二巻中一。無レ畏二憲章一。擅求二利潤一。公民歳弊。私門日増。」とある如く、地方官人の公民収奪の現状を打開することにあったとすべきであるが、この政策が大仏造営推進の過程において展開されていることは注目すべきである。しかも、このメンバーに石川氏が二名、百済

王氏が一名含まれていることは既述の如き、仲麻呂と石川氏、百済王氏の関係を考慮に入れるとき、この政策が仲麻呂により推進された可能性の高いことを推測させる。さらに、この政策の目的が地方官人の監視強化に伴う租税及び徭役徴発の円滑化にあったとすれば、大仏造営政策の一環として捉えるべきであろう。

さて、かかる政策実施を経て、同年十一月十三日には(35)「甲賀寺始建二盧舎那佛像體骨柱一。」とある如く、大仏の體骨柱を建てるまでに事業は進捗していた。この際、聖武天皇は手づからその縄を引いたという。かように紫香楽の地で事業が展開されていたのであるが、天平十七年四月に至ると三日に(36)「寺東山火」とあり、十一日には(37)「宮城東山火。連日不レ滅。於レ是都下男女競往臨レ川埋レ物焉。」とある如く、大仏造営反対派と思われる何者かによる放火が頻発している。このことが機縁ともなったのであろうか、聖武天皇は紫香楽の地を捨て平城京に還都(38)したのである。当然のことながら甲賀寺における大仏造営も放棄のやむなきにいたったであろうことは容易に想像し得る。大仏造営計画は一時中断という事態に陥ったのである。しかし、この中断は短く『東大寺要録』本願章第一、天平十七年八月廿三日条に「天皇自二信樂宮一車駕廻二平城宮一。於二大倭國添上郡山金里更移二彼事一。創二同盧遮那佛像一。天皇以二御袖一入レ土。持運加二御座一。公主夫人命婦采女文武官人等。運レ土築二堅御座一。」とある如く、大仏造営が大倭國添上郡山金里において再開されたことが知れるのである。この地はまた金鐘寺の存在した所でもあった。金鐘寺は聖武天皇と光明皇后との間に誕生し、幼くして死亡した某王(39)(基王)の冥福を祈るために神亀五年に建てられた山房に端を発する。その後、天平十四年頃に金光明寺と改称され、大和の国分寺に指定され、さらに天平二十年頃からは東大寺と呼ばれるに至った沿革を持つ寺である。かように大倭國添上郡山金里の地が光明皇后と深い関係を有していたとするならば、この再開が光明皇后、仲麻呂の政策であったことを窺わせる。さて、大仏造営事業の再開された直後の九月四日、正五位下百済王全福を尾張守、外従五位下田邊史高額(40)を参河守、民部卿正四位上藤原朝臣仲麻呂を兼近江守となす人事が発令された。かかる任命は、同年二月に佐伯宿祢毛人(41)が伊勢守に就任していることと考えあわせるとき、東国における大仏造営物資搬出促進及び徭役徴発を考慮に入れたものであったのではなかろうか。そしてかかる東国、東海道、美濃の物資、材木、労働力の輸送の中継地(42)、連絡所として近江国瀬田に石山院が創立されたと考えられる。ここで注目すべきは、㈠『元亨釈書』巻二十八石山寺縁起伝説及び『今昔物語』の「聖武天皇はじめて東大寺を造りたる語第十三、さらに㈡『東大寺要録』天平十九年九月廿九日条には黄金発見にあたっての石山院の役割が大きく採り上げられていることである。㈠においては共に良弁僧正がその中で大きな役割を演じているが、天平寶字五年から六年の石山寺造営に造東大寺別当が深く(43)関わっており、当の別当が良弁僧正であったことの反映であったと考えられる。従って創建時の石山寺と良弁の関係は㈠の説く如くであったか確定し得ない。従って、百済王敬福の黄金貢献を暗示する記載がなされていることをもって、今井啓一氏が述べられている如く、百済王氏と良弁との間に「何らかの黙契の伏在」(44)があったものと解釈し得るか疑問である。それよりも私は、石山院の存在した地に注目すべきであると考える。即ち、石山院は近江国に存在したのであり、その国守を藤原仲麻呂が兼務していたからである。このことを考慮に入れるとき、黄金貢献の予言が石山寺縁起に盛り込まれていることは、敬福の貢献の意義を考える上できわめて象徴的なことであるとしなければならない。それと共に㈡の記事が「伊勢大神宮禰宜延平日記」によっており、その延平の禰宜在任時期が承保二(一〇七五)年から康和元(一〇九九)年である(45)ことは、その史料を用いる際には慎重を期さねばならないものの、「天平勝寶元年。大神宮禰宜外従八位上神主首名。被レ叙二外従五位下一。是レ依黄金出來也。巳上記文」とあることに留意すべきであろう。何故なら、『続日本紀』天平勝寶元年四月戊戌条に「伊勢大神宮祢宜従七位下神主首名外従五位下。」とあり、外従八位上と従七位下の相違はあるものの同一人であることが確認できるからである。このことは、天平十九年当時の伊勢守が先述した如く、仲麻呂派の佐伯宿禰毛人であったことを考えるとき、黄金貢献に仲麻呂が深い関係を有していた可能性を示唆するものとしてとらえるべきではなかろうか。そこで以下、黄金発見に至る過程を追究していきたい。

㈢

さて、天平十七年八月、大倭国添上郡山金里において再開された大仏造営事業に西文系氏族、船系氏族、石川年足、百済王氏はいかなる関わりをその歴史上に残したであろうか。西文系氏族、船系氏族については、直接大仏造営に関わったとする史料は少なく以下の人物が確認できるに過ぎない。

船連虫麻呂　天平二十年七月の造東大寺務所牒に省掌で正七位上として署がある(46)。
天平勝寶四年四月九日、大仏開眼会において高麗楽頭を奉仕（治部少録、正七位下）(47)。

葛井連荒海　天平勝寶二年五月、造東大寺司人として造東大寺司に出仕した（中宮舎人、少初位上）(48)。

葛井連根道　天平勝寶元年九月、造寺司牒に造東大寺司主典で従八位上とある(49)。

しかし、ここで注目すべきは、以下の諸点である。

㈠『続日本紀』天平十七年十月辛亥条に「河内國司言。右京人尾張王。於二部内古市郡古市里田家庭中一。得二白龜一頭一。長九分。闊七分。兩目並赤。」とあり、翌天平十八年三月七日にこの出現を人瑞に相当するものとして「宜三天下六位以下皆加二一級一。孝子順孫。義夫節婦及力田者二級。唯正六位上免二當戸今年租一。其進レ龜人特叙二従五位下一。賜レ物准レ例。出レ龜郡者免二今年租調一。」(50)とする処置を講じた。かかる瑞亀献上に対して岸俊男氏は、

㋐古市郡古市里に接する安宿郡内に尾張郷が存し、尾張王になんらかの関係があると推測できること

㋑光明皇后が安宿郡に縁があること

等勘案して「すでに三千代は薨じているが、光明皇后は健在であり、藤原氏の中で誰かが光明立后のときの先例にならって、再び瑞亀の献上を画策したのかも知れない。」とされるが、その目的は「詳らかでない。」(51)と述べておら

れる。果たしてこの白亀献上はいかなる目的をもってなされたのであろうか。そのことを考察するにあたって天平年間における類似記事を抽出すると表Ⅰの如くになる。

表Ⅰ

和暦	年	月　日	内　容	褒　賞
天平	元年	六月己卯	左京職瑞亀献上（甲羅に「天王貴平知百年」の文言あり。）天平改元、光明立后の前兆として作為されたと考えられる（古市郡尺度郷に鴨里があり、県犬養氏が居住）。	河内目、古市郡の人、無位賀茂子虫に従六位上を授ける。百官の内、主典以上の者に位を一階あげる。賜物の授与。左右京の今年の田租免除。
	三年	十二月丙子	甲斐国守田邊史廣足神馬を献上。田邊史一族が安宿郡に居住。藤原不比等以来、田邊史氏と藤原氏の密接な関係が想定できる。	賜物の授与。馬を得た人に位を三階あげる。甲斐国の今年の庸、馬を出した郡の今年の庸調免除。
	十年	春正月庚午朔	信濃国より神馬献上。阿倍内親王立太子。	六位以下の官人に位を一階あげる。賜物。祥瑞を出した郡に今年の庸免除。
	十一年	春正月甲午朔	出雲国より祥瑞の赤烏献上。越中国より白烏献上。	
		三月癸丑	対馬島の目、正八位上養徳馬飼連乙麻呂、神馬献上。橘諸兄政権の出現と関係あるか。	賜物。養徳馬飼連乙麻呂に位を五階あげると共に賜物。馬を出した郡の今年の庸調免除。

かかる表から看取できることは、瑞亀なり、神馬なりの献上には政治的な目的が伏在することであり、その多くに藤

原氏が関与しているのではないかと考えられることであろう。しからば、天平十七年の瑞亀出現にはいかなる目的が存したのであろうか。ここで留意すべきは、同年八月に大倭国添上郡山金里において大仏造営事業が再開されたことである。その造営に古市郡内の百済系渡来人が多く関わっていたであろうことは既述の考察から推測できるところであり、天平十八年三月、瑞亀を出したことにより租、調を免ぜられたことも造営事業と深い関係を有するのではあるまいか。しかも、六位以下の官人の位を一級加えたことは、大仏造営に携わる下級官人を十分意識してのものであり、かような画策をなし得るのは藤原仲麻呂をおいて他には想定しがたい。

㊁天平十八年七月時点において船連家足(52)が近江国少掾正七位上であり、天平十七年九月に守に就任した仲麻呂と船氏との関係が想定できる。

㊂『続日本紀』天平廿年八月己未条に「車駕幸㆓散位従五位上葛井連廣成之宅㆒。延㆓群臣　宴飲。日暮留宿。明日。授㆓廣成及其室従五位下縣犬養宿祢八重並正五位上㆒。是日還㆑宮。」とあり、聖武天皇が葛井廣成の宅に幸し、宿泊したことが判明する。この行幸の目的がただ単に寵臣の宅での宴飲であったとは考えがたく、おそらくは大仏造営における葛井氏(船系氏族)の存在を考慮に入れてのものであったとすべきである。それとともに光明皇后の母三千代の一族である縣犬養宿祢八重が葛井氏に嫁していることにも留意すべきである。

㊃先述の如く、吉田晶氏(53)は、難波から古市大溝を通って河内中央部に至る水路が主として六世紀代に完成していたことを論じられた。そして、その終着点に水運に関係を有した船、津氏が存在し、また倉庫の管理に関係した西文首、蔵史氏等が居住したこと、さらに、終着点で荷揚げされた物資を輸送する氏族として馬史があり、馬での輸送に携わったと考えられることを明らかにされた。かかる事実は時代の相違はあれ、西国の大仏物資の奈良への運搬の課程に果たした王仁及び王辰爾後裔氏族の役割が大きかったことを窺わせるものである。その点において『万葉集』巻二十に「天平勝寶八歳丙申、二月朔乙酉廿四日戊申、太上天皇大后、幸㆓行於河内離宮㆒、経㆑信、以㆓壬子㆒傳㆓幸於難

波宮一也。三月七日、於二河内國伎人郷馬國人之家一宴歌三首」との注を有する歌（54）を収録することは注目すべきことといわねばならない。即ち、聖武太上天皇がわざわざ馬國人の家に出向いているのは、天皇との関係が相当深いものであったことを窺わしめるが、かかる関係は大仏造営の過程、それも特に物資輸送面における馬史氏の活躍を背景にしていたのではないかと考える。

以上、西文系、船系氏族の大仏造営事業に対する関わりの一端を考察してきたのであるが、ここで造営時期における該当氏族の昇叙を表Ⅱでまとめておきたい。

表Ⅱ

和暦	年	月日	氏名	位
天平	十七年	正月七日	栗栖史多祢女	无位→外従五位下
		四月二十五日	葛井連諸會	正六位上→外従五位下
	十八年	四月二十二日	津史馬人	正六位上→外従五位下
			船連吉麻呂	正六位上→外従五位下
	二十年	正月七日	津史秋主	正六位上→外従五位下
		二月二十五日	葛井連廣成	従五位下→従五位上
		八月二十一日	葛井連廣成	従五位上→正五位上
天平勝寶	元年	十月二十五日	倉首於須美	正七位上→外従五位下
	三年	正月二十五日	文忌寸上麻呂	正六位上→外従五位下

ここから見てとれる事は、大半の者が外従五位下を授けられていることであり、そのことはやはり、大仏造営事業との関わりで理解すべき事のように思われる。

さて、それでは石川年足、百済王氏の動向はいかなるものであったであろうか。そこで考察を加えるにあたって年足、百済王孝忠、敬福の天平年間における動向を表示すると表Ⅲの如くになる。

表Ⅲ

和暦	年	月日	孝忠	敬福	年足
天平	七年	四月二十三日			正六位上→従五位下
	八年	正月二十一日	正六位上→従五位下		
	十年	四月二十二日	遠江守（55）		
		四月		陸奥介	
	十一年	四月十七日		正六位上→従五位下	
		六月二十三日			出雲守
	十二年	正月十三日			従五位下→従五位上
		十一月二十日	遠江守従五位下勲八等、大御贄使（56）		
	十三年	八月九日	遠江守		
	十五年	五月五日	従五位下→従五位上		従五位上→正五位下
		六月三十日		陸奥守	

十六年	二月二十二日	従五位上→正五位下		
	九月十五日			東海道巡察使
十八年	四月四日		上総守	陸奥守
	四月十一日	左中弁		
	四月二十二日			正五位下→正五位上
	九月十四日		陸奥守	
	九月二十日			春宮員外亮
	閏九月七日		従五位下→従五位上	
	十月二十五日	大宰大弐		
	十一月五日			春宮員外亮兼左中弁
十九年	正月二十日	正五位下→正五位上		正五位上→従四位下
	三月十一日			春宮大夫
二十年	二月十九日	正五位上→従四位下		

ここで特筆すべきは、陸奥守百済王敬福の上総守転出及び左中弁百済王孝忠の大宰大弐転出の際の後任が同じく石川年足であるという事実である。石川年足と仲麻呂の関係がかなり古くから成立していた可能性のあることは既に考察したところである。加えて天平十九年三月の年足の春宮大夫就任は野村忠夫氏が、吉備朝臣真備が阿倍皇太子と結びついていたポストを奪い、諸兄政権に打撃を与え、それを自派で握るために実施された参議式部卿の仲麻呂が行った巧妙な人

事であったと指摘(57)されている如く、その関係は更に深化していたとすべきである。かような関係にあった年足が何故に敬福に替わり、未開の地、陸奥守に就任する必要性が生じたのであろうか。しかも、その任期は短く天平十八年四月から九月までの数ヶ月間に過ぎず、敬福がまたしても陸奥守に復任しているのである。従って、かかる補任を疑問視する(58)むきもあるが、その後任人事の矛盾が何ら認められない(59)ことを勘案すると『続日本紀』の記載に従うべきであろう。しからば、この短期間の交替をいかに解釈すべきであろうか。そもそも敬福が陸奥に関係をもったのは表にある如く、天平十年四月の頃であったと思われる。この任官については第二章でも述べた如く、前川明久氏が注目すべき指摘をされている。即ち、遣唐使派遣に際しては金が必要であり、新羅からの貢調に依存していたが、天平六年から十年を境に日羅関係が冷却したため敬福に金探索を命じたものの、天平十二年、大仏造営の詔が発布されるとその目的が大仏の鍍金に必要な金の探索へと変更されたとされるのである。かかる論を踏まえ私は、まさに敬福の上総守転任前の時点において黄金(砂金)の発見があり、そのことが一族を介して仲麻呂及び光明皇后に報告されたのではないかと考える。仲麻呂と百済王氏の関係が既述の如く、大仏造営計画の端緒から成立していたからである。報告を受けた仲麻呂は、その実態を把握するために石川年足を陸奥守に任じたものと思われる。しかし、黄金の発見があったとはいえ、「彼(敬福→筆者注)のもとに結集する帰化系技術者を組織して産金の量産化に努力」(60)する必要性は依然として残っており、敬福の再任となったと考えるべきであろう。

さて、敬福が陸奥守に再任された翌十月二十五日、左中弁百済王孝忠は大宰大弐に任ぜられ、九州の地に赴いている。この孝忠の大宰大弐補任の進言者が仲麻呂であったと考えられることは、左中弁の後任に石川年足が兼官の形で受継いでいるところから推測できるが、かかる任命の意図は奈辺にあったのであろうか。この問題を考察するにあたって重視すべきは、『東大寺要録』巻第四、八幡宮の条にひく弘仁十二年八月十五日の太政官符に「爲レ奉レ造二東大寺盧舎那佛像一遣レ使祈レ神。既託宣。吾護二國家一。是猶二楯戈一。唱二-率神祇一。共爲二知識一。又爲レ買二黄金一將レ遣二使於大唐一。卽託宣。

所レ求黄金将レ出二此土一。勿レ遣二使者一。爰陸奥國献二黄金一。即以二百廿兩一。奉二于神宮一。即請二大神於京都一之日。」とあることである。前述した如く、この史料を援用するにあたっては慎重を期さねばならないが、ここにおいて八幡神が盧舎那佛を造営するにあたって知識となることを明らかにしていることは注目に値する。現に天平十七年七、八月ごろに八幡神が東大寺に米を奉納していることが直木孝次郎氏(61)によって指摘されているからである。しかも、聖武天皇が黄金を買わんが為に使いを大唐に遣わさんとした際、八幡神が求むる所の黄金が将に此土より出でんとすと託宣し、それを押しとどめたことは、八幡神が黄金発見をあらかじめ知り得る立場にあったことを推測させる。しからば、八幡神は敬福の黄金発見をいかなるルートから知ったのであろうか。その点において私は、大宰府の管内に八幡神が存在し、天平十七年六月に石川年足の一族、石川加美が大宰大貳に任命され、翌天平十八年十月、加美に替わり百済王孝忠が補任されていることに着目したい。即ち、この両者は敬福の黄金発見を知り得る人々であったとしなければならない。かかる点を勘案すると、孝忠の大宰大貳任命はきわめて政治的な契機をもったものとしてとらえる必要性が生じてこよう。この補任について田村圓澄氏は、豊前の豊富な銅と高度な技術を宇佐が支配していたため、東大寺と豊前との関係の強化を意図した布石であったのではないかとする注目すべき見解(62)を示しておられる。傾聴すべき見解であるが、私は、光明皇后、仲麻呂が黄金発見そのものに宗教的意義、あるいは権威を付与する挙に出ようとしたのではないかと考える。つまり黄金発見を大仏造営の事業を神が護持し、積極的に推し進めた結果としてとらえようとし、その役割を孝忠に担わせたのではなかろうか。現に天平勝寶元年十二月、八幡神入京の際の孝謙天皇の宣命には(63)「豊前國宇佐郡尓坐廣幡乃八幡大神尓申賜閇勅久。神我天神地祇乎率伊左奈比天必成奉无事立不有。銅湯乎水止成我身遠草木土尓交天障事無久奈佐牟止勅賜奈我良成奴礼波歓美貴美奈毛念食須。」とあるからである。光明皇后、仲麻呂の画策は功を奏したとすべきであり、孝忠はその役割を無事に果たしたのである。先の太政官符に大神を京都に請ぜんとする日、貢献された黄金の一部百廿両が八幡神に対し奉献されたとあるのは、権威付けに対する報酬(64)であったのではないかと考える。しからば、仲麻呂の八幡神に対する接触はいかなる時点からなされたのであろうか。既述の如く、石川年足の一族、加美が天平十七年六月大宰大貳に任命され、同年七、八月頃に八幡神が東大寺に米を奉納していることは、この前後の時点において仲麻呂の工作が始まったことを暗示している。そしてその関係は天平勝寶二年十月、仲麻呂の異母弟にあたる大宰少貳正五位上藤原朝臣乙麻呂が八幡神の神教に基づき詔で、従三位に叙されるとともに大宰帥に昇任されている事実が示す如く、かなり強固なものであったことを窺わせる（65）。

天平勝寶元年四月甲午朔、聖武天皇は東大寺に幸し、盧舎那佛の前殿で、像に向い左大臣橘諸兄をして百済王敬福の黄金発見に関する宣命を宣らしめたが、その日、百済王敬福は従五位上から一躍従三位に昇叙されている。それは百済王氏の歴史を考察するにあたっての一大画期であったが、その背後には以上述べてきた如き光明皇后、仲麻呂と石川年足、および西文、船系氏族、百済王氏の関係が想定し得るのであり、黄金貢献自体きわめて政治性を帯びた行為であったと考えられるのである。

㈣

天平勝寶元年七月二日、聖武天皇は実娘の皇太子阿倍内親王に位を譲った。孝謙天皇の即位である。この即位を機に左大臣橘諸兄を首班とする太政官首脳部が充実され、大納言に過ぎない仲麻呂の政治活動に制約をきたすかに思われた。しかし、かかる事態に対し仲麻呂は、光明皇太后の皇后宮職を拡大し、唐風に紫微中台と改称するとともに、その長官紫微令に就任した。この組織が太政官を抑え実質的権力を有していたことについては、既に多くの先学（66）により明らかにされている。その構成員に石川年足（大弼）、百済王孝忠（少弼）、佐伯毛人（大忠）が任命されていることは既述の如き大仏造営の過程において成立した仲麻呂との関係によるものであろう。しかも、『続日本紀』天平勝寶元年十月乙亥条（十四日）には「幸㆓石川之上㆒。志紀。大縣。安宿三郡百姓。百年以下。小兒已上。賜㆑綿有㆑差。又免㆓三郡百姓所㆑負正税本利㆒。自餘諸郡免㆑利收㆑本。陪從諸司。賜㆑綿亦各有㆑差。」とあるが、ここに自餘の諸郡とあるのは河内諸郡を指すものと考えられる。それは同月九日に河内国智識寺(67)に行幸し、茨田宿祢弓束女の宅を行宮とし、また十五日に河内国の六十六寺に住する僧尼および沙弥、沙弥尼に絁綿を与えている(68)ところから明らかであろう。かかる孝謙天皇の行為は大仏造営過程における河内国の重要性を裏づける結果となっており、その行為の背景には父、聖武太上天皇、母、光明皇太后および仲麻呂の存在が考えられねばならない。

　天平勝寶元年十一月十九日、八幡大神は京に向かう旨の託宣を下したが、この行動の背後にも仲麻呂が存在したのではないかと考えられる。何故ならば、同月二十四日に迎神使として石川年足が任ぜられており、先に百済王孝忠の大宰大貳補任の際の考察において明らかにした仲麻呂と宇佐八幡神職との密接な関係の延長線上としてとらえ得るからである。十二月二十七日、八幡大神祢宜大神朝臣杜女は紫色の輿に乗り、東大寺に赴き、完成に至らぬ大仏を拝し、その席上、孝謙天皇は橘諸兄をして宣命を宣らしめたが、その内容は先述したところである。ここに仲麻呂のもくろんだ造営事業に対する八幡神の加護という行為が百官および諸氏族等の前においてきわめてドラマチックに展開されたのである。

　さて、敬福の黄金発見は大仏造営のネックともなっていた鍍金資材を獲得したことを意味し、その完成に向けて大きく歩を進める結果となった。その敬福が思い出の地、陸奥国を離れ都に帰還したことは、『続日本紀』天平勝寶二年五月辛丑条に「以㆓従三位百濟王敬福㆒爲㆓宮内卿㆒。」とあり、また天平神護二年六月壬子条の敬福薨伝にも「遷㆓宮内卿㆒。俄加㆓河内守㆒。」とあるところから確認できよう。第五章でも述べる如く、宮内卿は地方官を歴任した敬福にとっては適任であったと考え得るが、ここで注目すべきは薨伝が記す河内守任命であろう。しかもそれが単なる任命ではなく、俄かにしてと『続日本紀』が記す如く、そこに何らかの重大な要因があったとしなければならない。今井啓一氏は、かかる点について『続日本紀』の天平勝寶二年五月辛亥条の「京中驟雨。水潦汎溢。又伎人。茨田等堤往々決壞。」という記載に注目された。即ち、伎人堤の決壊により百済郡が被害を受け、それを契機として交野の地への転出をはかりその結果、政府から俄かに河内守を与えられたと解された(69)のである。この説は難波の百済寺を舎利寺とし、百済郡の故地を大阪市生野区の西半・東住吉区の大半にあたる百済川流域とする前提により導き出されたものである。しかし、近年の研究では、百済寺を飛鳥時代後期から平安時代前期の瓦が出土した大阪市天王寺区堂ヶ芝の地に比定(70)し、百済郡もこの周辺とする(71)ところからすると、今井説は成立し難い。まして百済王氏の本拠地が河内国に移転したので河内守を与えられたとする如き論にはとうてい首肯し難い。永年培われた百済郡における地縁的、あるいは血縁的関係を断ち切ってまで河内に転出する(72)にはそれなりの強い理由が存したとすべきである。ここで注目すべきは、この地が和田萃氏の述べられる(73)如く、奈良を起点とした古山陰道に設定された山本駅からの普賢寺越(尊延寺越)のコースの終着点(74)にあたることである。しかもこのコースには『新撰姓氏録』山城国諸蕃に任那出自とする多々良公の故地が存し、また渡来系集団が多く住みついたと考えられる普賢寺谷を包含しており、さらには山本駅から河内の楠葉駅の間がほぼ一日の行程であった。以上の点を考慮に入れるとき、百済王氏の河内移住と敬福の河内守任命は密接な関係を有したとすべきであろう。即ち、交野郡に存する楠葉の地が山崎橋を介して山陽道への門戸というべき地であったことであり、山陽道から陸路で運ばれてきた大仏物資の中継地であった可能性のあることを推測させるからである。その地に百済王氏を移住させることにより大仏造営の進捗をはかり、併せて敬福を河内守に任じ、国内に住する文系および船系氏族の統率を一層強固なものにしたのではなかろうか。かかる政策の推進者は光明皇后と結ぶ仲麻呂をおいて他になく、その背景には天平十七年八月難波行幸の際に発病し、九月には危篤状態にまで陥った聖武太上天皇の健康状態があり(75)、大仏造営を急がねばならない事態にあったとすべきであろう。従って、天平勝寶四年四月九日に大仏開眼会が催された直後の五月二十六日、敬福が常陸守に転出している事実は河内守任命がいかなる目的でなされたものかを如実に示すものであると考える。

結　語

以上述べてきた如く、仲麻呂と百済王氏、あるいはそれにつらなる文、および船系氏族との関係には大仏造営を媒体としてきわめて強いものがあった。その点において天平勝寳四年四月九日の大仏開眼の儀を目前に控えた四月六日、百済王孝忠が兵士二百人を率い左鎮裏京使の任に就き（76）、また、開眼会当日、雅楽大允正六位上津史眞麻呂が唐中楽頭を奉仕し、治部少録正七位下船連虫麻呂が高麗楽頭、正七位下葛井連犬養が唐古楽頭、外従五位上文忌寸上麻呂が楯伏儛頭をそれぞれ奉仕している（77）のは、きわめて象徴的な任用であったとしなければならない。大仏造営に際し、渡来人が処々の面で重要な役割を担ったであろうことは、大仏師国中連公麻呂（78）の功績一つを見ても明らかである。とりわけ百済系渡来人が百済王氏を統率者として積極的にその事業に参加していたことの一端（79）が以上の考察で明確にできたのではないかと考える。

一方、仲麻呂と石川年足の関係は、仲麻呂の独裁政権成立以降ますますその絆を強くし、年足の死にまで及ぶのであるが、その関係の一端は、『続日本紀』天平寳字六年九月乙巳条の年足薨伝に「勝寳五年授㆓従三位㆒。累遷至㆓中納言兼文部卿神祇伯㆒。公務之閑。唯書是悦。寳字二年授㆓正三位㆒。轉㆓御史大夫㆒。」とあることにより推測できよう。年足が仲麻呂の腹心的律令官人（80）と称されるゆえんでもある。かかる関係の端緒もまた大仏造営をめぐる光明皇后と仲麻呂の政策の過程において派生したのである。

注

（1）『続日本紀』天平勝寶四年夏四月乙酉条。

（2）代表的な論争は、藤原仲麻呂を主導者とする北山茂夫氏と橘諸兄を主導者とする川崎庸之氏によって展開された。

北山茂夫「天平末葉における橘奈良麻呂の變」『日本古代政治史の研究』所収。岩波書店。一九五九年

川崎庸之「大仏開眼の問題をめぐって」『記紀万葉の世界』川崎庸之歴史著作集第一巻所収。東京大学出版会　一九八二年

（3）今井啓一「百済王敬福とその周縁」『百済王敬福』所収。綜芸社。一九六五年

今井氏は「百済王敬福は黄金の偉功によって一躍、七階を越えて従三位を授けられたのである。このことは爾後、敬福は勿論、この帰化貴族百済王氏の繁栄を決定づけたとしてよい。」とされる。6頁

（4）辻善之助『日本佛教史』第一巻上世篇。岩波書店。一九四四年

「敬福は名の如く、その先祖は百濟出身の人である。大陸から密かに金を輸入して、之を陸奥より産出したと稱して上ったのではあるまいか。その詐略は果たして敬福一人の考より出で、その栄誉を貪らん為にした事か、はた当局との間に連絡があったかといふ点までは、今論ずるにも及ばぬが、とにかく疑わしい事であると思う。」とされる。170頁

（5）北山茂夫　注（2）

黄金の貢献が紫微中台の少弼百済王孝忠の一族からなされていることから「野心家によってたくらまれた一幕とみなすほかない」とされ、藤原仲麻呂との関係を暗示しておられる。292頁

（6）今井啓一「東大寺大仏造立と帰化人」『百済王敬福』所収。綜芸社。一九六五年

今井氏は黄金貢献に際し、渡来人相互間に「何らかの黙契の伏在を思わしめるもの」があったとされるが、政治権力との関係からは捉えておられない。66頁

（7）岸　俊男「県犬養橘宿禰三千代をめぐる臆説」『末永先生古稀記念古代学論叢』所収。一九六七年。のち、同氏著『宮都と木簡‐よみがえる古代史‐』に所収。吉川弘文館。一九七七年

（8）百済安宿・百済飛戸氏のち百済宿禰姓を賜姓された。

（9）上田正昭『帰化人』中公新書70　中央公論社。一九六五年　92頁　93頁

（10）井上光貞「王仁の後裔氏族と其の仏教」『史学雑誌』五四の九　一九四三年。のち『井上光貞著作集』第二巻に収録。岩波書店。一九八六年

（11）『続日本紀』天平勝寶元年十二月丁亥条。「去辰年河内國大縣郡乃智識寺尓坐盧舎那佛遠礼奉天則朕毛欲奉造止思登毛・以下略・」とある。この宣命は孝謙天皇により発せられているが、その発願者が聖武天皇であることは言を待たない。

（12）岸　俊男　注（7）論文。235頁

（13）田村圓澄『古代朝鮮仏教と日本仏教』一一　東大寺創建を支えたもの　1宇佐八幡と東大寺大仏　吉川弘文館。一九八〇年　197頁

（14）中川　收『奈良朝政争史』教育社歴史新書〈日本史〉14　教育社。一九七九年　103頁
中川氏は光明皇后が仲麻呂に注目しだしたのは七三九（天平十一）年頃からであったのではないかとされる。

（15）日野　昭『日本古代氏族伝承の研究』第三部蘇我氏に関する伝承（二）第二章蘇我氏の部民支配　永田文昌堂。一九七一年

（16）加藤謙吉『蘇我氏と大和王権』古代史研究選書。吉川弘文館。一九八三年

（17）井上光貞　注（10）論文。

（18）加藤謙吉　注（16）著書。

（19）石川年足が仲麻呂の腹心的存在であったことは、岸俊男および野村忠夫両氏によって明らかにされている。
野村忠夫「奈良時代の政治課程」岩波講座『日本歴史』3古代3　所収。岩波書店。一九七六年
岸　俊男『藤原仲麻呂』人物叢書153　吉川弘文館。一九六九年

（20）『日本古代人名辞典』石川朝臣年足の項。吉川弘文館。一九五八年

（21）『日本書紀』天智天皇三年三月条に「以二百濟王善光王等一、居二于難波一。」とある。

（22）岸　俊男『日本の古代宮都』ＮＨＫ大学講座テキスト。一九八一年。のち、同名タイトルで岩波書店より刊行。一九九三年

（23）吉田　晶『古代の難波』教育社歴史新書〈日本史〉37　教育社。一九八二年。以下の引用文は同書による。139頁

（24）『四天王寺』埋蔵文化財発掘調査報告第六　第四章遺物　文化財保護委員会。藤沢一夫氏執筆。一九六七年
藤沢一夫「摂津国百済寺考」『日本文化と朝鮮』所収。新人物往来社。一九七三年

(25)新修『大阪市史』第一巻第五章大化改新前後の難波第三節大化改新と難波遷都　中尾芳治氏執筆。大阪市。一九八八年

(26)『大阪市天王寺区細工谷遺跡発掘調査報告』Ⅰ　第Ⅳ章分析と検討第4節百済王氏と「百済尼寺」財団法人大阪市文化財協会。一九九九年。㊃も同書による。

(27)直木孝次郎「長屋王邸出土木簡に関する二・三の考察」平松令三先生古稀記念論集『日本の宗教と文化』所収。同朋舎。一九八九年

(28)新修『大阪市史』第一巻第一章大阪の自然と居住空間第三節古代における景観構成とその変化、服部昌之氏執筆。大阪市。一九八八年

今井啓一「摂津国百済郡考」『百済王敬福』所収。綜芸社。一九六五年

(29)『続日本紀』天平十二年二月丙子条。「百濟王等奏[風俗樂]。授[従五位下百濟王慈敬従五位上。正六位上百濟王全福従五位下]。」

(30)藤沢一夫注(24)「摂津国百済寺考」166頁

(31)『続日本紀』天平十五年冬十月辛巳条。

(32)『続日本紀』天平十五年冬十月乙酉条。

(33)『寧樂遺文』下巻。970頁

(34)注(2)北山、川崎両氏の論争が主なものである。

(35)『続日本紀』天平十六年十一月壬申条。

(36)『続日本紀』天平十七年夏四月庚寅条。

(37)『続日本紀』天平十七年夏四月戊戌条。

(38)藤原広嗣の乱に誘発された聖武天皇の東国巡幸から平城還都に至るまでの政治動向については直木孝次郎氏によって注目すべき論究が行われている。

直木孝次郎「天平十六年の難波遷都をめぐって」『飛鳥奈良時代の研究』所収。塙書房。一九七五年

(39)井上　薫「大仏造営をめぐる群像」『古代史の群像』所収。創元社。一九八〇年

なお、金鐘寺についての先学の考察については付論で詳しく述べたので、それに譲りたい。

(40)田邊史高額が藤原仲麻呂家々令であった可能性の高いことは既に本書第二章で述べたところである。
(41)佐伯宿祢毛人も仲麻呂派であったと考えられる。岸　俊男　注（19）著書。
(42)杉山二郎『大仏建立』学生社。　一九六八年
(43)福山敏男「奈良時代に於ける石山寺の造営」『日本建築史の研究』所収。桑名文星堂。一九四三年
(44)今井啓一　注（6）
(45)『皇太神宮禰宜譜図帳』による。なお、その没年は長治元（一一〇四）年二月のこととしている。従って延平日記は『扶桑略記』と相前後して十一世紀末頃書かれたものと考えられる。
(46)『大日本古文書』巻十　312頁
(47)『東大寺要録』巻第二供養章第三
(48)『大日本古文書』巻三　402頁
(49)『大日本古文書』巻三　280頁　320頁
(50)『続日本紀』天平十八年三月己未条。
(51)岸　俊男　注（7）著書。　228頁
(52)『寧樂遺文』下巻　745頁　近江國司解申進上買賤事。
(53)吉田　晶　注（23）の著書。
(54)『万葉集』四四五七～四四五九
(55)『大日本古文書』巻廿四　75頁　上階官人歴名
(56)『寧樂遺文』上巻　288頁　『大日本古文書』巻二　271頁
(57)野村忠夫　注（19）論文。
(58)大塚徳郎『みちのくの古代史』刀水書房。　一九八四年
大塚氏は、天平十八年四月己酉に百済王敬福が上総守、石川年足が陸奥守に任ぜられているが「己酉というのはこの年四月にはないから、この敬福から年足、年足から敬福という陸奥守の交替は疑問の点が多い。」とされる。19頁

なお國史大系『続日本紀』の頭注には「己酉、是月无、或當作乙酉（四日）」とあり、乙酉（四日）の誤りではないかとしており、平凡社刊『続日本紀』2もこれを踏襲している。
(59)『続日本紀』2　東洋文庫489　平凡社。一九八八年
『続日本紀』天平十八年九月癸亥条に「以二従五位下藤原朝臣宿奈麻呂一爲二上総守一。従五位下百濟王敬福爲二陸奥守一。」とある。
(60)上田正昭『大仏開眼』国民の歴史4　文英堂。237頁　一九六八年
(61)直木孝次郎「天平十七年における宇佐八幡と東大寺との関係」『続日本紀研究』二の一〇　一九五五年
「宇佐八幡と東大寺の関係—正倉院文書の一断簡から—」『奈良時代史の諸問題』所収。塙書房。一九六八年
かかる直木氏の論に対し、吉田孝氏は、直木氏が根拠とされた文書は、「奈良で大仏造立が開始された七四五（天平十七）年から（少なくとも）七四九（勝宝元）年頃迄に収納された銭を後からまとめて整理・記載した注文の断簡らしい」とされ、直木説に疑問を投げかけられた。直木氏は、この説を受け入れながらも「文書の成立は勝宝元年以降に下るとしても、上記断簡に天平十七年の年紀の註記が多いことからして、「八幡太神」関係記事も天平十七年のことである可能性が大きいことは動かないと思われる。また、宇佐八幡と東大寺との間には米の奉納という経済的な関係のあったことも、この史料から知ることができる。」とされる。
吉田　孝「律令時代の交易」弥永貞三編『日本経済史大系』1所収。東京大学出版会。一九六五年　三章第五節造東大寺司の財政　一、造東大寺司の財政の特質　374頁
直木孝次郎『奈良時代史の諸問題』塙書房。一九六八年　374頁～375頁
(62)田村圓澄　注（13）著書。一一東大寺創建を支えたもの　2東大寺創建の人々
(63)『続日本紀』天平勝寶元年十二月丁亥条。
(64)今井啓一氏は、かかる百廿両の黄金奉献を予言に対するリベートとして解釈しておられるが、その歴史的背景についての考察はしておられない。
今井啓一　注（6）論文。
(65)かかる仲麻呂と宇佐八幡との関係が想定されるにもかかわらず、天平勝寶六年十一月、突如八幡神宮の主神大神朝臣多麻呂および杜女が薬師寺僧の行信と共に厭魅を行ったかどで除名され、多麻呂が多褹嶋、杜女が日向国に配されるという事件がおこっている。その原

因となった厭魅の内容が『続日本紀』に記されていないところから、この事件に対する解釈も先学により異なっている。北山茂夫氏は、仲麻呂と多麻呂らの関係に橘諸兄が反撃を与えたものとしてとらえられ、「形勢不利とみてと」った仲麻呂が「かれらをつき放し」たものとされた。これに対し、平野邦雄氏は八幡神の持つ「民間宗教としての呪験力と、背後にある帰化人集団の財力と労働力」が大仏造営に欠くべからざるものであったとされ、大仏完成後は「在地的勢力は‐中略‐ふたたび反国家的存在として危険視され、除かれはじめた」結果としてとらえようとされている。和田萃氏は「八幡神が大仏を加護するとの託宣が政治的な意図のもとに行われ」、その陰の演出者が薬師寺僧行信、首謀者を藤原朝臣乙麻呂であろうとされるが、この事件そのものの背景については述べておられない。私は、この事件が天平勝寶六年におこっていることに注目したい。即ち、天平勝寶六年は本書第五章でも述べる如く、仲麻呂の兄、豊成の息、継縄と百済王明信の婚姻が成立したと考えられる年であり、仲麻呂と百済王氏の関係に大きな変化が生じたことに留意すべきであると考える。本論でも述べた如く、八幡神と百済王氏の関係もまた無視すべきではないからである。仲麻呂にとって八幡神と豊成、百済王氏の関係が成立し得る可能性が十分あることは、八幡神の影響力よりして回避しなければならないものであったろう。薬師寺僧行信と豊成、百済王氏との関係は不明というほかないが、私は、かかる事件は仲麻呂による八幡神を除くための謀略であった可能性が高いのではないかと考える。そのことは、多麻呂および杜女が仲麻呂失脚後の天平神護二年十月に本姓に復されているところからも窺えるのではなかろうか。

北山茂夫　注（2）論文　304頁
平野邦雄『和気清麻呂』人物叢書　吉川弘文館。　一九六四年　136頁～137頁
和田　萃「大仏造立と神仏習合」『古代国家と日本』日本の古代15所収。　中央公論社。一九八八年　265頁

（66）北山茂夫「藤原恵美押勝の亂」『日本古代政治史の研究』所収。　岩波書店。　一九五九年
岸　俊男　注（19）著書。
等多数の論考がある。

（67）『続日本紀』天平勝寶元年冬十月庚午条。
「行‐幸河内國智識寺一。以二外従五位下茨田宿祢弓束女之宅一。爲二行宮一。」

（68）『続日本紀』天平勝寶元年十月丙子条。

「河内國寺六十六區見住僧尼及沙弥。沙弥尼。賜二絁綿一各有レ差。」

（69）今井啓一 注（28）論文。

（70）藤沢一夫 注（24）論文。

（71）古市 晃「摂津国百済郡の郡域と成立年代」『大阪の歴史』所収。 大阪市史編纂所。二〇〇〇年

（72）なお、『百済王三松氏系図』の敬福の注記には「賜河内國交野郡以王辰爾舊館爲本居」とあり、船氏の旧居住地に移住したとしている。現に公園として整備されている寺院の跡地より、難波時代前期（白鳳）形式の屋瓦が出土していることは百済寺に先行する寺院が存在していたことを示しており、注記を傍証するものとしてとらえることも可能である。しかし、かかる注記は三松俊雄氏が親類縁者に配布された私家本に記載されているものであり、三松俊経氏所蔵の系図には見出せない。さらに、三松俊経氏所蔵の系図は俊雄氏所蔵の系図の写しであったと考えられることが藤本孝一氏によって明らかにされている。この記載の有無は、俊雄氏の私家本が栗原信充によって考証され、「既存の史料によって系図を増補」している所にあると思われる。従って、俊経氏所蔵の系図が原型か、それに近いものであるとしなければならない。かような事実は、従来の通説の再検討を要することとなる。この点については本書第四章で考察した。

藤本孝一「三松氏系図」—百済王系譜— 平安博物館研究紀要第7輯所収。 財団法人古代學協會。一九八二年

（73）和田 萃「河内の古道」『探訪古代の道』第三巻河内みち行基みち所収。 法藏館。一九八八年

（74）山城国綴喜郡普賢寺から河内国交野郡尊延寺杉を経て枚方に至るものである。

（75）『続日本紀』天平勝寶三年八月壬申条に「詔曰。頃者。太上天皇枕席不レ穩。-下略-」とある。

（76）『東大寺要録』巻第二 供養章第三

（77）注（76）

（78）国中連公麻呂が天智二年の百済滅亡に際し渡来した徳卒国骨富の孫であったことは、『続日本紀』寶亀五年十月己巳条の公麻呂卒伝に「本是百濟國人也。其祖父徳率國骨富。近江朝庭歳次二癸亥一属二本蕃喪亂一歸化。」とあるところから明確である。あるいは、この任用も百済王氏を統率者として百済系渡来人を強く把握しようとする光明皇后、仲麻呂の政策の一環としてとらえることも可能である。

（79）本書第二章においてもその間のことについて指摘している。

（80）注（19）

第四章　百済王氏の交野移住

はじめに

氏族の研究を試みるにあたって留意すべきは、その氏族のみのミクロ的な考察では不十分であり、他氏族、それも特に政治権力との関わりにおいて把握するというマクロ的考察が必要なことである。歴史上における氏族はそれ自体一つの独立した存在ではあるが、同時にその活動は他氏族との関係なしには成立し得ないからである。かかる観点から私は、百済王氏を考察するに際して藤原氏、それも特に仲麻呂との関係を中心において考察を加えてきた。しかし、まだ論じ残した点は多く、今回の考察もその同一軌条にある。

さて、百済王氏が難波に居を構えていたことについては、『日本書紀』天智天皇三年三月条に「以㆓百濟王善光王等㆒、居㆓于難波㆒。」とあり、大化の建評時に難波の地（1）に百済郡が建置されたと考えられるところから判明する。しかるに、何時の時点かに百済王氏は本拠地難波を放棄し、河内国交野郡中宮の地に移住していることは、その地に百済寺遺構の存在するところからも明らかである。氏族が本拠地を放棄し、新たな地への転出をはかるということは、それ自体大きな地理的、あるいは政治的要因が存したと考えるべきであり、かかる考察を除いてはその実態究明は不可能であろう。しかも、移住地における先住氏族の存在を想定せねばならず、その氏族との関係をも考察の対象に含めねばならないことも言を待たない。しかし、かような観点からの考察は従来十分になされているとは言い難い状況にある。そこで以下私は、百済王氏交野移住の政治的背景を他氏族、それも先住氏族、さらには近隣氏族との関連性を中心に考察を加えていきたい。

(一)

さて、百済王氏交野移住についての考察に先鞭をつけられたのは今井啓一氏である。今井氏は、『続日本紀』天平勝寶二年五月辛亥条の「京中驟雨。水潦汎溢。又伎人。茨田等堤往々決壞。」という記載に注目される。即ち、伎人堤を現在の大阪市東住吉区喜連町あたりを流れていたと考えられる西除川水系の堤防と推定され、その決壊によって百済王氏の本拠地百済郡が大きな被害を被った結果、「百済郡の卑湿地を離れ、水辺に丘陵交々起伏し、景勝・開豁の河内国の交野」へ移住したとされるのである。しかも、同年五月辛丑条には「以二従三位百濟王敬福一為二宮内卿一。」とあり、敬福の陸奥国よりの帰還が確認できること、さらには、『続日本紀』天平神護二年六月壬子条の敬福薨伝に「遷二宮内卿一。俄加二河内守一。」とあるところからこれを史料的裏づけとされ、河内守就任を交野の地に「一大勢威を樹立せんとした」百済王氏の意向を政府が支援した結果だとして密接な関連性を想定された（2）のである。この今井氏の説は、百済郡の故地を大阪市生野区の西半・東住吉区の大半にあたる百済川流域とする前提に立脚しており、近年の大阪市天王寺区堂ヶ芝付近に求めようとする説が有力（3）となっていることを考慮に入れると移住の原因を洪水に求める事は成立し難いとしなければならない。しかし、このことをもって『続日本紀』の記載によって推論された天平勝寶二年移住説までも否定されるものではないと考える。

かかる今井氏の天平勝寶二年移住説（4）に対し、奥田尚氏（5）は百済寺が確実な文献として最初に現れる『続日本紀』延暦二年十月庚申条の「―前略―又百濟王等供二奉行在所一者一兩人。進レ階加レ爵。施二百濟寺近江播磨二國正税各五千束一。授二正五位上百濟王利善從四位下。從五位上百濟王武鏡正五位下。從五位下百濟王元德。百濟王玄鏡並從五位上。從四位上百濟王明信正四位下。正六位上百濟王眞善從五位下一。」とする記載に注目され、「延暦二年に交野と関係をもっているのは本貫の地を移動したのであろう。この本貫の移動と百済寺創建はおそらく時期を同じくすると考えられる。」とし、延暦二年交野移住説を提起しておられる。

かかる説は、今井氏等による従来の天平勝寶二年本貫移住説及び百済寺創建者を百済王敬福とする説に疑問を投じたものと言えるが、その根拠に百済王敬福の薨伝が援用されている。即ち、その薨伝が㈠「詳細であるにもかかわらず、敬福と河内・交野・百済寺との関係は河内守就任以外に認められない」こと、㈡「仏教政治的色彩の濃い奈良朝後半に寺を建てながら、それが全く触れられ」ていないこと、㈢敬福の性格が「―前略―放縱不レ拘。頗好二酒色一。―中略―時有三士庶來告二清貧一。毎假二他物一。望外与レ之。由レ是。頻歴二外任一。家无二餘財一。―下略―」とある如く、「百済寺との関係を否定するような表現」が見られることを指摘され、今はその詳しい氏の考証は省くが、百済寺の創建が藤原継縄と百済王明信によるものであると推察されている。

しからば、かかる氏の推論は成立し得るであろうか。氏自身も述べておられる如く、百済寺の創建はその出土瓦よりして難波時代前期（白鳳）に遡る可能性のあること、さらに氏がその根拠とされる敬福薨伝に百済寺創建の記載が欠如している点についても藤原継縄が撰した『続日本紀』の巻廿一から巻四十における薨卒伝の内容がほぼその家系、性格、政界における実績あるいは経歴に限られており、氏族の私的な活動にまで触れられていない（6）ことに注目すべきであると考える。即ち、甍伝に百済寺創建の内容が含まれていないからといってその事実がなかったとする史料操作を行うことは疑問としなければならない。さらに、森郁夫氏が指摘（7）されている如く、百済寺同笵の瓦だと思われるものが大和の薬師寺、額安寺、山背の平川廃寺、伊豫国分寺に見出せることは注目に値する。特に伊豫国分寺は『続日本紀』天平勝寶元年五月戊寅条に「―前略―伊豫國宇和郡人外大初位下凡直鎌足等。各獻㆓當國々分寺知識物㆒。並授㆓外従五位下㆒。」とあり、さらに、天平神護二年九月丙寅条にも「伊豫國人大直足山。私稻七萬七千八百束。鍬二千四百卌口。墾田十町。獻㆓當國國分寺㆒。授㆓其男外少初位下氏山外従五位下㆒。」とあるところからこの頃には完成していた（8）ものと考えられる。かかる国分寺に百済寺と同笵の瓦が存在したことは、百済王敬福が天平寶字三年七月三日、伊豫守に就任していることと深い関係を有していると考えるのが妥当であろうから、少なくともこの伊豫守就任の頃には百済寺が存在したことを推測せしむる。

以上の考察は、奥田氏の論が成立し難い（9）ことを示しており、確証はないものの今井氏の百済王敬福河内守就任と関連づけた天平勝寶二年説が妥当であるとすべきであろう。

さて、天平勝寶二年五月頃百済王一族が難波の本拠地百済郡を離れ、河内の交野の地に移住したとすれば、次に問題にすべきはその先住氏族がいかなる氏族であり、百済王氏を受入れる素地がいかに形成されていたかが問われなければならぬだろう。かかる点に関して今井啓一氏（10）は、「因みに中宮の地は百済王三松氏系図によるならば、かの百済辰孫王裔を称した船氏の祖王辰爾の旧館であったところという。」とされ、その先住氏族として船氏を想定しておられる。さらに、藤沢一夫氏（11）も同じく『百済王三松氏系図』の記載をもとに交野の地が「淀川沿岸の要衝であり、船氏の根拠するに相応わしいところである。」とされ、船氏の根拠地が河内国丹比郡を中心とした地域であることについては、「交野郡から南河内地方の石川あるいは大和川の流域に遷移した」もので、その「後ちにそこが百済王敬福に賜与されるに至った」と結論されるのである。この両氏がその立論に際して援用された『百済王三松氏系図』は三松家に伝存した古系図に明治初年栗原信充が考証の手を加えたもの（12）を百済王禪廣四十四世と称する三松俊雄氏が大正七年（13）に印刷に附したものである。一般に系図を史料として援用するにあたっては慎重に取扱わねばならないことは言を待たず、無批判に受入れることは歴史の実態をゆがめることにもなりかねない。かかる観点からするならば、今一度両氏が根拠とされた『百済王三松氏系図』の記載を再検討しなければならない。

さて、交野郡の地が王辰爾の旧館のあった所であるとする記載は王辰爾と百済王敬福の個所にある。それは天平勝寶二年敬福の河内守就任の頃に百済王氏が本拠地を移したとする内容に対応するかとも考えられるが、今、原文を示すと以下の如くである。

　　船史祖　敏達天皇近侍史　讀高麗烏羽上表賜叡感

辰爾

　住河内國交野郡（今中宮村）

　天平十一年四月從五位下　仝　二年五月宮内卿

　仝　十五年六月陸奥守　仝　四年五月常陸守

　仝　十八年四月上總守　仝　八年五月山作司

　仝　年九月再陸奥守　天平寶字元年六月出雲守

　仝　年閏九月從五位上　仝　三年七月伊豫守讃岐守

　天平勝寶元年四月從三位獻黄金之賞也

敬福

　天平神護二年六月廿八日薨六十八

賜河内國交野郡以王辰爾舊館爲本居

ところで、この『百済王三松氏系図』には件の三松俊雄氏の系図とは別に三松俊経氏所蔵の系図が存在（14）し、両系図の比較検討が必要不可欠なものとなってくる。そこで以下該当の部分のみを抽出すると以下の如くになる。

辰爾

敏達天皇近侍史

高麗烏羽表読人

伊与守

宮内卿

従三位陸奥守

天平神護二年六月廿八日

薨六十九

敬福

一見して明らかな如く、三松俊経氏所蔵の系図には、今井啓一、藤沢一夫氏がその立論にあたっての根拠とされた「住河内國交野郡（今中宮村）」「賜河内國交野郡以王辰爾舊館爲本居」との記載が欠落している。かかる相違はその写本の原本がそれぞれ異なった（15）からだとも考え得るが、三松俊雄氏系図は藤本孝一氏が「栗原が自ら筆を執りて考証したのも、既存の史料によって系図を増補したと思われる。」と述べておられる（16）如く、『六国史』などによる栗原信充の考証の結果だと解釈できる。しからば、栗原はいかなる史料に基づいて河内国交野郡に王辰爾の旧館があったと考証したのであろうか。ここで注目すべきは、藤本氏が史料紹介されている『三松家由来記』の内容である。この由来記は三松俊明が三松家の由来を記した自筆草稿で、金沢市立図書館に所蔵されているものであるが、そこに「敏達天皇元年五月、河内国百済大堰宮にて、辰爾は高麗烏羽の表を読解しを、叡感まし〳〵、厚く御用ひありしをかしこみ奉りて、辰爾は舘の辺りに、累代遠祖の祠を建、(当時の中宮村百済王神社なり)」とあり、また、延暦の帝、即ち、桓武天皇が「日頃この御狩所をはじめ、行宮を守護し奉り、その辺に斎祀つる百済王氏が遠津祖の祠ヘ不怠仕え奉れとのかしこき詔を蒙り、交野をば、凡人の狩する業を停められしより、禁野の名をも負しとかや、又豊俊が住める家は、行宮の傍にて、往古辰爾が植置しとて、雲をしのげる松の三株有りて、春秋のみどり深かりつるにより、三松の豊俊、或は三松の百済王と呼れしなり、是よりなべての人、みつ松の百済王氏と称えしが遂に我家の苗字とはなりにき」としているのである。即ち、ここにおいて交野郡に王辰爾の旧館があったとする記載の源が見出せるのである。しかも、『三松家由来記』の筆者、三松俊明と栗原信充との接触は俊明が三松家の本家であり、文化十四年七月廿三日に生まれ、明治十年八月廿六日死亡していること、さらにその長男、俊忠が明治二年に著した『皇國明鏡』の序に栗原が文を寄せていることによって推測できる。かかる事実は、栗原が系図の考証にあたって俊明から『三松家由来記』に著されている如き内容の話を聞きとった(17)か、あるいはその素形にあたるものが既に著されており、それを実見したのではないかという推測が可能となる。『三松家由来記』に辰爾が舘の辺りに累代遠祖の祠を建て、それが百済王神社であるとするのは、敏達天皇の百済大井宮(18)が河内国に存在したと考えており、さらに百済を冠するところから百済王の居住地中宮との関連性が想起されたものと考えられる。

以上の考察から正史等の史料において中宮の地に王辰爾の旧館があったとするが如き記載が見出せず、しかも三松俊経氏所蔵の系図にも欠落している原因が奈辺にあったかが明確にし得たのではないかと考える。従って、今井啓一、藤沢一夫両氏が根拠とされた史料は、その歴史的考察に援用し得ないこととなり、改めてその先住氏族についての究明が必要不可欠のものとなる。

㈡

平安初期に成立した『和名類聚抄』によると河内国交野郡は三宅、田宮、園田、岡本、山田、葛葉の各郷から構成される。さて、今、考察の対象となる中宮の地は、『枚方市史』(19)が「山田郷は旧山田村・招提村・牧野村にあたり(『大日本地名辞書』)、郷の名は旧山田村にうけつがれ、山田村の大字には甲斐田・片鉾・田口・中宮があった。」とする如く、山田郷に含まれていたことが明らかとなる。しからば、この中宮の地にはいかなる氏族が住していたのであろうか。かかる点を考察するにあたって百済寺に先行する寺院があったとする藤沢一夫氏の指摘(20)は重要である。即ち、昭和四十年の発掘調査にあたって白鳳時代の所作と認められる花弁二葉と中房の一部を止める六葉複子葉弁文端丸瓦の残欠と中房が弁区より凸出し1+6の蓮子を配する複弁六葉蓮華文端丸瓦が出土(21)したところから、寺の創建は「難波時代前期(白鳳)に遡るかのごとくであ」り、王辰爾系統の氏人によって営まれたのではないかとされる。さらに、昭和五十四年百済寺跡南門の南側に位置する百済寺南遺跡からも昭和四十年の発掘調査により百済寺跡から出土した複弁六葉蓮華文軒丸瓦が出土し、さらには須恵質の鴟尾の破片も発見された(22)。この事実は、「百済王氏が氏寺(百済寺)と氏神(百済王神社)を建立するよりも半世紀以上も古い白鳳期に、すでにこの地にもう一つの古代寺院が存在したことが推測」でき、「船氏の氏寺、中宮廃寺とも考えられる」との指摘(23)もある。しかし、これらの考察の基盤にある「賜河内國交野郡以王辰爾舊館爲本居」とする『百済王三松氏系図』の記載の認め難いことは既に述べたところである。これに対し、岡本敏行氏(24)は、系図を信憑性に欠けるものとされたうえ、藤沢氏が指摘された百済寺出土瓦と備後国三谷寺跡からの出土瓦の類似性及び『日本霊異記』記載の三谷寺創生説話に注目された。即ち、㈠1+6の蓮子を配する複弁六葉蓮華文端丸瓦が三谷寺跡出土の複子葉弁文の端丸瓦の特徴とされる外縁下端に適水とも呼ぶべき突出部分を有していること㈡水切り瓦の分布は備後北部が中心とされており、その最古のものが三谷寺のものとされていること

(三)『日本霊異記』上巻贖二龜命一放生得二現報一龜所レ助縁第七に「禪師弘濟者、百濟國人也。當二百濟亂時一、備後三谷郡大領之先祖、爲レ救二百濟一遣運旅。時發二誓願一言、若平還卒、爲二諸神祇一造二立伽藍一。遂免二災難一。即請二禪師一、相共還來。造三谷寺、其禪師所以造立伽藍。」とあり、三谷寺建立に百済滅亡時に渡来した僧弘濟が深い関係を有したことになっていることを論拠とされ、同じく百済滅亡とともに渡来した百済王氏との共通性、瓦の類似性故に「河内百済寺が当初から百済王氏の氏寺として創立された寺院であることを立証している」とされるのである。しかし、かかる論が成立するためには、七世紀後半に百済王氏の勢力が中宮の地に及んでいたことの立証が不可欠であるが、それに対する明確な論はなされておらず、わずかに難波に居住した百済王氏が淀川等を利用して中宮の地に勢力を及ぼしており、その為に天平勝寶二年、従三位宮内卿という高位についたにもかかわらず、河内守という位が付加されたとされるにとどまり従うことはできない。私は、かかる考察を加えるにあたっては、中宮の地の属した郷名に注目すべきであると考える。古代においてはその居住地を氏族名とする例が認められるからである。吉田東伍氏(25)は、『大日本地名辞書』の山田郷の項において、「姓氏録、河内諸蕃、『山田宿禰、魏司空昶之後也』とあるは此れ歟。南河内にも山田村あり、敦れにあたる」とし、山田宿禰の居住地として交野郡山田郷と錦部郡山田村(河内長野市)のどちらかが関係を有するとし、太田亮氏の『姓氏家系大辞典』(26)にも「山田史、漢族にして河内国交野郡錦部郡などの山田郷より起れるならん。周霊王太子晋より出ずと云う。後に造姓、連姓を賜える者及び山田御井宿禰(淳仁帝乳母日売島)、広野連等を賜える者等あり。」とし、同じく交野郡、錦部郡を居住地にしていたとする。井上薫氏(27)は、『和名類聚抄』の錦部郡の条に山田郷がみえないことを根拠として、交野郡山田郷(28)がその本拠地としてより可能性のあることを推定しておられる。かかる井上氏の推定が妥当なものとすると、山田郷には山田史氏が居住していたこととなり、百済王氏移住以前の氏族としては最適のものとなる。しからば山田史氏が寺院を営む氏族的環境にあったか否かが次ぎに問われねばならない。何故なら百済寺に先行する寺院の存在を合理的に解釈できるか否かによってその論の妥当性が決定するからである。私は、かかる点を考察するに際して、山田史御方の存在に留意すべきであると考える。即ち、『日本書紀』持統天皇六年冬十月壬戌朔壬申条に「授二山田史御形務廣肆一。前爲二沙門一、學二問新羅一。」とあり、御形がかつて新羅学問僧であったことが確認できるからである。関晃氏(29)は、『日本書紀』皇極天皇四年夏四月戊戌朔条に高麗の学問僧鞍作得志が毒殺された話が記載されていることに注目され、朝鮮に留学生を送ることは大化以前から行われていたことを推定され、また、孝徳天皇大化四年二月壬子朔条により三韓（高麗・百済・新羅）に学問僧を派遣していることを明らかにされた。しかし、この派遣は朝鮮半島の動乱、即ち、唐・新羅連合軍による百済、高句麗の滅亡により一時中止されるに至った。この動乱に際し、日本は百済に対し全面的支援を行い、唐・新羅連合軍との間に戦闘を交えたが、白村江において決定的な敗北を蒙り、百済は滅亡し、撤退を余儀なくされた。これに伴い百済遺民は日本に渡来し、その技術力及び文化面の高さ故に近江朝の文化に決定的な影響力を与え、大津宮における詩文の興隆は彼らの存在を抜きには語れない(30)ほどである。さて、天智天皇七年九月十二日、新羅は沙喙級飡金東厳等を遣わして調を進める挙に出た。これは朝鮮半島から唐を駆逐し、統一新羅国家を建設せんがために日本との友好を修復せんとする新羅の思惑がその背景をなしていたと考えられるが、この派遣を期に天智、天武、持統朝において頻繁に往来がなされている。今、日本からの派遣及び学問僧関係の記事を抽出すると表Ⅰのごとくになる。

表Ⅰ

天皇	年月日	内容
天智	七年十一月五日	小山下道守臣麻呂・吉士小鮪を新羅に遣わす。
	九年九月辛未朔	阿曇連頰垂等を新羅に遣わす。

天武	四年秋七月癸卯朔己酉	小錦上大伴連國麻呂を大使、小錦下三宅吉士入石を副使として新羅に遣わす。
	五年二月	大伴連國摩呂等、新羅より至り。
	五年十月十日	大乙上物部連摩呂を大使、大乙中山背直百足を小使として新羅に遣わす。
	六年二月癸巳朔	物部連摩呂、新羅より至る。
	八年九月十六日	新羅に遣わせる使人等、還りて拝朝す。（五年十月派遣使人の一部とも思われるが、十年九月条に同様の記事があり重出か）
	十年秋七月四日	小錦下采女臣竹羅を大使、當摩公楯を小使として新羅国に遣わす。
	十年九月三日	高麗・新羅に遣わしし使人等共に至りて拝朝す。（七月派遣か）
	十三年夏四月二十日	小錦下高向臣麻呂を大使、小山下都努臣牛甘を小使として新羅に遣わす。
	十三年十二月六日	新羅、大奈末金物儒を遣わして大唐の学生土師宿禰甥・白猪史寶然、百済の役の際に大唐に没められたる者、猪使連子首・筑紫三宅連得許を筑紫に送る。
	十四年五月二十六日	高向朝臣麻呂・都努朝臣牛飼等、新羅より至る。学問僧観常・霊観従いて至れり。
持統	元年春正月十九日	直廣肆田中朝臣法麻呂・追大貳守君苅田等をして、新羅に使して、天皇の喪を赴げしむ。
	元年九月二十三日	新羅、王子金霜林・級湌金薩慕及び級湌金仁述・大舎蘇陽信等を遣わして、国政を奏請し、且調賦を献る。学問僧智隆、附いて至れり。（帰国）
	三年春正月八日	新羅の使人田中朝臣法麻呂等、新羅より還る。
	三年夏四月二十日	新羅、級湌金道那等を遣して、天武天皇の喪を弔い、幷て学問僧明聰・観智等を送り上る。
	四年九月二十三日	大唐学問僧智宗・義徳・浄願、軍丁筑紫国の大伴部博麻、新羅の送使大奈末金高訓等に従いて筑紫に還至れり。

六年十一月八日	新羅、級湌朴億徳・金深薩等を遣して調進る。新羅に遣さんとする使、直廣肆息長眞人老・務大貳川内忌寸連等に祿賜うこと、各差有り。
七年三月十六日	新羅に遣さんとする使、直廣肆息長眞人老・勤大貳大伴宿禰子君等、及び学問僧辨通・神叡等に絁・綿・布賜うこと、各差有り。又新羅の王に賻物賜う。
九年秋七月二十六日	新羅に遣わさんとする使、直廣肆小野朝臣毛野・務大貳伊吉連博徳等に物賜うこと、各差有り。
九年九月六日	小野朝臣毛野等、新羅に発ち向う。

かかる表において判明する如く、学問僧として確認できるのは、天武十四年の観常・霊観、持統三年の明聰・観智、持統七年の辨通・神叡にすぎない。しかるに、山田史御方が学問僧であったことは既述の持統紀六年冬十月壬戌朔壬申条の記載に明らかである。しからば、山田史御方はいかなる時点において新羅学問僧として派遣されたのであろうか。この問題を考察する前提としては、学問僧がいかなる機会をとらえて新羅に派遣されたかが明らかにされねばならない。この点において『日本書紀』持統天皇七年三月乙巳条の記載はすこぶる示唆的である。即ち、そこには「賜下擬レ遣二新羅一使直廣肆息長眞人老・勤大貳大伴宿禰子君等、及學問僧辨通・神叡等、絁綿布上、各有レ差。又賜二新羅王賻物一。」とある如く、日本から新羅への遣使に伴うものであったことが推定できる。さらに、新羅滞在学問期間を推定するにあたっても持統天皇十年十一月己亥朔戊申条に「賜二大官大寺沙門辨通、食封卅戸一。」とあり、おそらくは持統九年九月六日の小野朝臣毛野等の新羅遣使の機会をとらえ帰国したものと思われ、その期間は約三年間という一つの目安が得られることとなる。かかる期間は一つの目安であり、必ずしも絶対的なものではあり得ないが、この目安を他の学問僧に適用してみると

天武天皇十三年（六八四年）夏四月二十日　小錦下高向臣麻呂等を新羅に派遣
持統天皇元年（六八七年）春正月十九日　直廣肆田中朝臣法麻呂等を新羅に派遣
持統天皇三年（六八九年）夏四月二十日　明聰・観智等帰国
天武天皇十年（六八一年）秋七月四日　小錦下采女臣竹羅等を新羅に派遣
天武天皇十四年（六八五年）五月二十六日　観常・霊観帰国

となり、ほぼ日本よりの新羅遣使に従って新羅に渡ったものと考えられ、先の推定を裏づけるものとなろう。

さて、それでは、山田史御方はいかなる時点の遣使に従って新羅に渡ったのであろうか。御方の生没年は不詳で、かつ史料が欠如しているので明確にし得ないのであるが、政府による還俗の政策実施の端緒をなしたのが御方であり、彼の文章の才が政府に認められるに至るまでにはある程度の日時が必要であったことを考慮に入れる時、かなり初期の段階にまでさかのぼり得る可能性を有している。少なくとも先に考察した学問僧のそれより以前であったことは明確であろう。即ち、天智七年十一月五日、天智九年九月辛未朔、天武四年秋七月七日、天武五年十月十日が考えられることとなる。

かような考察の結果は、山田史氏がその氏寺を営む氏族的環境にあったことを如実に示しており、先述した如き百済寺に先行する白鳳期に属する寺院が山田史氏によって営まれた可能性の高いことを示唆している。しかも、養老二年藤原不比等が律令を編纂した際の学者の一人、百済人成が山田連の姓を賜り、銀と改姓した可能性の高い(31)ことは山田史氏が百済系渡来人であったことを示しており、百済寺出土の白鳳瓦が三谷寺の瓦と共通性を有し、かつ三谷寺が百済滅亡時に渡来した僧弘済と深い関係を有したと考えられることとあいまってすこぶる興味深い結果となっている。

以上述べてきた如く、私は、天平勝寶二年頃百済王氏が移住する以前において中宮の地に山田史氏によってその氏寺が建立されていたと考えるのであるが、しからば、その移住を可能ならしめた要因及びいかなる動機が内在していたかが次に問われなければならない。以下これらの点について述べていきたい。

(三)

かかる点を究明するにあたっては、山田史一族の歴史上の足跡を『続日本紀』等によって確認する必要があろう。表示すると表Ⅱ（32）の如くになる。

表Ⅱ

天皇	年月日	内容
文武	慶雲四年夏四月二十五日	正六位下山田史御方に布鍪鹽穀を賜う。学士を優まんとなり。
元明	和銅三年正月十三日	山田史御方　正六位下→従五位下
	和銅三年夏四月二十三日	従五位下山田史御方を周防守と為す。
	養老四年春正月十一日	山田史御方　従五位下→従五位上
	養老五年春正月二十三日	従五位上山田史御方等を退朝の後、東宮に侍せしむ。
	養老五年春正月二十七日	山田史御方　文人武士は国家の重する所との詔あり。文章家として学業に優遊し、師範に堪える者であるとして、絁十五疋、絲十五絇、布卅端、鍬廿口を賜った。

	養老六年夏四月二十日	周防国前守従五位上山田史御方がかつて国守在任中に官物を流用した為、罰せられる所、清貧と学問のあることを顧慮して特に許された。
聖武	神亀五年	山田史御方　武智麿伝に文雅者として名を列している。(33)
	天平十年九月	山田史方見　肥後国史生大初位上。(34)
	天平十年	山田史広人　上総国より文石を進上する使として駿河国通過。大初位下であった。(35)
	天平二十年九月	山田史君麻呂　越中守大伴家持の鷹匠であった。(36)
孝謙	天平勝寶元年秋七月三日	山田史女嶋　正六位上→従五位下
	天平勝寶四年春正月三十日	山田史君足　従六位下→外従五位下
	天平勝寶五年五月	山田史土麿　少主鈴であったことが確認できる。(37)
	天平勝寶六年三月二十五日	山田史女嶋の宅で橘諸兄、大伴家持が参加して宴が開催されたことが確認できる。(38)
	天平勝寶七歳春正月四日	孝謙天皇の乳母であることによって、従七位上山田史廣人、従五位下比賣嶋女ら同族七人に山田御井宿祢の姓を賜った。
	天平勝寶七歳三月庚申朔	外従五位下山田史君足に廣野連を賜う。
	天平寶字元年八月二日	故従五位下山田三井宿祢比賣嶋が橘奈良麻呂の謀反を聞きながら蔽匿して報告しなかったことを責め、御母の名を除き宿祢の姓を奪い、旧姓の山田史に従わしめられた。
淳仁	天平寶字二年秋七月六日	山田史銀　正六位上→外従五位下
	天平寶字三年六月二十二日	山田連古麻呂　播磨の大掾であった。
	天平寶字三年十二月十日	外従五位下山田史白金に姓、連を賜った。山田史廣名に姓、造を賜った。

	天平寶字五年春正月二日	山田連古麻呂　正六位上→外従五位下
	天平寶字五年冬十月壬子朔	明法博士外従五位下山田連銀を兼主計の助と為す。
	天平寶字六年夏四月庚戌朔	外従五位下山田連古麻呂を主税助と為す。
	天平寶字七年夏四月十四日	外従五位下山田連銀を河内介と為す。
称徳	天平寶字八年冬十月七日	恵美押勝（藤原仲麻呂）の乱の論功行賞によって、山田三井宿祢廣人、正六位上より従五位下に叙せられる。
	天平寶字八年冬十月二十日	従五位下山田御井宿祢廣人を参河介と為す。
	天平神護元年春正月七日	山田御井宿祢公足　従七位下→外従五位下
	神護景雲元年九月二十二日	右京の人、正七位下山田造吉継に山田連を賜う。

ここで注目すべきは、御方が養老五年春正月二十七日に文章の師範として東宮（聖武）に侍せしめられたことであろう。かかる事実は、天皇と山田史氏との関係に一つの大きなエポックを生ぜしめる結果となった。しかも、『懐風藻』に「大學頭従五位下山田史三方。三首。」とあり、「五言。秋日於長王宅宴新羅客。一首。幷序。」、「五言。七夕。一首。」、「五言。三月三日曲水宴。一首。」を収めるが、このうち長屋王の宅で新羅の客を招き酒宴を開催した際、侍して五言一首を賦していることは、長屋王との親交（39）をも窺わしめるものであり、御方の朝廷における交際範囲を推測せしむる結果となっている。

しからば、かかる酒宴はいかなる時点において開催されたのであろうか。小島憲之氏（40）は、㈠養老三年閏七月新羅使帰国→長屋王大納言㈡養老七年八月帰国→同右大臣㈢神亀三年七月帰国→同左大臣の場合が考えられるとし、中でも新羅使を宴する役割を果たすには左大臣就任後が妥当であり、皇太子學士正六位上調忌寸古麻呂の「五言。初秋於長王宅宴新羅客。一首。」がこの時のものであるとすれば、初秋とあるところから㊂を裏づけるものであるとされた。しかし、いずれにしても養老の後半から神亀の初め頃、御方が大学頭に就任していたことが知れるのであり、しかも、これ以降彼の名が史料に現れないところから或いはこの頃没したのかもしれない。

かように御方と聖武天皇、長屋王との関係が知れるのであるが、それは直接百済王氏の移住の背景をなすものではあり得ない。この点において注目すべきは『続日本紀』天平寶字元年八月戊寅条に「勅。故従五位下山田三井宿祢比賣嶋縁レ有二阿妳之労一。裒賜二宿祢之姓一。」とあり、比賣嶋が孝謙天皇の乳母であった事実である。孝謙天皇の誕生は『続日本紀』寶亀元年八月癸巳条に「天皇崩二于西宮寝殿一。春秋五十三。」とあるところから逆算すると養老二年となる(41)。比賣嶋が孝謙天皇の乳母となった契機は不明というほかないが、先に述べた如く、養老五年正月に御方が東宮に侍せしめられているところからすると御方の存在が何らかの契機をなしたと考えられる。従って、ここでは御方の存在が比賣嶋の孝謙の乳母を実現せしめ、そのことによって御方が文章の師範として東宮に侍せしめられるという相関関係が想定し得るのである。かかる孝謙天皇と山田史比賣嶋の関係は百済王氏の中宮移住を考える上で重要である。即ち、第三章及び第五章でも述べた如く、天平勝寶二年頃には既に光明皇太后、孝謙天皇、藤原仲麻呂と百済王氏の関係には密なるものがあったと考えられるからである。しからば、この移住にもかかる関係が想定し得るであろうか。ここで留意すべきは山田史氏の交流氏族である。表に示した如く、『万葉集』巻第十七、四〇一一―四〇一五の歌の注に「右、射水郡古江村取二獲蒼鷹一。形容美麗、鷙レ雉秀レ群也。於レ時、養吏山田史君麿、調試失レ節、野獦乖レ候。摶風之翅、高翔匿レ雲、腐鼠之餌、呼留靡レ驗。―下略―。」とある如く、山田史君麻呂が天平二十年九月の時点において越中守大伴家持の鷹匠であったことが知れる。さらに同書巻二十、四二九四の歌の左注に「右、天平勝寶五年五月、在二於大納言藤原朝臣之家一時、依レ奏レ事而請問之間、少主鈴山田史土麿、語二少納言大伴宿祢家持一曰昔聞二此言一即誦二此歌一也。」とあり、また、同巻四三〇四の右注には「同月(42)廿五日、左大臣橘卿、宴二于山田御母之宅一歌一首」とあり、「夜麻夫伎乃

花能左香利尒　可久乃其等　伎美乎見麻久波　知登世尒母我母」の歌を載せるが、その左注には「右一首、少納言大伴宿祢家持、矚二時花一作。但未レ出之間、大臣罷レ宴、而不二擧誦一耳。」とある如く、ここでも大伴家持及び橘諸兄との関係が浮かび上がってくる。即ち、山田史氏は反藤原氏族との交流が密であったことが窺えるのである。かかる点は、山田史比賣嶋が孝謙天皇の乳母であった関係から天平勝寶七歳正月四日に同族七人とともに山田御井宿祢の姓を賜ったが、天平寶字元年八月二日には既に死亡していたにもかかわらず、生前橘奈良麻呂の謀反を聞きながら蔽匿して報告しなかったという理由で御母の名を除き、姓を山田史に復せしめられている点からも明らかとなろう。この政策が藤原仲麻呂の主導のもとになされたものであることは、天平寶字八年十月七日の仲麻呂の乱終結後の論功行賞に山田三井宿祢廣人が正六位上より従五位下に叙されており、その姓も天平勝寶七歳の三井（御井）に復されているところから推定できるところである。

しからば、かかる氏族状況にあった山田史氏の居住地に百済王氏の移住を推進せしめた主体は誰に求めるべきであろうか。先にも述べた如く、移住時における藤原仲麻呂と百済王氏の関係には密なるものがあり、また、仲麻呂と孝謙天皇との間も親密な状態であったと考えられることは、孝謙天皇の乳母であった山田史氏に対する働きかけの主体が奈辺にあったのかの有力な証左となるのではなかろうか。即ち、そこには山田史氏↑孝謙天皇↕光明皇太后、藤原仲麻呂↓百済王氏という図式が成立し得ると考える。かように守旧的傾向を帯びる山田史氏の居住地に百済王氏を移住せしめる政策の推進主体が藤原仲麻呂であったと考えた時、当然その政策にはそれなりの意図を有していたと考えねばならない。以下その点について考察を加えていくこととする。

かかる点を考察するにあたっては、山田史氏居住地周辺の氏族をも視野に入れて総合的に検討しなければならないだろう。山田郷の含まれる交野郡に隣接するのは茨田郡であり、そこを本拠とする氏族に茨田連氏が考えられる。茨田連氏については、『新撰姓氏録』茨田連の項（43）に「多朝臣同祖。神八井耳命男彦八井耳命之後也。日本紀漏。」、茨田宿禰の項にも「多朝臣同祖。彦八井耳命之後也。男野現宿禰。仁徳天皇御代。造二茨田堤一。日本紀合。」とある。また、『日本書紀』仁徳天皇十一年冬十月条の茨田堤造築（44）に関する記載の中にも茨田連衫子が登場しているところから茨田堤造築に関わったとする祖先伝承（45）を有していたと考えられ、同十三年秋九月条に「始立二茨田屯倉一。因定二舂米部一。」とある茨田屯倉の管理者（46）としての地位を占めたものと思われる。かように茨田連氏はかなりの勢力を有したと考えられるが、その端的なあらわれは『日本書紀』継體天皇元年三月癸酉条に「茨田連小望女或曰レ妹。曰二關媛一。生二三女一。長曰二茨田大娘皇女一。仲曰二白坂活日姫皇女一。少曰二小野稚郎皇女一。更名長石姫。」とある如く、継体天皇の八妃の中に茨田連小望の娘（妹）が含まれていることであろう。かような婚姻の成立の背景には継体天皇が楠葉の地（47）と深いつながりを有していることと密接な関連性があると思われる。かかる勢力は天武朝に至るまで続いていたようで、天武の八姓により氏族の再編成が実施された際にも、大伴連、佐伯連、阿曇連、忌部連、尾張連らとともに宿禰姓（48）を与えられている。

しからば、奈良時代における茨田宿禰氏の動向はいかなるものであったろうか。便宜上表示すると表Ⅲ（49）の如くになる。

表Ⅲ

天皇	年月日	内容
文武	二年八月戊子朔	茨田足嶋に連姓を賜う。
	大寶三年二月四日	従七位下茨田足嶋に連姓を賜う。
聖武	天平七年	茨田連光、周防国正税帳継目裏書及び奥書に、周防目、従七位上とみえる。（50）

	天平十五年九月	茨田宿禰枚麻呂　令旨によって、法花玄賛を写経所に写さしめる。(51)
	天平十六年六月	茨田宿禰枚麻呂　宣により、法花経を写さしめる。時に中宮少進であった。(52)
	天平十七年春正月七日	无位茨田宿祢弓束に外従五位下を賜う。
	天平十七年四月	茨田宿禰枚麻呂　中宮職解に中宮少進、正六位上として署があり、姓は宿禰とみえる。(53)
	天平十七年四月二十五日	茨田宿禰枚麻呂　正六位上↓外従五位下
	天平十八年七月	茨田宿禰枚麻呂　近江国司解に同国介、外従五位下として署がある。(54)
	天平十九年六月七日	外従五位下茨田弓束、従八位上茨田枚野に宿禰の姓を賜う。
孝謙	天平勝寶元年八月十日	外従五位下茨田宿禰枚麻呂を美作守と為す。
	天平勝寶元年九月	茨田宿禰五百村、大宰府牒案に少典、従七位上として署がある。(55)
	天平勝寶元年冬十月九日	孝謙天皇河内国智識寺に行幸する。外従五位下茨田宿禰弓束女の宅を行宮と為す。
	天平勝寶元年冬十月十五日	河内国六十六區見住僧尼及び沙弥、沙弥尼に絁綿をあたえること差あり。 茨田宿禰弓束女　外従五位下↓正五位上
	天平勝寶七歳二月	茨田連沙彌麻呂　上総国防人部領使、少目、従七位下として、防人の歌十九首を進めた。(56)
	天平勝寶八歳二月	茨田連薩毛智　相模国朝集使解に、国司、史生、正八位上として自署している。(57)
淳仁	天平寶字二年八月二日	茨田宿禰牧野　正六位上↓外従五位下
	天平寶字三年五月十七日	外従五位下茨田宿禰牧野を備中介と為す。
	天平寶字五年正月十六日	外従五位下茨田宿禰枚野を鋳銭次官と為す。
	天平寶字六年春正月九日	外従五位下茨田宿禰枚野を東市正と為す。

称徳	神護景雲三年秋七月六日	茨田宿禰稲床　従八位下→外従五位下　貢献するを以てなり。

かかる歴史上の足跡から窺える茨田宿禰氏の動向は、藤原仲麻呂がその政治勢力を確立していく過程とオーバーラップしていることである。しからば、藤原仲麻呂と茨田宿禰氏の関係は想定し得るであろうか。かかる関係は『続日本紀』天平十三年夏四月辛丑条に「遣従四位上巨勢朝臣奈氏麻呂。従四位下藤原朝臣仲麻呂。従五位下民忌寸大楫。外従五位下陽侯史眞身等。撿挍河内与摂津相争河堤所。」とある如く、摂津、河内両国の河堤紛争の際に生じたとも考えられるが、私は、茨田宿禰枚麻呂の経歴に注目すべきであると考える。即ち、枚麻呂は、天平十六、七年中宮少進であったが、同十五年(58)から十七年(59)にかけて藤原朝臣巨勢麻呂が中宮亮に就任していたからである。巨勢麻呂は、藤原朝臣武智麻呂の四男(60)で、天平二十年二月正五位下、天平勝寶二年正月正五位上、同六年正月従四位下、天平寶字二年八月従四位上参議と順調に昇叙し、同三年五月播磨守となり、同三年六月正四位下、同四年正月従三位に叙されている。そして、同六年十一月参議武部卿（兵部卿）として新羅征伐のため、香椎廟奉幣使となったが、同八年九月の藤原仲麻呂の乱に坐し、斬殺された事実が示す如く、兄、仲麻呂と行動を共にし、悲運の最期をとげている。藤原朝臣巨勢麻呂と茨田宿禰枚麻呂の関係がいかなるものであったか判然としないが、藤原朝臣仲麻呂との関係を成立せしめる一契機となったのではないかと考えられるからである。しかも、『続日本紀』天平十七年四月壬子条に「正六位上託陁眞玉。養徳畫師楯戸弁麻呂。葛井連諸會。茨田宿祢枚麻呂。丹比間人宿祢和珥麻呂。正七位下國君麻呂並授外従五位下。」とある如く枚麻呂が外従五位下に昇叙されているが、この昇叙については夙に北山茂夫氏(61)によって甲賀寺の大仏造営事業の停滞を打破するために藤原仲麻呂が聖武天皇に奏上し、造営関係者に対してなされたものとする注目すべき指摘がなされている。即ち、天平十二年秋八月二十九日、大宰少貳藤原広嗣の乱に端を発した聖武天皇の彷徨

は同十七年平城還都に至るまでに恭仁、紫香楽、難波に遷都が宣せられるという異常事態をも引き起こした。しかもこの間、天平十三年三月には国分寺、国分尼寺造立の詔の発布、同十五年五月には墾田永年私財法の発布、同十五年十月、盧舎那仏造立の詔の発布などの重要な施策が実施に移されている。かかる時期の政治情勢については、直木孝次郎氏(62)が詳細に述べられているが、聖武天皇を中心として光明皇后、藤原仲麻呂の勢力と元正太上天皇、橘諸兄の勢力が対立していたことは事実であろう。既述の諸施策がいかなる勢力によってなされたかは、橘諸兄と藤原仲麻呂のいずれを重視するかによって異なってこようが、私は、『続日本紀』天平寶字四年六月乙丑条の光明皇太后の薨伝に「創二建東大寺及天下國分寺一者。本太后之所レ勸也。」とあること、墾田永年私財法が田地に関する法令である以上、民部省の所管事項であり、民部卿の藤原仲麻呂が主導した(63)可能性がたかく、また、この法令発布の背後に国分寺、国分尼寺、盧舎那大仏造営計画との関連性が考えられる(64)こと、この時期に藤原仲麻呂と百済系渡来氏族の統率者としての百済王氏との関係(65)が想定できること等を勘案すると藤原仲麻呂の方をより重視すべきだと考える。

さて、天平十五年十月の盧舎那仏造立の詔の発布により開始された事業は、天平十六年十一月には盧舎那仏の體骨柱を建てるという段階にまで進捗していたが、それとは裏腹に社会的矛盾はますます増加し、世情の不安もまた増大しつつあった。即ち、天平十六年四月には紫香楽宮西北の山に火事があり、翌十七年四月一日には市の西山、三日に東山、八日、伊賀国真木山、十一日、宮城の東の山にというように火事が頻発しており、大仏造営事業に大きな影を投げかける状況を呈していたのである。北山茂夫氏(66)が説かれる如く、天平十七年四月壬子条の昇叙がかかる社会的不安に起因する大仏造営事業停滞打破にあったとすると、茨田宿禰枚麻呂が大仏造営事業に深い関わりを有していたこととなり、藤原仲麻呂との関係が想定し得る結果となる。かかる推定が妥当なものと考えられることは、天平十七年九月、藤原仲麻呂は近江守を兼務したが、その翌年七月に同国の介外従五位下として枚麻呂が国司解に署していること、また天平勝寶元年七月父、聖武天皇から譲位され即位した孝謙天皇が同年十月九日に河内国智識寺に行幸した際、茨田宿禰弓東女の宅を行宮としているところからも明らかである。しかも、かかる行幸が大仏造営推進の一環であったことは既に第三章で指摘したところである。かような関係を背景に昇叙、任官がなされていることは前掲の表から判明するであろう。しかるに、天平寶字六年正月に茨田宿禰牧野が東市の正に補任された後、神護景雲三年七月茨田宿禰稲床が貢献により従八位下から外従五位下に昇叙されるまで目だった動向は窺えない。かかる事実は、天平寶字八年の藤原仲麻呂の乱に起因しているものと思われる。

以上、周辺氏族として茨田宿禰氏について考察を加えてきたが、この氏族が淀川と深い関わりを有し、大仏造営とも密接な関係を有していたことはきわめて注目すべきことである。即ち、山田宿禰氏が居住し、その後、百済王氏が移住した中宮の地も淀川に面した土地であり、しかも、同じ交野郡に属した葛葉郷と近接した交通の要衝であったと考えられるからである。さらに、この地は和田萃氏(67)が述べられる如く、奈良を起点とした古山陰道に設定された山本駅からの普賢寺越(尊延寺越)のコースの終着点にあたること、また山本駅から河内樟葉駅までの行程がほぼ一日であったこと、およびその樟葉駅が山崎橋を介して山陽道の門戸とでもいうべき地にあったことに留意すべきであろう。かように考えてくるとき、百済王氏移住および茨田宿禰氏の自己勢力への取り込みは、藤原仲麻呂の淀川水系の掌握、確保と深い関連性を有していたのではないかという推測が成立し得るのではなかろうか。しからば、かかる関係が対岸に位置した氏族との間に想定し得るであろうか。以下その点に考察の対象を移していきたい。

(四)

さて、対岸に位置するのは島上郡と島下郡を含む三島の地である。この三島の地と藤原氏の関係は藤原鎌足(68)の時代から生じていたと考えられるが、かかる地方の氏族としてまず注目すべきは、三島縣主の存在であろう。この氏族が三島地方を代表する氏族であったことは、『日本書紀』安閑天皇元年閏十二月己卯朔壬午条の三島縣主飯粒の竹村屯倉献上の記載から判明するが、おそらく六世紀前半頃には有力な首長として酒(69)及び氷の貢納等を通じ、大和朝廷に服属、奉仕していたと考えられる。しかも、『古事記』神武天皇段の三島溝咋の娘、勢夜陀多良比売と美和の大物主神との間の子、富登多良伊須須岐比売命(比売多良伊須気金理比売)が、神武天皇の皇后となったという説話は、その内容に丹塗矢流下伝説を含み、『山城国風土記』逸文の山城賀茂社の説話と同型のもので(70)、「摂津三島と山城南部が淀川の水運を介して頻繁な交渉のあったことを示」すものであり、三島縣主は山城の賀茂縣主と同祖を主張している。『延喜式』神名帳記載の島下郡所在の三島鴨神社、溝咋神社はかかる三島縣主と関係の深い神社であり、現在の高槻市三島江(71)、その西に接する茨木市五十町にそれぞれ存在するから、この地域、即ち、島上郡と島下郡の境界付近をその本拠としていたと考えられる。

かように、三島縣主は淀川河畔を本拠地とし、淀川の水運とも深い関係を保持し、下級官僚としての地位を保っていたことが史料(72)により確認し得るのであるが、特に留意すべきは、天平勝寶八歳十二月に作成された水無瀬庄の絵図の奥書(73)に

天平勝寶八歳十二月十六日

嶋上郡主帳无位物部首子老

擬少領従七位下三島縣主暇
　上件二所勘
　従三位行大夫文屋眞人智努
　正七位下行少属穂積臣牛養

とあり、名は欠くものの島上郡の擬少領として水無瀬庄の設定に関与したことが窺われ、さらに、天平寶字三年十一月越中礪波郡伊加流伎野、石粟村、同射水郡須加野、椇田野、鳴戸野、同新川郡大藪野、丈部野の各東大寺田図の奥書(74)に「正六位下行掾三嶋縣主宗麻呂」として同判を加えていることであろう。宗麻呂の補任は嶋上郡擬少領三島縣主某の補任を踏まえたものであったろうが、いずれも東大寺造営に関してのものであったことに注目せねばならぬだろう。しかも、かかる政策が藤原仲麻呂によってなされたものであったろうことは、天平勝寶七歳十月聖武天皇が重態に陥り、大赦、賑給及び山陵、伊勢神宮への奉幣が行われた際における橘諸兄の言辞に無礼なものがあったとする諸兄の祇承人、佐味朝臣宮守の密告を契機として翌天平勝寶八歳二月には諸兄が左大臣の職を辞することを願い出、許されている事実から想定できる。

かように天平勝寶八歳頃における藤原仲麻呂と三島縣主との関係が確認できるのであるが、かかる関係の成立要因はいかなる所に存したのであろうか。三島縣主が淀川の水運を介し賀茂縣主と密接に結びつき同祖(75)を主張していることは既述したところであるが、ここで注目すべきは、賀茂朝臣の存在である。『新撰姓氏録』大和國神別には、

賀茂朝臣
　大神朝臣同祖。大國主神之後也。大田田禰古命孫大賀茂都美命一名大賀茂足尼。奉レ齋二賀茂神社一也。

とあり、『延喜式』神名帳の葛上郡の部に鴨都波八重事代主命神社、高鴨阿治須岐託彦根神社がみられ、それぞれ大国主神の子とされる事代主神、『古事記』の阿遅鉏高日子根神に対応すると考えられるので、鴨都波神社、高鴨神社と深

い関係を有する氏族であったと思われる。従って、賀茂朝臣と賀茂縣主は同じく賀茂を称しながら氏族的関連性を有さないとも考えられるが、ここで考慮すべきは『山城国風土記』逸文の記載であろう。即ち、そこには、「可茂社。稱二可茂一者、日向曾之峯天降坐神、賀茂建角身命也、神倭石余比古之御前立坐而、宿二坐大倭葛木山之峯一、自レ彼漸遷、至二山代國岡田之賀茂一、隨二山代河一下坐、葛野河與二賀茂河一所レ會至坐、見二迥賀茂川一而言、雖二狹小一、然石川清川在、仍名曰二石川瀬見小川一。自二彼川一上坐、定二坐久我國之北山基一。從二爾時一、名曰二賀茂一也。」とある如く、賀茂氏が大和葛城→山城の岡田賀茂（相楽郡加茂町）→久我の国の北の山基にとそれぞれ播居地を拡大していったことが推定できる(76)のであり、かかる点を考慮に入れるとき、賀茂朝臣と賀茂縣主の関係の成立(77)を認めねばならぬだろう。さらに、『日本書紀』神武天皇即位前紀庚申年秋八月癸丑朔戊辰条には、「天皇當立二正妃一。改廣求二華冑一。時有レ人奏之曰、事代主神、共二三嶋溝橛耳神之女玉櫛媛一所生兒、號曰二媛蹈鞴五十鈴媛命一。是國色之秀者。天皇悅之。」とあり、三島縣主と賀茂朝臣との関係もまた推察できるのである。以上述べてきた如く、三島縣主、賀茂縣主、賀茂朝臣の関係が想定できるとすれば、鴨（賀茂）朝臣角足の存在に留意すべきであろう。即ち、角足は藤原仲麻呂が天平勝寶元年八月に設置した紫微中台の大忠として名を列ね(78)、天平勝寶四年四月、大仏開眼会の際、開眼師、菩提法師の迎をつとめ(79)、また、天平勝寶八年六月、孝謙天皇勅施入文書(80)及び東大寺献物帳に紫微大忠正五位下兼左兵衛率左右馬監と署しており、仲麻呂と密接な立場を有する人物(81)であったことが判明する。かかる事実は、仲麻呂が鴨朝臣角足を介して天平勝寶の初めより三島縣主との関係を有していた可能性を生ぜしめるのであり、三島縣主某及び宗麻呂の東大寺荘園への関与もその延長線上にあったとも言えるのではなかろうか。

以上、藤原仲麻呂と三島縣主との関係について述べてきたのであるが、しからば、島下郡居住氏族と仲麻呂の関係についてはいかなることが想定し得るであろうか。島下郡の氏族としては、『新撰姓氏録』摂津國神別に

中臣藍連

同神（天児屋根命）十二世孫大江臣之後也。

中臣大田連

同神（天児屋根命）十三世孫御身宿禰之後也。

とある如く、中臣氏の複姓氏族が存在する。直木孝次郎氏(82)によると、中臣複姓氏族すべてが血縁関係や婚姻関係を有していたとは言えぬが、彼らが中臣氏と隷属的関係にあり、それは「中臣氏が地方へ勢力を伸ばそうとする要求」と中央豪族に依存することによりその「地位を確立しようとする地方豪族の希望」が合体した所から生じたものであるとされた。しかも、かかる氏族名は「続紀以下の六国史や姓氏録においてはじめて表れるものが多く、奈良朝以前、特に大化以前に存在の明らかなものは数が少ない」とされているところから、上記二氏においてもその隷属関係が成立したのは七世紀中頃を遡るものではあり得ない。両氏の本拠地は延喜式内社である阿為神社が存在する島下郡安威郷及び誤って継体天皇陵とされている茶臼山古墳、法隆寺再建後(83)のほど近い頃に伽藍が整備されたと考えられる太田廃寺が存在する茨木市太田に比定される。かように島下郡に中臣複姓氏族の存在したことに留意しておきたい。次に指摘すべきは、穂積氏である。即ち、先述した水無瀬庄の絵図の奥書に正七位下行（摂津職）少属穂積牛養の名が見え、『和名類聚抄』島下郡に新野、宿人（宿久の誤りか）、安威、穂積四郷があげられているところから、おそらくは穂積郷に関連を有する氏族であったと想定できるからである。水無瀬庄の設置が藤原仲麻呂の政策によるものであり、穂積臣が関与していることは仲麻呂と穂積氏との関係もまた成立していた可能性のあることを推測せしむる。さらには島上郡に石川朝臣年足の墓(84)が存在することにも留意すべきであろう。かかる事実は、蘇我氏の勢力が同地方にあったとも考え得るが、仲麻呂の腹心的律令官人(85)であった年足が藤原氏ゆかりの地(86)に墓を営んだ可能性が高い。それとともに年足が三島郡に対し何らかの関連性を有したとも考えられ、仲麻呂の三島地方氏族に対する政策の一翼を担った可能性の大きいことを推測せしむるのである。

以上、淀川を中心にその沿岸地方における氏族と藤原仲麻呂との関係について考察を加えてきた。かかる結果は先にも少し述べた如く、仲麻呂が淀川水系の掌握を志向するとともに、山陽道の要衝の掌握をも期していた可能性もまた窺えるのではなかろうか。即ち、『続日本紀』和銅四年春正月丁未条に「始置㆓都亭驛㆒。山背國相樂郡岡田驛。綴喜郡山本驛。河内國交野郡楠葉驛。攝津國嶋上郡大原驛。嶋下郡殖村驛。伊賀國阿閇郡新家驛㆒。」とあり、平城遷都に伴う西国ルートの開設がなされたものと考えられ、摂津国嶋上郡の大原駅は楠葉から淀川を渡った対岸の島本町桜井付近、嶋下郡殖村駅は現茨木市中河原付近に比定(87)し得る。かかる地は既に考察した如く、藤原仲麻呂との関係が想定し得る氏族の居住する地域に含まれていることに留意すべきである。さらに、水無瀬立庄の目的が経済性よりも水陸交通の要衝の地であったことによるものであるとするのは定説化(88)しており、しかも同時に立庄された摂津国猪名庄も交通の要衝に存在したことは神崎川河口部に奈良時代から「猪名の湊」が存在し、近接する現在の昆陽寺付近の地が山崎の湊と呼応する神崎の湊の背後にあり、瀬戸内水路と陸路山陽道を結びつける(89)要点であったこと等から窺える。かかる猪名の地と藤原仲麻呂の関係も猪名部造常人(90)が天平勝寶初年より数十年間仲麻呂家の家司として仕えていたところから想定し得るのであり、また、水無瀬庄立庄の政策が仲麻呂により実施に移されていることは、猪名庄立庄(91)にも仲麻呂が関与していると考えられる。以上の事実は、藤原仲麻呂が山陽道の交通路の要衝を掌握していたことを示すものである。「東大寺封戸荘園幷寺用帳」(92)によると播磨、阿波、讃岐、土佐、伊予等に東大寺の封戸六〇〇戸がおかれ、播磨、周防、阿波、伊予等に荘園が設置されている。これら山陽道、南海道の諸国の封戸、荘園からの貢献物を本寺に輸送する際の中継地としての役割が水無瀬庄に期待されていたのではないかとする説(93)もあるが、それは東大寺の封戸、荘園からの貢献物に限定する必要はなく、広く東大寺造営物資と解釈することも可能であり、樟葉の地もまた、かかる中継地であった可能性を有する。その隣接地に百済王氏を移住させ、また、天平勝寶二年には河内守に任じていることは大仏造営と深い関わりをもつものであったとすべきである。即ち、守旧的性格を帯びた山田氏の居住地に百済王氏を移住させることは、守旧勢力にくさびを打ち込むことを意味するのみならず、淀川水系掌握の一プロセスであり、また河内守就任は守旧勢力である前守大伴宿禰古慈斐の排除をも実現することとなった。ここに河内国は百済系渡来人の統率者的立場を有する百済王氏によって治められることとなり、同国に存在する百済系渡来人のより積極的な大仏造営事業への参加を可能ならしめる結果を招来することとなった。かかる政策は大仏物資の中継地樟葉の地を掌握することにより大仏造営事業の進捗をはかろうとする藤原仲麻呂によってなされたものと考えられる。その背景には天平十七年八月難波行幸の際に発病し、九日には危篤状態にまで陥った聖武天皇の不安な健康状況があり、大仏造営を急がねばならない事態が存したとしなければならない。

結　語

以上述べてきた如く、百済王氏の中宮の地への移住、百済王敬福の河内守就任は大仏造営事業と密接な関連を有していたとすべきであろう。それは藤原仲麻呂の淀川水運掌握の一プロセスでもあり、かつ山陽道、南海道における大仏造営物資の徴発をも考慮に入れたものであった。かかる政策のプロセスにおける在地豪族と仲麻呂の関係についてはほんの一端を示し得たに過ぎないが、聖武太上天皇の一周忌を翌年にひかえた天平勝寶八歳十一月に摂津職に二万枚の造瓦が命ぜられ(94)、そのうちの六千枚が三島郡に存した梶原寺でつくられており、この瓦が残された大仏殿歩廊などの工事に充当されたと考えられることは、三島郡に居住する氏族と大仏造営事業との関わりを示すきわめて象徴的な事実であるとしなければならない。さらに、天平勝寶二年の百済王孝忠の出雲守就任(95)も敬福の河内守就任と密接な関連を有していたとすべきであり、おそらくは山陰地方における物資の徴発をその主任務としていたのではなかろうか。従って、天平勝寶四年四月大仏開眼会に際し孝忠が左鎮京使の任(96)につき、また開眼会が催された直後の五月、敬福が常陸守に転出(97)していることは、大仏造営事業を通じての藤原仲麻呂と百済王氏の関係を如実に示すものであり、敬福の河内守就任がいかなる目的をもってなされたかの一証左ともなるのである。

注

（1）吉田　晶「地域史からみた古代難波」『難波宮と日本古代国家』所収。塙書房。一九七七年
従来の説は吉田氏の論じられた如く天平六年三月以降、天平九年ないし天平十二年の間に建郡されたとするものであった。しかし、長屋王邸跡の出土木簡により大化の建評時にさかのぼる可能性がでてきた。なお、古市晃氏は五年の「天下建評」時に求めておられる。
古市　晃「摂津国百済郡の郡域と成立年代」『大阪の歴史』56　大阪市史編纂所。二〇〇〇年
本書第一章「百済王氏の成立」

（2）今井啓一「摂津国百済郡考」『百済王敬福』所収。55頁　綜芸社。一九六五年
なお、音代湘園（節雄）氏は今、その詳しい考証は省くが、当初敬福の交野移住は、「天平二十一年から、勝寶四年までの四年間に行われたと推測し得るであろう。」とされ、その後、その時期をさらに狭められ、「俄加河内守」は天平勝寶二年五月十四日のことであるから敬福の交野移住は天平廿一年から勝寶二年までの二年間に行われたと推定し得るであろう。」とされる。
音代湘園「百濟王氏研究序説」『大阪史談会報』所収。一九三三年
「百済寺の研究」旧『枚方市史』第十篇　特殊研究第二章　一九五一年

（3）藤沢一夫「摂津百済寺考」『日本文化と朝鮮』所収。新人物往来社。一九七三年
古市　晃　注（1）論文

（4）長山泰孝『枚方市史』第二巻第三編古代の枚方地方第二章律令制下の枚方地方第四節枚方地方の氏族一、百済王氏の人々の項。一九七二年

長山氏は、今井氏の説を「必ずしも明証があるわけではないが妥当な推論であろう。」とされる。164頁
吉田　晶　注（1）論文
吉田氏も、「今井氏の推定は妥当なものと考える」とされる。293頁
萩原俊彦「王仁と百済王氏」『日本のなかの朝鮮文化』10号所収。一九七一年
「百済寺の建立は天平勝宝二年百済王敬福が宮内卿兼河内守任官と共に、枚方中宮を中心とする交野郡の土地に移住し、先祖の菩提をとむらうため百済寺を建立したものである」とされる。
藤沢一夫『河内百済寺跡発掘調査概報』一九六五年。のち、「百済寺の歴史」として『特別史跡百済寺跡公園』に所収。
一九六七年
藤沢氏も、「河内国交野郡に移居することに契機が必要であるとすれば、それは土地を賜与されたそのことであるかも知れないし、別個にそれをその経歴の中に求めるならば、天平勝寶二年（七五〇）における彼（敬福→筆者注）の宮内卿兼河内守の任官以外には考えられないであろう。」される。

（5）奥田　尚『枚方市史』第二巻第三編古代の枚方地方第二章律令制下の枚方地方第五節枚方の寺院、二、百済王氏の百済寺の項。
193頁　一九七二年

（6）ちなみに薨伝に寺院創建についての内容が含まれているものには、石上大朝臣宅嗣の「捨其舊宅。以爲阿閦寺。」とあるものが一例あるのみである。
『続日本紀』光仁天皇天應元年六月辛亥条。

その渡来の過程が酷似する高倉朝臣福信の薨伝においてもその渡来経過、家系、登用過程、政界における実績、経歴が述べられているに過ぎず、本文に述べた如き薨卒伝の内容と軌を一にしている。

『続日本紀』延暦八年冬十月乙酉条。

（7）森　郁夫『かわらのロマン』202頁　毎日新聞社。一九八〇年

（8）田中歳雄『愛媛県の歴史』山川出版社。一九七八年

（9）その後、奥田氏はその著においては『枚方市史』に述べられた自説は展開されず、今井氏の天平勝寶二年（七五〇）頃という推論

を採用しておられる。

奥田　尚『古代の大阪』松籟社。一九八四年

(10)今井啓一　注(2)論文。52頁

(11)藤沢一夫　注(3)論文。

(12)系図には明治二年己巳孟夏とある。

(13)上野利三「『百済王三松氏系図』の史料価値について―律令時代帰化人の基礎的研究―」慶應義塾創立125年記念論文集慶應法学会政治学関係所収。一九八三年

三松俊経氏所蔵系図は藤本孝一氏によって史料紹介されている。

(14)藤本孝一『三松家系図』―百済王系譜―　平安博物館研究紀要第7輯所収。財団法人古代學協會。一九八二年

なお、上野利三氏によるともう一本、三松吉胤氏所蔵本があるとするが、その内容については実見できないので、今は考察の対象外としておく。

上野利三　注(13)論文。

(15)上野利三　注(13)論文。従って、上野氏は三松俊雄、俊経、吉胤氏の写本の原本がそれぞれ別個のものであったと考えておられる。

(16)藤本孝一　注(14)論文。藤本氏は、俊経氏所蔵の系譜は「栗原が見たものの写しであった」とされる。

(17)この『三松家由来記』が明治四年に著されたことは、「淡海の朝の贈正広参百済王禅広六世孫百済王俊哲より、本居を去ず三十六世、千有余年の間、交野の末に御代の光りを仰ぐ俊明なり、孫等がために、後の世の嘲りをもかえりみず、つたなき筆して誌置きぬ、時に大君の御代あきらかにおさまるという四の年の神奈月後の七日にかいつけ終ぬ」とあるところから判明する。従って栗原信充が明治三年閏十一月二十八日、京都で死亡しているところから『三松家由来記』の内容を栗原が考証に採用し得ないはずであるが、考証に際しては六国史等諸文献のみならず、三松家の由来を俊明から聞き、参考にしたと考えることはあながち的はずれな推論とは言えまい。

(18)日本古典文學大系『日本書紀』においては、その所在地を「河内志・通証等は和名抄の河内国錦部郡百済郷で今の大阪府河内長野市太井の地とするが、地名辞書は大和国広瀬郡の百済(奈良県北葛城郡広陵町百済)とする。」と注する。

日本古典文學大系『日本書紀』下　敏達天皇即位前紀頭注九　岩波書店。一九六五年
(19)『枚方市史』第二巻第三編古代の枚方地方第二章律令制下の枚方地方第一節大化改新と壬申の乱　98頁　一九七二年
(20)藤沢一夫　注(4)論文。
(21)三個出土した。
(22)三宅俊隆「百済寺南遺跡」地域文化誌『まんだ』第九号　一九八〇年
三宅俊隆「百済寺南遺跡」『枚方市文化財年報』Ⅰ所収。財団法人枚方市文化財研究調査会。一九八〇年
なお、同遺跡からは、火葬用の施設かと考えられる長方形状焼土壙(約八〇×六〇×三〇センチ、焼土壁の厚さ約二〜三センチ)が発掘され、内に炭や灰が多量に残存していたという注目すべき報告もなされている。
宇治田和生「百済寺南遺跡」『枚方市文化財年報』Ⅱ所収。財団法人枚方市文化財研究調査会。一九八一年
(23)瀬川芳則『枚方市史』第十二巻考古編第五節古代の遺跡二飛鳥・奈良時代の寺院　百済寺南遺跡　138頁　一九八六年
(24)岡本敏行「渡来氏族と仏教—百済王氏と其の氏寺」龍谷史壇第79号所収。一九八一年
(25)吉田東伍『大日本地名辞書』上巻　河内北河内郡山田郷の項。309頁　冨山房。一九〇七年
(26)太田　亮『姓氏家系大辞典』第三巻ナ—ワ　6299頁　角川書店。一九六三年
(27)『枚方市史』第二巻第三編古代の枚方地方第二章律令制下の枚方地方第四節枚方地方の氏族　173頁　一九七二年
(28)錦部郡には余部郷、百済郷のみである。
(29)関　晃『帰化人』至文堂。一九六六年
(30)北山茂夫「大化改新」『日本古代政治史の研究』所収。岩波書店。一九五九年
『柿本人麻呂』岩波新書869　岩波書店。一九七三年
「近江朝における宮廷文化の様相」『続萬葉の世紀』所収。東京大学出版会。一九七五年
直木孝次郎「宴げと笑い—額田王登場の背景—」『夜の船出—古代史からみた萬葉集—』所収。塙書房。一九八五年
(31)『枚方市史』第二巻第三編古代の枚方地方第二章律令制下の枚方地方第四節枚方地方の氏族　174〜175頁　一九七二年
養老二年藤原不比等が律令を編纂した際、その企てに参加したと考えられる人物に、正六位上矢集宿禰虫麻呂、従七位下塩屋連吉

麻呂、従六位下陽胡史真身、従七位上大倭忌寸小東人、正八位下百済人成がいる（養老六年二月二十七日条において彼らは功田を与えられている。）。さらに、天平寶字元年十二月九日の功田に関する記載にも、正五位上大和宿禰長岡、従五位下陽胡史真身、外従五位下矢集宿禰虫麻呂、塩屋連古麻呂、正六位上百済人成の名があげられ、大倭忌寸小東人＝大和宿禰長岡、塩屋連吉麻呂＝塩屋連古麻呂は同一人と考えられるところから、同律令編纂に与ったものは、矢集虫麻呂、陽胡真身、大和長岡、塩屋吉麻呂、百済人成の五人となる。しかるに、天長三年明法博士の額田今足が『令義解』を撰定すべきことを上奏した解状に、不比等が勅を奉じて律令を刊修して十巻とした際、大和長岡、陽胡真身、矢集虫麻呂、塩屋古麻呂、山田連白金らが手伝ったと記され、百済人成にかわり山田連白金の名が記されている。かかるところから、百済人成が山田史の姓を賜り銀と改名した可能性が高い（天平寶字元年十二月九日条の百済人成が正六位上であり、同二年七月六日条の銀も正六位上である。）。

(32) 注記する他は『続日本紀』の記載による。

(33) 『寧樂遺文』下巻　家傳下885頁

(34) 『寧樂遺文』上巻　255頁
『大日本古文書』巻二　132頁

(35) 『寧樂遺文』上巻　222頁
『大日本古文書』巻二　107頁

(36) 『萬葉集』巻第十七　四〇一五

(37) 『萬葉集』巻第二十　四二九四

(38) 『萬葉集』巻第二十　四三〇四
歌の詞書に「同月廿五日、左大臣橘卿、宴二于山田御母之宅一歌一首」とあり、歌を記した後、「右一首、少納言大伴宿祢家持、矚二時花一作。但未レ出之間、大臣罷レ宴、而不二擧誦一耳。」とある。

(39) 長屋王邸跡出土木簡に「山田先生申出甥万呂佐官大夫椽綿附神安万呂衣進出角山君安万呂□□□少上」とあり、長屋王邸が文人の集う場であったことを証明するものとなった。朝日新聞。一九八九年　六月二十四日附朝刊。

(40)『懐風藻』日本古典文學大系69　補注52　458頁　岩波書店。一九六四年

(41)『本朝皇胤紹運録』にも養老二年戊午降誕とある。『群書類従』第五輯系譜部所収。續群書類従完成會。一九三〇年

(42)天平勝寶六年三月。

(43)『新撰姓氏録』河内國皇別

(44)茨田堤は『大日本地名辞書』に「枚方より東生郡野田村に至るまで凡七里」としており、『河内志』には、「茨田故堤自二伊加賀一歴二太間一至二池田村一故堤僅残」とあり、『日本書紀』仁徳天皇十一年冬十月条にも「掘二宮北之郊原一、引二南水一以入二西海一。因以號二其水一曰二堀江一。又將レ防二北河之澇一、以築二茨田堤一。」とある如く、淀川の防堤の目的をもってなされたものであることが判明する。

吉田東伍『大日本地名辞書』上巻　河内國北河内郡　314頁　冨山房。一九〇七年。

復刻『日本古典全集』地誌風俗3『五畿内志』下巻　418頁　現代思潮社。一九七八年

日本古典文學大系『日本書紀』上　同条頭注二〇　393頁　岩波書店。一九六七年

(45)『枚方市史』第二巻第三編古代の枚方地方第一章大化前代の枚方第五節枚方地方の氏族　82頁　一九七二年

(46)日本古典文學大系『日本書紀』上　仁徳天皇十三年秋九月条頭注二二　395頁　岩波書店。一九六七年。注(45)

(47)『日本書紀』によると継体天皇は樟葉宮で即位したことになっている。

(48)『日本書紀』天武天皇十三年十二月戊寅朔己卯条。

(49)注記する他は『続日本紀』の記載による。

(50)『大日本古文書』巻一　623頁　628頁

(51)『大日本古文書』巻八　369頁

(52)『大日本古文書』巻八　466頁

(53)『大日本古文書』巻二　399頁

(54)『寧樂遺文』下巻　745頁

『大日本古文書』巻二　523頁

『大日本古文書』巻九　225頁

(55)『東南院文書』巻三　97頁
(56)『大日本古文書』巻廿四　604頁
(57)『萬葉集』巻第二十　四三五九
(57)『寧樂遺文』下巻　642頁
『大日本古文書』巻四　114頁
(58)『続日本紀』天平十五年六月丁酉条。「従五位下藤原朝臣許勢麻呂爲㆓中宮亮㆒。」
(59)天平十七年四月中宮亮従五位上として中宮職解に署がある。『大日本古文書』巻二　398頁
(60)『尊卑分脈』による。なお、『公卿補任』は三男とするが、いずれにしても仲麻呂の弟であることは確かであろう。
(61)北山茂夫「天平末葉における橘奈良麻呂の變」『日本古代政治史の研究』所収。岩波書店。一九五九年
(62)直木孝次郎「天平十六年の難波遷都をめぐって」『飛鳥奈良時代の研究』所収。塙書房。一九七五年
(63)岸　俊男『藤原仲麻呂』人物叢書153　吉川弘文館。一九六九年
(64)これらを完成させるには有力官人、地方豪族の力量に頼む所が多く、彼等と妥協する必要性が潜在したと考えられる。
(65)本書第二章「聖武天皇難波行幸と百済王氏」
天平十六年九月の巡察使派遣に際し、正五位下百済王全福が山陰道使に任ぜられているが、私は、この政策が地方の班田農民の分解及び官人への隷属に対する改善を目的とし、大仏造営に結集させる意図をもったものではないかと考えており、東海道使に藤原仲麻呂の腹心とされる石川朝臣年足が任ぜられているところから仲麻呂の政策ではないかと想定している。
(66)注(61)論文
(67)和田　萃「河内の古道」『探訪古代の道』第三巻河内みち行基みち所収。法蔵館。一九八八年
(68)そもそもこの三島の地が藤原氏と深い関係を有していたと考えられることは、『日本書紀』皇極天皇三年春正月乙亥朔条に「以㆓中臣鎌子連㆒拜㆓神祇伯㆒。再三固辭不㆑就。稱㆑疾退居㆓三嶋㆒」とあり、また、『家傳』上にも「及岡本天皇《（舒明）》御宇之初、以良家子簡授錦冠、令嗣宗業、固辭不受、歸去三島之別業」とあるところから皇極、舒明朝という相違はあるものの三島に鎌足の地盤があったことはほぼ確認し得るところである。また、阿武山古墳を鎌足の墓に比定しようとする説(『蘇った古代の木乃伊』―藤原鎌足―小

学館一九八八年）のあることもかかる史料を基盤としている。従って、藤原仲麻呂と三島地方居住氏族との関わりを究明するにあたっては、かような歴史的背景が厳として存在していたことを認識すべきであろうが、しかし、この事実をもってして仲麻呂と三島居住氏族の関係に密なるものがあったとするが如き論述は非歴史的考察として避けねばならないであろう。即ち、そこにおいては個々の氏族と仲麻呂との関係を検討する必要が生じてくるのである。

(69) 酒の貢献については、天平八年の『摂津国正税帳』にこの年の支出の一つとして「縣醸酒」があげられており、県主がその職掌の一つとして行っていた貢献が律令時代まで遺制として存在したものと考えられ、また、氷貢献については、高槻市内に氷室の地名が存在するところから想定できる。

『大日本古文書』巻二　9頁

『島本町史』第三章古代の島本第一節大化以前の島本　112頁　島本町役場。一九七五年

(70) 平林章仁「中臣氏のホームグランド『三島』」『歴史読本』一九八八年四月号所収。新人物往来社。

三島鴨神社が島上郡域に入るところから、高槻市赤大路の鴨明神にあてようとする説も存在する。

(71) 天坊幸彦『上代浪華の歴史地理的研究』大八洲出版。一九四七年

(72) 三嶋縣主石積　天平十年頃の官人歴名に東史生、正八位上とみえる。

『大日本古文書』巻廿四　84頁

三嶋縣主岡麻呂　天平勝寳八年五月善光印一切経の大威徳陀羅尼経巻十の奥書に、大初位とあり、これを書写した。また、天平寳字三年九月中阿含経巻四十二、四十九の奥書に、散位大初位上とあり、同じく書写した。

『日本写経綜鑑』136～138頁

三嶋縣主豊羽　造石山院所労劇帳に、領、左大舎人、少初位上で、摂津国人とあり、その姓は県主とみえる。

『大日本古文書』巻五　274頁　巻十五　238頁

三嶋縣主廣調　摂津国嶋上郡の人。神護景雲三年二月二十二日姓宿祢を賜った。時に正六位上。

『続日本紀』神護景雲三年二月辛酉条

三嶋縣主百兄　天平寶字二年九月東大寺写経所の経師で、文部省書生、従八位上とみえる。

『大日本古文書』巻四　304頁　巻十四　31頁
『日本古代人名辞典』第六巻を参照した。　吉川弘文館。　一九七三年

(73)『大日本古文書』巻四　208頁
『東南院文書』巻二　348頁

(74) 正倉院蔵『東大寺開田図』

(75)『新撰姓氏録』

右京神別上

三島宿禰　神魂命十六世孫建日穂命之後也。

山城國神別

賀茂縣主　神魂命孫武津之身命之後也。

鴨縣主　賀茂縣主同祖。神日本磐余彦天皇諡神武。欲レ向二中洲一之時。山中嶮絶。跋渉失レ路。於レ是。神魂命孫鴨建津之身命。化レ如二大烏一翔飛奉レ導。遂達二中洲一。天皇嘉二其有一レ功。特厚褒賞。天八咫烏之號。從レ此始也。

(76)『京都府の歴史』県史シリーズ26　赤松俊秀、山本四郎編著　山川出版社。　一九六九年

(77) なお、岡田精司氏は、佐伯有清氏の説だとして賀茂縣主が京都北部にいた古い豪族であるとされ、賀茂縣主が朝廷につかえる様になってから「賀茂と共通するカモの地方をたどっていっ」た結果、『風土記』逸文が形成されたとされ、その証拠として葛城の鴨神社に賀茂建角身命が祀られていないことをあげておられる。今、かかる所論に対し、コメントする何ものをも有さないが、ただこの様な系統を有する文を作成した背景には擬制的にせよ、賀茂朝臣氏と賀茂縣主が同一氏族であるとする体制が成立していたと考えられるのではなかろうか。

岡田精司「賀茂の神話と祭り」『京の社（やしろ）』神々と祭り所収。人文書院。　一九八五年

(78)『続日本紀』天平勝寶元年八月辛未条。　本官は左兵衛率。

(79)『東大寺要録』巻第二供養章第三天平勝寶四年四月九日条。

(80)『大日本古文書』巻四　119頁

(81)『寧樂遺文』下巻　455、446頁
『大日本古文書』巻四　171、175頁
しかし、かかる関係であったにもかかわらず、天平寶字元年七月の橘奈良麻呂の陰謀に荷担し、窮問の杖下に死した。
(82)直木孝次郎「複姓の研究」『日本古代国家の構造』所収。青木書店。一九五八年　219頁、223頁
(83)『茨木市史』第二章律令時代の茨木第三節律令制下の氏族と寺院
本文の執筆者の明示はないが、編纂委員に藤沢一夫氏の名がある所からすると、同氏執筆にかかるものであろう。
(84)発見された墓誌には「武内宿禰命子宗我石川宿禰命十世孫従三位行左大辨石川石足朝臣長子御史大大正三位兼行神祇伯年足朝臣、當平成宮御宇天皇之世、天平寶字六年歳次壬寅九月丙子朔乙巳、春秋七十有五、薨于京宅、以十二月乙巳朔壬申、葬于攝津國嶋上郡白髪郷酒垂山墓禮也、儀形百代、冠盖千年、夜臺荒寂、松栢含□、嗚呼哀哉」とある。『寧樂遺文』下巻　976頁　977頁
(85)岸　俊男　注(63)著書。
野村忠夫「奈良時代の政治過程」岩波講座『日本歴史』古代3　所収。岩波書店。一九七六年
(86)奥田　尚　注(9)著書。
(87)直木孝次郎「平城遷都と駅の新設」注(62)著書所収。
(88)『島本町史』、『高槻市史』ともに交通の要衝の地であったことに重点をおいている。
『島本町史』第三章古代の島本第二節律令制下の島本　136頁　島本町役場。一九七五年
『高槻市史』第一巻本編Ⅰ第二章律令体制と三島Ⅲ古代の高槻第三節律令体制下の三島　385頁　高槻市役所。一九七七年
(89)足利健亮「平安時代初期の山陽道」『探訪古代の道』第二巻都からのみち　所収。法藏館。一九八八年
(90)この猪名部氏は、『日本書紀』応神天皇三十一年秋八月条より判明する如く、新羅からの渡来木工集団であり、大仏造営に関与した大工猪名部百世も一族の可能性を有する。
岸　俊男　注(63)著書。
なお、猪名部氏と行基の関係については千田稔、吉田靖雄氏などの論及がある。
千田　稔「行基の事業と地理的「場」」『探訪古代の道』第三巻河内みち行基みち　所収。法藏館。一九八八年

吉田靖雄『行基と律令国家』古代史研究選書　吉川弘文館。一九八七年

（91）河辺郡猪名所地図奥書に水無瀬庄絵図と同様摂津職少属正七位下として穂積臣牛養が職判を加えていることも両者の関係を推測する上で注目すべきことであろう。

『大日本古文書』巻四　208頁

『東南院文書』巻二　348頁

（92）『東南院文書』巻三

（93）『島本町史』注（88）。

なお、奥田尚氏は、新羅江庄、安宿王地→（淀川）→水無瀬庄→（淀川、木津川）→泉津（京都府相楽郡木津町に比定）→（陸路）→東大寺という物資の輸送路を想定しておられる。奥田　尚　注（9）著書。

（94）『大日本古文書』巻四　224頁

（95）『続日本紀』天平勝寶二年三月庚子条。

（96）『東大寺要録』巻第二供養章第三天平勝寶四年四月六日条。

（97）『続日本紀』天平勝寶四年五月辛未条。

第五章　藤原仲麻呂政権下の百済王氏

はじめに

聖武、孝謙、淳仁各天皇の在位期間は奈良時代においても特に激動の時代であった。この時期に入ると律令体制の諸矛盾が露呈し、それに加えての政治権力を巡る闘争は勢力の興亡を引起す結果となった。とりわけこの間、光明皇后に庇護を受け、大仏造営を契機として着実に勢力を伸張させてきた藤原朝臣仲麻呂は従来の橘諸兄政権と対立し、その勢力を崩壊させ、自己の権力を確立していった。

かかる過程において、各氏族が藤原朝臣仲麻呂といかなる関係を有し、行動を起こしたのかを追究することはその氏族の性格を見極め、さらには奈良時代史の一面を捉えることをも意味しよう。かような観点から渡来氏族を考察の対象とするとき、石母田正氏（1）が天平勝寶年間にはじまる渡来人への無制限な賜氏姓が「仲麻呂政権の意識的な基盤の拡大を示すものであった」とされている如く、仲麻呂の渡来人政策には注目すべき点があるものの、その政策を包括的に捉え、概念化し去ることもまた避けねばならない。即ち、そこにおいても渡来人個々の氏族と仲麻呂との関わりを究明することにより、氏族の特性（2）を追究していかねばならぬことは言を待たない。以下私は、百済王氏と仲麻呂との関係を考察することにより、奈良時代における渡来人の歴史への関わりの一面を捉えてみたい。

(一)

天平勝寶元年七月、聖武天皇は皇太子阿倍内親王に譲位した。孝謙天皇の即位である。それはこの年四月の百済王敬福による黄金の貢献が聖武天皇の画した一大事業である大仏造営の最大の障害となっていた黄金の不足を解消せしむる契機となり、完成のめどがついたことと、天平十七年八月難波宮行幸時に発病し、九月には「天皇不豫」（3）とまで記されている如く、重態に陥った後の体調が一進一退を繰り返していたためであろう。この孝謙天皇の即位を機に太政官首脳部が充実（4）され、

左大臣　正一位　橘宿祢諸兄
右大臣　従二位　藤原朝臣豊成
大納言　従二位　巨勢朝臣奈弖麻呂　正三位　藤原朝臣仲麻呂
中納言　正三位　大伴宿祢牛養　従三位　石上朝臣乙麻呂　従三位　紀朝臣麻呂
　　　　正四位上　多治比真人広足
参　議　正四位下　大伴宿祢兄麻呂　従四位上　橘宿祢奈良麻呂
　　　　従四位下　藤原朝臣清河

といった布陣で政局を運営することとなった。構成人員に有力氏族が網羅されており、あるいはここに聖武太上天皇の

意向が反映されていたのかもしれない。光明皇后との関係で勢力を伸張してきた仲麻呂は大納言に過ぎずその政治的活動に制約を受けることは明らかである。しかし、仲麻呂はただ単にこの事態を静観していたわけではない。同年八月十日、光明皇太后の皇后宮職が拡大され、唐風に紫微中台と改称され、その長官紫微令に仲麻呂が就任したのである。この紫微中台が太政官を抑え実質的権力を有していたことについては、先学の指摘（5）によって明らかであり、事実これ以降の仲麻呂の政権は紫微中台を基盤としていた。この紫微中台の成立時の構成人員は、

令　正三位　藤原朝臣仲麻呂（本官→大納言）
大弼　正四位下　大伴宿祢兄麻呂（本官→参議）
　　従四位上　石川朝臣年足（本官→式部卿）
少弼　従四位下　百済王孝忠　　従四位下　巨勢朝臣堺麻呂（本官→式部大輔）
　　従四位下　背奈王福信（本官→中衛少将）
大忠　正五位上　阿倍朝臣虫麻呂　　正五位下　佐伯宿祢毛人（本官→伊予守）
　　正五位下　鴨朝臣角足（本官→左兵衛率）　　従五位下　多治比真人土作
少忠　外従五位上　出雲臣屋麻呂　　外従五位下　中臣丸連張弓（本官→衛門員外佐）
　　外従五位下　吉田連兄人　　外従五位下　葛木連戸主

であり、反仲麻呂派と目される大伴、鴨、多治比の旧勢力及び有力渡来氏族を包含していた。この構成員に少弼として百済王孝忠が任ぜられていることは、仲麻呂と百済王氏の関係を考える上で重要である。かかる任用は第二章（6）で述べた如く、大仏造営事業を媒体とした仲麻呂と百済王氏との関係から派生したものと考えるべきであろうが、その任用は短く、翌天平勝寶二年三月十二日には出雲守に転出している。この転出が仲麻呂との関係の変化に伴うものでなかったことは、同年五月十四日百済王敬福が宮内卿（7）に任ぜられ、さらに河内守を兼務（8）していることからも推定できる。

しかし、この敬福も天平勝寶四年五月二十六日、中央を離れ常陸守に就任している。かような地方官任用について森郁夫氏（9）は、敬福の例をあげられ、彼が歴任した国々のうち出雲を除き国分寺の瓦に畿内系のものが使用されていることに注目され、国分寺造営の準備の為に派遣された可能性のあることを指摘されている。そもそも国分寺の創建が光明皇太后の強い働きかけ（10）によってなされており、光明皇太后と仲麻呂、仲麻呂と百済王氏の関係を考えると百済王氏がその一翼を担うことはあり得べきことであり、この地方官就任を積極的に評価すべきであろう。

さて、仲麻呂による紫微中台の設置により左大臣橘宿祢諸兄を首班とする太政官政治は空洞化され、参議になったばかりの息、橘宿祢奈良麻呂はいよいよ仲麻呂に対する反感を募らせるに至った。奈良麻呂による仲麻呂打倒計画は着々と進められていたが、機はまだ十分には熟していなかった。

一方、大仏造営事業は種々の工程を経て天平勝寶四年蓮座の鋳造が始まり、三月には最後の鍍金にかかるまでに進捗していたが、それが終了しない段階の四月九日、大仏開眼の法会が盛大に催された。聖武太上天皇の健康が前年末から特に思わしくなかったからである。『続日本紀』は開眼の儀について（11）「佛法東歸。齋會之儀。未三嘗有二如レ此之盛一也。」と記しているが、この儀を挙行するに際し、四月六日、百済王孝忠が兵士二百人を率い左鎮裏京使（12）の任に就いているのは、百済王氏が大仏造営事業の過程で仲麻呂との関係を深めたことを考えたとき、きわめて象徴的な任用であった。かように大仏開眼供養会は盛大に挙行されたが、いみじくも橘宿祢奈良麻呂が「造二東大寺一。人民苦辛。氏々人等。亦是爲レ憂。」（13）と述べている如く、社会世情の不安は覆い難く、『続日本紀』の同年八月庚寅条には、「捉二京師巫覡十七人一。配二于伊豆。隱伎。土左等遠國一。」とある。かかる状況の鎮圧を目的としたものでもあろうか、十月五日には常陸守従三位百済王敬福が撿習西海道兵使に任ぜられている。おそらくは仲麻呂の推挙によるものであろう。さらに仲麻呂による敬福任用はそれのみにとどまらず、『続日本紀』天平神護二年六月壬子条の敬福薨伝によると左大弁に任ぜられていることが判明する。しかし、本文には任用記載が欠如しており、その時期は明確にし難いものの、私は、敬福の薨伝の任官記載からある程度の推測は可能ではないかと考える。今、『続日本紀』の本文の任官記載と薨伝のそれを比較表示（14）すると次の如くになる。

年月日	『続日本紀』本文	薨伝
天平勝寶二年五月八日	宮内卿	宮内卿俄かに河内守を加えられる。（補任年月日記載なし。）
天平勝寶四年五月二十六日	常陸守	常陸守（天平勝寶四年。）
		左大弁（補任年月日記載なし。）
天平勝寶四年十月五日	撿習西海道兵士（常陸守）	
天平寶字元年六月十六日	出雲守	出雲守（補任年月日記載なし。）
天平寶字三年七月三日	伊豫守	讃岐守（補任年月日記載なし。）
天平寶字七年正月九日	讃岐守	伊豫守（補任年月日記載なし。）
天平神護元年二月頃か	刑部卿	刑部卿（天平神護の初め。）

かように対比してみると薨伝の任官順序において伊豫守と讃岐守との前後の誤りはあるものの、きわめて正確に記載されていると判断される。従って、薨伝の左大弁任用記載が常陸守と出雲守任用記載の間にあるところから、ごく大まかに捉えると、天平勝寶四年十月五日以降、天平寶字元年六月十六日以前のある時期とすることができるが、さらに限定すべく『続日本紀』本文から左大弁任用記載を抽出すると以下の如くになる。

天平十三年秋七月辛亥条

従四位上勲十二等巨勢朝臣奈氏麻呂爲二左大辨兼神祇伯春宮大夫一。

天平勝寶六年夏四月庚午条

従四位上大伴宿祢古麻呂爲二左大弁一。

さらに、『公卿補任』をも援用し考察するとき、次のことが確認できよう。

㊀参議巨勢朝臣奈氏麻呂は、『公卿補任』天平二十年条によると三月一日、正三位に叙され「停左大辨」とあるものの『続日本紀』にその後任の記載が見出せない。

㊁『公卿補任』天平勝寶三年条は、参議石川朝臣年足が正月七日、左大辨の兼務を命じられたとするが『続日本紀』天平勝寶三年夏四月丙辰条には「遣二參議左中弁従四位上石川朝臣年足等一。奉二幣帛於伊勢太神宮一。」とあり、矛盾が認められる。史料価値よりして『続日本紀』に従うべきであろう。

㊂『続日本紀』天平寶字元年六月壬辰条によると、百済王敬福が出雲守に任ぜられているが、同日「左大弁正四位下大伴宿祢古麻呂爲二兼陸奥鎮守将軍一。」とあり、この時点まで大伴宿祢古麻呂が左大弁であった。

以上のところから私は、敬福が常陸守であることを最後に確認し得る天平勝寶四年十月五日以降そう遠くない時期より天平勝寶六年四月五日以前に限定できると考える。しかも、その時期は㊁で言及した如く、天平勝寶三年四月四日以降、天平勝寶五年九月二十八日に大宰帥に任用されるまでの間、仲麻呂の「腹心的な律令官人」(15)の石川朝臣年足が左中弁を兼務していた時期と重なっており、仲麻呂と百済王氏の関係の親密度を示唆するものとすべきであろう。かかる考察よりすれば、少なくとも天平勝寶六年の初め頃までは仲麻呂と百済王氏の関係は良好であったとみなし得るのである。

(二)

しからば、この関係はいかに推移したであろうか。私は、かかる仲麻呂と百済王氏の関係の変化は天平勝寶六年にあったのではないかと考える。即ち、藤原朝臣豊成の息、藤原朝臣継縄と百済王明信との婚姻の成立である。それではその成立時期を天平勝寶六年と推定し得るであろうか。その点に関して私は、百済王理伯の存在に留意したい。即ち、百済王理伯は百済王敬福の子で百済王明信の父親にあたるが、その彼の『続日本紀』における初見は、天平勝寶六年二月十三日の正六位上から従五位下への昇叙の記載であり、それから二ヵ月ほど後の四月五日には摂津亮に任じられているのである。その任用自体は官位相当の制(16)によったものとすべきであるが、私は、この昇叙及び任官が天平勝寶六年になされていることに注目したい。それは、時の右大臣藤原朝臣豊成家との姻戚関係の成立から派生したものと考えられるからである。即ち、『公卿補任』は藤原朝臣継縄と百済王明信との間の子、藤原朝臣乙叡の誕生を天平勝寶七年丙申とし、その死を大同三年(17)(四十八歳)としているのであるが、大同三年四十八歳で薨じたとすると、その誕生は天平寶字三年頃とせねばならず矛盾をおこしている。しかし、ここで注目すべきは、『公卿補任』が天平勝寶七年誕生説を採っていることであろう。それは、天平勝寶六年に継縄と明信との婚姻(18)が成立していたことを踏まえて書き記された可能性を有するからである。かように私は、天平勝寶六年に継縄と明信の婚姻が成立したものと考えるが、その成立時期は敬福が左大弁を免ぜられた時期と軌を一にしており、事あれば兄、右大臣豊成を排除せんとしていた仲麻呂と百済王氏との関係に大きな変化をもたらす契機となったと考えられる。以下の叙述においてそれに関する究明を試みたい。

さて、仲麻呂の専制支配体制は着々と実施に移されつつあったが、天平勝寶五年三月三十日、大納言巨勢朝臣奈氏麻呂が薨じたことは、左大臣橘宿祢諸兄と仲麻呂との対立(19)を一層激化させる要因となった。そのバランスが崩れる上での引き金となったのは、天平勝寶七歳十一月聖武太上天皇が不豫のときに飲酒の席で諸兄が「言辞无レ礼。稍有二反状。」(20)といった状況であったと諸兄の祇承人佐味宮守が密告した事件であった。聖武太上天皇はこれを不問に付したが、かかる密告を知り、諸兄は翌天平勝寶八歳二月二日致仕することを願い出、許された。この事件の原因となった密告の内容が事実か否かは判然とせず、仲麻呂の陰謀であった可能性もあるが、この結果、右大臣豊成と大納言仲麻呂の二兄弟が政治指導者として存在することとなった。かような政治状況下における豊成、百済王氏と仲麻呂との関係を推測させると考えられる史料を次に検討したい。聖武太上天皇の葬儀委員の構成メンバーがそれである。今、仲麻呂政権におおきなウエートを占めていた光明皇太后のそれと比較表示すると以下の如くになる。

	聖武	光明
御装束司	従二位　藤原朝臣豊成 従三位　文屋真人珍努 　　　　藤原朝臣永手 正四位下　安宿王 従四位上　黄文王 正四位下　橘朝臣奈良麻呂 従四位下　多治比真人国人 従五位下　石川朝臣豊成	三品　船親王 従三位　藤原朝臣永手 従三位　藤原朝臣弟貞 従四位上　藤原朝臣御楯 従四位下　安倍朝臣嶋麻呂 従四位下　藤原恵美朝臣久須麻呂等 　　　　十二人

山作司	従三位	多治比真人広足	三品	池田親王
	従三位	百済王敬福	従三位	諱（光仁）
	正四位下	塩焼王	従三位	文室真人智努
	従四位下	山背王	従三位	氷上真人塩焼
	正四位下	大伴宿禰古麻呂	正五位下	市原王
	従四位上	高麗朝臣福信	正四位上	坂上忌寸犬養
	正五位上	佐伯宿禰今毛人	従四位下	佐伯宿禰今毛人
	従五位下	小野朝臣田守	従四位下	岡真人和気等十二人
	従五位下	大伴宿禰伯麻呂		
造方相司	外従五位下	大蔵忌寸麻呂	任命なし	
養役夫司	従五位下	佐味朝臣広麻呂	従五位下	大蔵忌寸麻呂
	従五位下	佐々貴山君親人	外従五位上	毛野公真人
前後次第司	任命なし		従三位	氷上真人塩焼
			従三位	諱（光仁）
			正五位下	石川朝臣豊成
			従五位下	大原真人継麻呂等

この表から聖武太上天皇のメンバーが後の橘奈良麻呂の乱の主役奈良麻呂を含む反仲麻呂の勢力が多数を占めており、光明皇太后のメンバーにおいては、逆に仲麻呂派が多数を占めていることが指摘できよう。かかる任用が死去した皇族と氏族との親近関係を示す上での一つの指標であり、勢力関係をもあらわすものであるとすれば、聖武太上天皇のメンバーに藤原朝臣豊成及び百済王敬福が含まれており、光明皇太后の際には共に任用されていないことは注目に値する。

このことは、天平勝寶八歳五月の聖武太上天皇が崩じた時点において仲麻呂にとって豊成と敬福が既に一体のものとして捉えられていたことを示唆している。かような認識が藤原朝臣継縄と百済王明信との婚姻に起因することは明確である。私は、既にこの時点において仲麻呂と百済王氏の関係はかなり離反したものになっていたと考える。

一方、致仕に追い込まれた橘宿祢諸兄の息、奈良麻呂はいかなる行動をおこしたのであろうか。奈良麻呂の仲麻呂に対するクーデター計画がかなり以前から練られていたことは、次の史料から窺うことができる。

㈠天平十七年難波宮で聖武天皇が重態に陥ったとき、奈良麻呂が佐伯全成に対し「陛下枕席不レ安。殆至二大漸一然猶無レ立二皇嗣一。恐有レ變乎。願率二多治比國人。多治比犢養。小野東人一。立二黄文一而爲レ君。以荅二百姓之望一。大伴佐伯之族随二於此擧一前將レ無レ敵。」[21]と述べた。

㈡天平勝寶元年十一月、孝謙天皇即位の大嘗会の際にも奈良麻呂が佐伯全成に対し「前歳所レ語之事。今時欲レ發。如何。」[22]と述べた。

㈢天平勝寶八歳四月、佐伯全成が黄金を持って入京した折、奈良麻呂とともに大伴古麻呂と会したが、その際、奈良麻呂が「願率二大伴佐伯宿祢一。立二黄文一而爲レ君。以先二他氏一。爲二万世基一。」[23]と述べた。

かように奈良麻呂から佐伯全成に対し働きかけがなされているものの三度とも全成の拒否にあっている。特に父の致仕は仲麻呂打倒のクーデター計画をさらに強く決意させたであろう。しかも、何らかの形で仲麻呂の行動に制約を加えていたと考えられる聖武太上天皇が天平勝寶八歳五月二日崩御し、即日遺詔によって新田部親王の子、道祖王が皇太子に立てられたものの翌天平寶字元年三月二十九日、「身居二諒闇一。志在二淫縱一。雖レ加二教勅一。曾无二改悔一。」[24]という理由で廃され、四月四日大炊王の立太子をみた。大炊王は天武天皇の子舎人親王の第七子であるが、仲麻呂の亡男真従の婦、粟田諸姉を妻とし仲麻呂の田村第に起居していたのであるから仲麻呂の政略によることは明確である。事ここに至って事態は決定的段階にきていた。しかも一月六日、奈良麻呂の父、前左大臣橘諸兄は失意の中に世を去っていた。奈良麻呂を首謀者とした密会が度々行われ、七月二日の夜に挙兵ということで決定をみた。その計画に参加した者は『続日本紀』によると道祖王、黄文王、大伴古麻呂、多治比犢養、小野東人、賀茂角足らであった。しかし、奈良麻呂らの動向は密告によりことごとく仲麻呂側に探知されていた。仲麻呂はそれに対応するかの如く、紫微内相という資格で全兵力を掌握し、さらに孝謙天皇は奈良麻呂らに対して牽制を試みたが何らの効果をもあげ得ず、ついに七月二日当日仲麻呂は反対派王臣らを一斉に検挙した。その取調べは苛酷をきわめ、七月四日、黄文王、道祖王、大伴古麻呂、多治比犢養、小野東人、賀茂角足らは並びに杖下に死した。ここに奈良麻呂の名が見えないが、当然何らかの形で処刑されたものと思われる。

さて、この苛酷をきわめた取調べを担当したのが大宰帥船王と他ならぬ百済王敬福ら五人であった。敬福は、六月十六日出雲守に任ぜられており、既述の如き仲麻呂との関係の変化を考慮におく時、仲麻呂が敬福を取調べ官に任ずる必然性は全くなかったとすべきである。その点に関して私は、『続日本紀』天平寶字元年七月戊申条の記載に注目したい。即ち、そこには「去六月。右大弁巨勢朝臣堺麻呂密奏。爲レ問二藥方一。詣二荅本忠節宅一。忠節回語云。大伴古麻呂告二小野東人一云。有二人欲一レ刼二内相一。汝従乎。東人荅云。従レ命。忠節聞二斯語一。以告二右大臣一。大臣荅云。大納言年少也。吾加二教誨一宜レ莫レ殺之。」とあり、機会があれば兄豊成を中傷、排除しようと狙っていた仲麻呂にとって恰好の理由づけを伴う密告を得たことを意味した。天平寶字元年七月九日、中納言藤原朝臣永手、左衛士督坂上忌寸犬養等は右大臣豊成の第に赴き、その第三子藤原朝臣乙縄をクーデター計画に関与したかどで拘禁する旨の勅を言い渡し、十二日には日向員外掾に左遷した。乙縄と奈良麻呂の仲がよかったことが原因であったと考えられる。しかし、事はただ単にそれのみにとどまらず、同十二日右大臣豊成は先の密告に基づき「事レ君不忠。爲レ臣不義。私附二賊黨一。潜忌二内相一。知レ搆二大乱一。無二敢奏上一。及二事發覺一。亦不二肯究一。若怠延レ日。殆滅二天宗一。嗚乎宰輔之任。豈合レ如レ此。」(25)という理由で右大臣を廃され、大宰員外帥に左降されたが、病と称して難波の別業に引き籠り任地に赴かなかった。かかる過程は仲麻呂の策謀と考えられるが、仲麻呂の眼がただ単に豊成一家のみに注がれていたとは思えない。既述の如く、天平勝寶八歳の時点において豊成と百済王氏は一体のものとして仲麻呂にとらえられていたからである。即ち、百済王氏の百済系渡来人に対する統率力の強さは既に仲麻呂が大仏造営の過程（26）でつぶさに見たところであり、その力量には侮りがたいものがあった。豊成が奈良麻呂らのクーデター計画を知りながら傍観していることは、その計画を黙認するのみならず、百済王氏を統率者とあおぐ百済系渡来人集団のクーデターへの参加を招来する危険性を有した。私は、敬福が出雲守に任ぜられているのは、仲麻呂によって中央から遠ざけられた（27）のではないかと考える。敬福は一族の中心的存在であったからである。しからば、仲麻呂が敬福を取調べ官に任じたのは何故であろうか。私は、敬福が容疑者等に対し、いかなる態度を示すのかを仲麻呂が見極めようとしたのではないかと考える。それはとりもなおさず仲麻呂の豊成、百済王氏に対する間接的ではあるが、強烈な無言の訊問を意味したのである。ともあれ、敬福の孫である明信が豊成の息、継縄に嫁し、橘奈良麻呂のクーデターに伴い豊成の排除という結果が生じたことは、仲麻呂と百済王氏との関係に決定的な転換をもたらすこととなった。しかし、その転換は顕著な形ではあらわれてこなかった。仲麻呂が極端な百済王氏排除を実施しなかったためであるが、それは天平寶字元年四月辛巳条の「其高麗。百濟。新羅人等。久慕㆓聖化㆒。來附㆓我俗㆒。志㆓願給㆒㆑姓。悉聽㆓許之㆒。」とある如き、渡来人に対する無制限賜氏姓により渡来人の力量を自己の支配下に包摂しようとする政策に制約された面があるのではなかろうか。しかも、極端な対立関係に陥ることは百済王氏統率下の百済系渡来人の技術力、あるいは労働力等を効果的に体系化して利用できない結果を招来する恐れもあり、仲麻呂にとっては避けなければならない事態であったろう。従って、これ以降も仲麻呂による百済王氏任用は諸所の面でみられるのであるが、その実態について次に究明していくこととする。

㈢

先述した如く、橘奈良麻呂のクーデター計画を排除した仲麻呂は、さらに権力の専制化を強めたが、その過程においてとりあげられたのが蝦夷計略と新羅王朝への積極的な干渉戦争計画であった。蝦夷経略の主体は先朝からの懸案であった陸奥国桃生城、出羽国雄勝城の完成にあった。天平寶字元年奈良麻呂のクーデター計画排除後から力を注ぎはじめ、天平寶字三年九月頃ほぼこの二つの城が完成した様であり、天平寶字四年正月四日にはその論功行賞が実施されている。そこにおいて仲麻呂の息で陸奥国按察使兼鎮守将軍藤原朝獵は正五位下から一挙に従四位下に昇叙されたが、同日、出羽介正六位上百済王三忠は一階を進められている。三忠がいかなる時点において出羽介に任用されたのかについては明確にはし難いが、おそらくは東北地方に配置(28)された百済系渡来人の統率者的立場に立ち、蝦夷経略に際しての城柵の築造などに努力していたのであろう。三忠はその後、天平寶字七年正月九日には出羽守に任ぜられている。かかる任用は仲麻呂が蝦夷経略に百済王氏を積極的に利用したものとも考えられるが、反面、百済王氏の眼を蝦夷地に向けさせるという効果をも狙ったものであったのかもしれない。

しからば、一方の新羅征討計画はいかに推移したのであろうか。天平寶字二年十二月十日、遣渤海使小野田守らが帰朝して唐における安禄山の乱（七五五年）の状況を朝廷に報告した。その結果、新羅征討論が昂揚したのであるが、唐の動揺につけ込んでそれと冊封体制にあるところの新羅を討とうとしたのである。かかる計画の背後には、新羅よりの使者の派遣をあくまで朝貢と見做そうとする日本側と対等外交を求める新羅側との意識の大きなギャップがあった。日本の新羅に対する敵対感情は天平勝寶末年(29)から相当に昂まっており、しかも天平初年、仲麻呂の父、藤原武智麻呂が政権を担当していた際に新羅征討の気運が昂まったことがあり、祖先顕揚(30)を目指す仲麻呂にとってまたとない機会であった。天平寶字三年六月十八日、大宰府に行軍式を作らせ、八月六日には大宰帥船親王を香椎廟に遣わし、新羅征討の計画を神前に報告した。さらに、九月十九日には新羅征討準備として三年以内という時間的制約を持たせた声明が出され、徐々にではあるが征討計画が進められた。そして、天平寶字五年十一月十七日には厖大な兵力動員を目的とした節度使が東海、南海、西海に派遣された。その陣容は以下の如くである。

東海道

正　従四位下藤原朝臣朝獵

副　正五位下百済朝臣足人　従五位上田中朝臣多太麻呂

判官　四人

録吏　四人

官国　遠江　駿河　伊豆　甲斐　相模　安房　上総　下総　常陸　上野　武蔵　下野

船　一百五十二隻

兵士　一万五千七百人

子弟　七十八人

水手　七千五百廿人

南海道

正　従三位百済王敬福

副　従五位上藤原朝臣田麻呂　従五位下小野朝臣石根

判官　四人
録事　四人
官国　紀伊　阿波　讃岐　伊豫　土左　播磨　美作　備前　備中　備後　安芸　周防
船　一百廿一隻
兵士　一万二千五百人
子弟　六十二人
水手　四千九百廿人

西海道

正　正四位下吉備朝臣真備
副　従五位上多治比真人土作　従五位上佐伯宿祢美濃麻呂
判官　四人
録事　四人
官国　筑前　筑後　肥後　豊前　豊後　日向　大隅　薩摩
船　一百廿一隻
兵士　一万二千五百人
子弟　六十二人
水手　四千九百廿人

この任用メンバーのうち藤原朝獵、百済王敬福は蝦夷地における対蝦夷との戦いを経験しており（31）、吉備真備については軍学に通じていた。私は、ここにおいて敬福が南海道節度使に任ぜられているのは、蝦夷との実戦を経験していたこともあろうが、唐、新羅の連合軍に攻め滅ぼされた百済の王族をここに参加させることにより、一層新羅征討の気運を盛り上げ、官人の統一をはかろうとする仲麻呂の周到、綿密な配慮があったと考える。かように征討計画は着々と実現に向かいつつあったが、天平寶字六年十一月二十八日の天下群神に対する奉幣記事を最後に新羅征討計画のことは史上に見出せない。その原因については種々考えられるであろうが、仲麻呂をとりまく状況が大きく変化した（32）からであると思われる。その発端となったのは、天平寶字四年六月七日の光明皇太后の薨去である。六十歳であった。十六歳で首皇子の妃となり、やがて夫の即位、立后を経て、国分寺、国分尼寺、東大寺の建立などの推進を陰に陽に支えてきた実に波瀾に富んだ生涯であった。しかも、この光明皇太后の死は彼女一人の死にとどまらなかった。仲麻呂は既に天平寶字二年八月二十五日、太保（右大臣）となり、光明皇太后の紫微中台を離れ、太政官を基盤にその政権を樹立せんとしていたが、その最大の庇護者を失ったことは、仲麻呂政権の存続に大きな影をおとすことになった。一方、孝謙太上天皇にとって実母の死は確かに悲しい出来事ではあったろうが、反面、その存在故の規制から解放され、自己の意思を発揮し得る状況が到来したことを意味した。事実、仲麻呂政権はこの光明皇太后の死を契機として徐々にではあるが崩壊への過程を確実に歩み出すのである。即ち、天平寶字六年四月保良宮において僧道鏡が孝謙太政天皇の病気平癒をはかったところから寵愛をうけるようになったからである。そのことに対し、淳仁天皇が批判を加えたところから両者は決裂状態となり、五月二十三日、保良宮から平城帰還後、淳仁天皇は中宮院に、孝謙太上天皇は法華寺に御すという異常な状況を呈するに至った。そして六月三日、孝謙太上天皇によって決定的な宣命が宣せられた。即ち、「但政事波常祀利小事波今帝行給部。國家大事賞罰二柄波朕行牟。」（33）とするものである。この宣命の仲麻呂に与えた衝撃は想像を絶するものがあったと考えられる。何よりも淳仁天皇は仲麻呂によって擁立された天皇であったからである。新羅征討がたち消えになった国内事情とは以上の如きものであった。

さて、かような政治情勢下において、節度使の更迭が仲麻呂によってなされた可能性のあることが岸俊男氏により指摘されている。即ち、氏は『正倉院文書』の天平寶字六年十二月に「巨勢節度使」または「己西節度使家」がみえる(34)ことについて、「巨勢氏の誰をさすのか、またさきの節度使のメンバーにその後変化があったのか、ともに後考を期したい」(35)とされているのである。岸氏が指摘されたメンバーの変更及びその比定は可能であろうか。今、メンバーのその後の動向を示すと以下の如くになる。

東海道　藤原朝臣朝獦　天平寶字八年七月十二日、勅により召されて禁内に入る。
　　　　百済朝臣足人　(朝獦の部下、陸奥介鎮守副将軍)天平寶字八年正月二十一日、授刀佐。
　　　　田中朝臣多太麻呂　天平寶字六年四月庚戌朔、陸奥守。
　　　　　　　　　　　天平寶字六年閏十二月二十五日、陸奥守兼鎮守副将軍。
南海道　百済王敬福　天平寶字七年正月九日、讃岐守。
　　　　藤原朝臣田麻呂　天平寶字六年三月庚辰朔、石上宅嗣に代わり遣唐副使。時に左虎賁衛督。
　　　　小野朝臣石根　天平寶字七年正月九日、長門守。
西海道　吉備朝臣真備　天平寶字八年正月二十一日、造東大寺長官。
　　　　多治比真人土作　天平寶字八年四月十一日、文部大輔。
　　　　佐伯宿祢美濃麻呂　天平寶字七年正月九日、常陸介。

各節度使は、南海道が天平寶字七年八月十八日、翌天平寶字八年七月十七日には東海道、十一月十二日には西海道がそれぞれ停止されているが、天平寶字六年十二月の時点においてはその任務は継続中であったとしなければならない。そこで、この巨勢節度使がいかなる時点で任命されたかが問題となるが、まさに天平寶字六年十二月、その時点であったとすれば、七年正月に異動があった者のうちから比定するのが妥当であろうから、百済王敬福、小野朝臣石根、佐伯宿祢美濃麻呂がその対象となるであろう。しかも、その正官に限って考えれば百済王敬福のみとなる。果たして巨勢節度使なるものが正官、副官のいずれであったのかは判然としないものの、私は、前述の如き政治状況下において兄、豊成との関係が密な百済王敬福を南海道節度使として据え置くことに対して仲麻呂が危惧の念を抱いたのではないかと考える。何故なら南海道節度使は兵士一万二千五百人を統括しており、それが仲麻呂自身に対する兵力に転化する可能性が十分にあったからである。即ち、天平寶字六年十二月、敬福はその任を解かれ巨勢氏某が任命されるに至ったのである。そしてそれと呼応するかの如く、同月乙巳朔その息の真光（執弓）を大宰帥に任じ、大宰大貳吉備朝臣真備の上官に据えることにより、西海道節度使としての行動を大きく牽制する挙にでている。しかも、仲麻呂の配慮はこれのみにとどまらず、百済王氏家と伊豫国の関係が密接（36）なのを見とおしてか敬福を讃岐守に転任させている。かような百済王氏に対する仲麻呂の対応は豊成と百済王氏を一体のものと見做していたことを示唆するものであり、近い将来の挙兵をも考慮に入れた時、百済系渡来人に対して絶大な力を有する百済王氏を地方官（37）に配置しておく必要性があったものと考える。百済王明信の父である理伯も既に天平寶字六年正月九日、肥後守として遠い任地に赴いていたのである。

結語

天平寶字八年九月十一日、仲麻呂はついに孝謙太上天皇、道鏡に対し公然と叛乱の行動をおこした。しかし、戦況は意の如くならず勝野鬼江の戦いにおいて敗れ、斬首された。戦闘によって多くの親族を失った仲麻呂に付き従っていたのはわずかに妻子、従党三十四人であったという。歴史上藤原仲麻呂の乱と言われるものである。

思えば大仏造営事業を媒体とした仲麻呂と百済王氏の密接なる関係は、天平勝寳六年、豊成の息、継縄と百済王明信との婚姻の成立、橘奈良麻呂のクーデターを発端とする仲麻呂による兄、豊成の右大臣罷免を経て次第に疎遠、否、敵対の感情をまで含む様になっていたものと考える。かかる状況にありながらもなおかつ仲麻呂が百済王氏を地方官等に任じているのは、百済系渡来人を背後に有する百済王氏の力量が侮り難いものであったことをしめしており、正面きって敵対すべきでないとする配慮が働いていたとすべきであろう。確かに『続日本紀』を表面的に見る限りにおいては仲麻呂と百済王氏の関係は良好に推移している。それは仲麻呂の蝦夷経略及び新羅征討計画などに百済王氏が関与しているからである。しかし、その様に解釈することによっては仲麻呂の乱に百済王氏が何らの関与(38)をも見せず、かえって十月九日、兵部卿和気王、左兵衛督山村王とともに百済王敬福が外衛大将という資格のもとに孝謙太上天皇の命を受け、数百の兵をもって淳仁天皇の邸を囲む役割を担ったことの必然性が全く理解できなくなるのである。豊成の右大臣復任、敬福の外衛大将就任は以上考察してきた如き仲麻呂との関係を考慮に入れた時、きわめて興味深い必然性をもったものとすべきであろう。

注(37) 系図

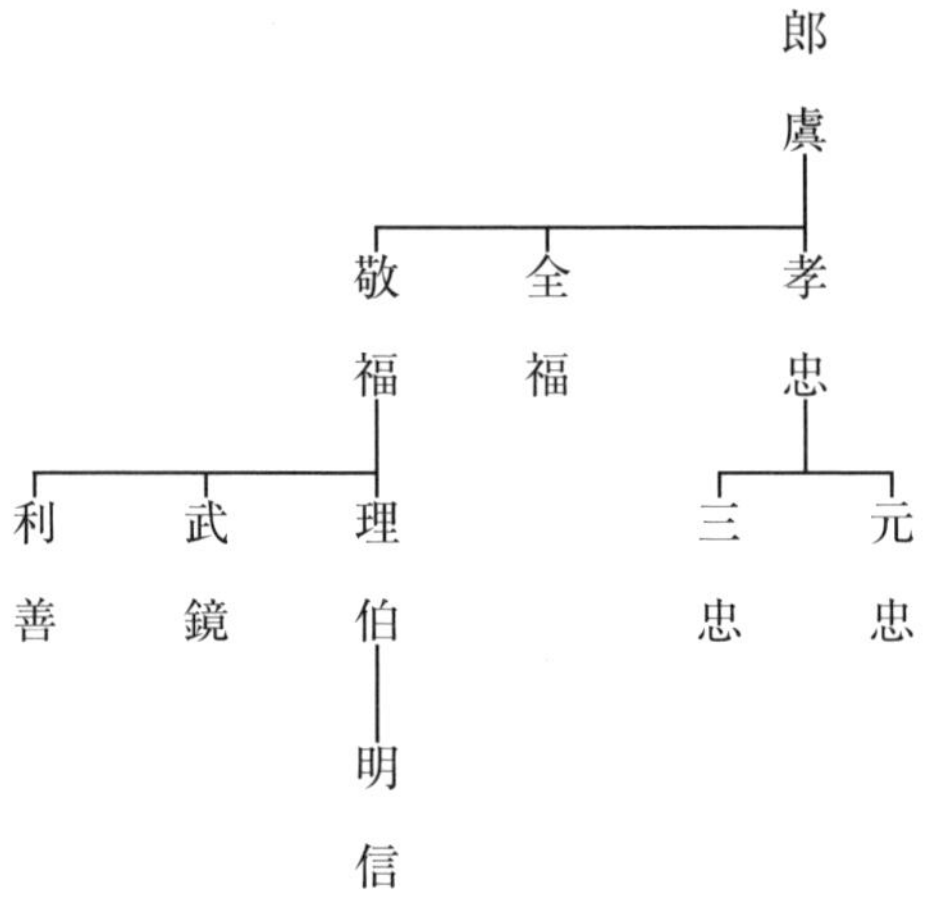

注

（1）石母田　正『日本の古代国家』77頁　日本歴史叢書　岩波書店。一九七一年

（2）例えば、百済王氏と同様祖国の滅亡により渡来した高句麗の王族は、『続日本紀』天平勝寳二年正月丙辰条によると背奈王から高麗朝臣へと改姓されており、百済王氏と比較するとき、そこに氏族独自の歴史への対応が窺われ興味深い。

（3）『続日本紀』天平十七年九月癸酉条。

（4）『続日本紀』天平勝寳元年七月甲午条。

（5）瀧川政次郎「紫微中台考」『法制史研究』四、のち法制史論叢第四冊『律令諸制及び令外官の研究』所収。角川書店。一九六七年

北山茂夫「藤原恵美押勝の乱」『日本古代政治史の研究』所収。岩波書店。一九五九年

岸　俊男『藤原仲麻呂』人物叢書153　吉川弘文館。一九六九年

など多数の論考がある。

（6）私は

㈠藤原不比等以来、藤原氏に縁の深い近江国（藤原仲麻呂自身その没落に至るまで近江守を兼務しつづけた）に存在する石山寺の縁起伝説（『元亨釈書』巻二十八）に百済王敬福の黄金発見を予言する記載のあること

㈡陸奥守百済王敬福は天平十八年四月四日、上総守に転出したが、その後任が仲麻呂の腹心、石川朝臣年足であったこと

㈢しかも、天平十八年九月十四日、再度敬福が陸奥守に任ぜられていることにより、上総守転任前の時点において黄金の発見があり、その確認のため仲麻呂が石川朝臣年足を赴任させたのではないかと推測できること

㈣天平十八年十月二十五日、百済王孝忠は大宰大貳に任ぜられているが、その管内に存在する宇佐八幡宮の八幡神によって黄金発見の予言が託宣されている（『東大寺要録』第四、八幡宮の条にひく弘仁十二年八月十五日の太政官符）ことは、孝忠の役割が大仏造営事業と八幡神をより密接化せしむるところにあったのではないかと考えられること（仲麻呂と宇佐八幡神職団の間がただならぬ

ものであったことは、天平勝寶二年三月十二日、大宰少貳に任ぜられた仲麻呂の異母弟、藤原朝臣乙麻呂が同年十月丙辰朔に八幡神の神教により大宰帥に昇任し、位も正五位上より従三位に昇っているところから推測できよう）等から大仏造営計画に際し、仲麻呂と百済王氏の密接な関係が想定し得るのではないかと考える。

（7）宮内卿の任務が「掌㆘出納。諸國調。雜物。舂米。官田。及奏㆓宣御食産㆒。諸方口味事㆖。」というものであったことは、地方官を歴任している敬福にとって適任であったと考えられる。

『令義解』巻一　職員令。

（8）『続日本紀』天平神護二年六月壬子条。　百済王敬福薨伝。

（9）森　郁夫『かわらのロマン』202頁　毎日新聞社。　一九八〇年

（10）『続日本紀』天平寶字四年六月乙丑条。　光明皇太后崩伝

「創㆓建東大寺及天下國分寺㆒者。本太后所㆑勸也。」とある。

（11）『続日本紀』天平勝寶四年四月乙酉条。

（12）『東大寺要録』供養章第三　天平勝寶四年四月六日条。

六日。鎭裏京使左從四位下百濟王孝忠　從五位上中臣朝臣清麿　兵士四百人各二百人

右正五位下大伴宿禰稻公　從五位下建部君豊足

とある。

（13）『続日本紀』天平寶字元年七月庚戌条。

（14）表の年月日は、『続日本紀』本文のものである。薨伝の年号記載は常陸守と刑部卿にのみあるだけである。

（15）野村忠夫「奈良時代の政治過程」『岩波講座日本歴史』3古代3所収。　93頁　岩波書店。一九七六年

（16）摂津亮は従五位下相当官である。　『令義解』巻第一　官位令

（17）正史である『日本後紀』に大同三年六月四十八歳で薨じたとある。

『日本後紀』大同三年六月甲寅条。　「散位従三位藤原朝臣乙叡薨。―中略―時年卌八。」

（18）角田文衞氏は婚姻の時期を天平寶字三年前後とされ、村尾次郎氏も乙叡の生年は天平寶字五年であり、婚姻もその年をさほどさか

のぼるまいとされる。この両氏の考えの根底には婚姻、即、子供の誕生という基本概念があると思われる。確かに子供の誕生年は婚姻成立時期を推定するにあたっては一つのバロメーターとなろうが、必ずしもそれが時期確定の上での絶対的なものではあり得ない。

角田文衞「桓武天皇」『人物日本の歴史』3所収。小学館。一九七六年。後、同氏著『王朝史の軌跡』に収録。学燈社。一九八三年

村尾次郎『桓武天皇』人物叢書112　吉川弘文館。一九六三年

(19) 岸　俊男　注(5)著書。

(20)『続日本紀』天平寶字元年六月甲辰条。

(21)『続日本紀』天平寶字元年七月庚戌条。

(22) 注(21)

(23) 注(21)

(24)『続日本紀』天平寶字元年三月丁丑条。

(25)『続日本紀』天平寶字元年七月戊午条。

(26) 本書第二章「聖武天皇難波行幸と百済王氏」

(27) 上田正昭氏も同様のことを書いておられる。

上田正昭「桓武朝廷と百済王氏」『京都市歴史資料館紀要』第10号　一九九二年。後、『論究・古代史と東アジア』に収録。岩波書店。一九九八年

(28)『日本書紀』天智天皇五年是冬条に「以二百濟男女二千餘人一、居二于東國一。」とあり、また天武天皇十三年五月辛亥朔甲子条にも「化來百濟僧尼及俗、男女幷廿三人、皆安二置于武藏國一。」とある如く、百済遺民の多くが東国に配置されたことが窺える。

(29) 岸　俊男　注(5)著書。

(30) 北山茂夫　注(5)論文。

岸　俊男　注(5)著書。

(31) 岸　俊男　注（5）著書。
北山茂夫『女帝と道鏡』中公新書192　中央公論社。一九六九年

(32) 岸　俊男　注（5）著書。
北山茂夫　注（5）論文。
なお、北山氏は節度使を任命し、動員計画をたてた頃になると孝謙太上天皇と道鏡の問題が生じており、「表面は依然として新羅を対象にするかに見せかけながら、仲麻呂は日夜女帝に近侍する道鏡の姿を視野のなかにとらえて、軍事的行動のための諸準備をすすめていたのではなかろうか」とされ、この節度使任命が仲麻呂の軍事力に転化し得る可能性のあることを想定しておられる。果たして仲麻呂が自己の軍事力掌握を目的として節度使を任命したと考えうるか否かについては、再検討せねばならないが、節度使の管する兵力が仲麻呂の軍事力に転化する可能性は十分にあったとしなければならない。

(33)『続日本紀』天平寶字六年六月庚戌条。

(34)『大日本古文書』巻五　307頁

(35) 岸　俊男　注（5）著書。

(36) 森　郁夫　注（9）著書。
森氏は、伊予国分寺に百済寺と同笵と思われる瓦が使用されている所から、かかる可能性のあることを指摘しておられる。『続日本紀』文武天皇大寶三年八月辛酉条には、「以㆓従五位上百濟王良虞㆒爲㆓伊豫守㆒。」とあり、この赴任を契機として百済王氏と伊予国の密接な関係が生じたとも考え得る。

(37) 百済王氏のすべてが地方官に任命されたのでないことは、天平勝寶二年三月、及び同三年二月の治部省牒に百済王元忠が治部少輔従五位下また従五位上として署しており、さらに、天平寶字五年頃の官人歴名に大蔵少輔とあるところから判明する。この任用が重要な意味を持つことは、仲麻呂政権下における昇叙の面からも指摘できる。今、仲麻呂政権の成立時点を紫微中台の設置された天平勝寶元年と考え、その滅亡までの間の百済王氏に対する昇叙を見ると以下の如くになる。

天平勝寶三年正月二十五日　百済王元忠　従五位下→従五位上
天平勝寶六年二月十三日　百済王理伯　正六位上→従五位下

天平寶字元年五月二十日　百済王元忠　従五位上→正五位下
天平寶字四年正月四日　百済王三忠　正六位上→従五位下
天平寶字八年正月七日　百済王元忠　正五位下→従四位下

このうちの理伯の昇叙については本文で述べたところであり、これを除くと元忠、三忠のみとなる。

そこで、この両人が百済王氏の系図においていかなる位置を占めているのかを示すと本文末の如くである。即ち、元忠、三忠は孝忠の子であり、敬福とは別系統にあることが確認し得る。かかる点を勘案すれば、仲麻呂は孝忠系を重用することにより、兄、豊成と姻戚関係にある敬福系との分裂を画したのではないかという想定が成立し得る余地がある。それはとりもなおさず、百済王氏の影響力を弱体化せしめる上で有効な手段と考えられたのであろう。かような推測を裏付けるかの様に、仲麻呂の乱の直後、『続日本紀』天平寶字八年十月庚午条に「詔加㆘賜親王大臣之胤。及預㆑討㆓逆徒㆒諸氏人等位階㆖。」とあり、同日敬福の子、武鏡が従六位上から従五位下に、天平神護元年閏十月六日には直前の称徳天皇の弓削行幸に伴うものと考えられるが、利善が正六位上から従五位下にそれぞれ昇叙されている。それに対し、元忠は正史たる『続日本紀』に任官記載さえ欠如しており、寶亀四年閏十一月二十三日に卒するまでその動向は一切不明である。かかる欠如は、あるいは『続日本紀』の撰者が菅野朝臣真道と藤原朝臣継縄であったことに起因するのかもしれない。継縄は明信の夫であり、真道にしても百済王氏と深い関係にあったことは、延暦九年七月十七日に真道が津連より菅野朝臣への改姓を申し出た際の上表に百済王仁貞、元信、忠信が真道を援助すべく名を列ねているところから判明するからである。即ち、仲麻呂政権下において重用された元忠を忌避する意識が敬福系を通じて両撰者に及んでいた結果とも考えられるのである。

なお、百済王氏の系図については、『百済王三松氏系図』が残存しているが、それを利用するについては慎重を期さなければならない。上野利三『「百済王三松氏系図」の史料価値について—律令時代帰化人の基礎的研究—』慶應義塾創立125年記念論文集慶應法学会政治学関係所収。一九八三年

(38) 利光三津夫、上野利三両氏は、橘奈良麻呂のクーデター及び藤原仲麻呂の乱に際し、百済王氏が何らの関与をも見せず、その収束段階において姿を見せる理由について、

㈠彼ら一族が壬申の乱以来、日本人相互の争乱に際しては中立の立場を維持したこと

(二)その処理にあたっては皇室の権威を一般の貴族よりも強く感じない渡来人の元王族たる百済王氏に適任であったことに求めておられるが、その根拠は必ずしも明確ではない。
利光三津夫、上野利三「律令制下の百済王氏」利光三津夫先生還暦記念論文集『法史学の諸問題』所収。慶應通信。一九八七年

第六章　称徳・道鏡政権下の百済王氏

はじめに

藤原仲麻呂専制政治体制下における百済王氏の動向は、仲麻呂の兄、藤原豊成の三男乙縄が橘奈良麻呂の乱に関与していたとの口実に端を発した右大臣豊成の大宰員外帥左遷に伴う豊成一家の排斥に影響され、停滞を余儀なくされた。百済王明信が豊成の次男継縄と婚姻関係を結んでいたからである。その一端についてはすでに述べたところである（1）が、かかる百済王氏の動向が仲麻呂の叛乱を経て、称徳・道鏡政権下においていかなる推移をみせたのかが次に究明されなければならない。しかも、その考察において百済王氏のみの姿を史料により確認するだけではきわめて不十分であり、歴史の実態を見失うことにもなりかねない。確かに百済王氏は一個の独立した氏族であることは言を待たないが、およそ律令制下において一族が単独で生抜くということは不可能なことであり、そこに他氏族との関わりを考慮に入れた考察が不可欠なものとなってくる。今回の考察も藤原南家との関わりのもとでの百済王氏の動向を追究するという一貫した視点に立脚したものである。

（一）

一時期を画した藤原仲麻呂は、天平寶字八年九月十八日、自ら企てた叛乱の末、軍士、石村村主石楯により斬殺された。その伝（2）によると最後までつき従っていたのは妻子、従党三十四人であり、幼い時から禅行を修していたという理由で刷雄のみ死を許され流罪にされた他は仲麻呂と運命を共にした。かかる仲麻呂の叛乱に際し、豊成を中心とする藤原南家はいかなる関わりを示したのであろうか。豊成の息子には年齢の順に武良自（良因）、継縄、乙縄、縄麻呂の四子が知られ、その母は武良自、継縄、乙縄が従五位上路眞人虫麻呂女、縄麻呂は藤原房前の女だとされている。このうち武良自（良因）は、天平寶字三年十一月五日の丹後守補任後史料に登場せず、卒去したか、あるいは致仕して仏門（3）に入り、名を良因と改めたものと考えられ、考察から除外すべきであろうから、残る三人が当面の対象となろう。しかし、かといって史料上における彼らの明確な動向はとらえ難い。岸俊男氏（4）は、乱の勃発した九月十一日夜、造東大寺司が写経所において道鏡の宣によって孝謙天皇御願の『大般若経』の書写に従事していた左大舎人少初位下科野虫麻呂ら十六名を率い内裏に馳せつけた際、その彼らに対し民部卿藤原縄麻呂が司家に帰り、そこを警護するように命じているところから、「縄麻呂は乱勃発とともに、反仲麻呂派として宮廷の采配を振ったらし」いと推測されている。現に縄麻呂が乱後、功により勲三等を授けられているところよりして妥当な見解としてよかろう。しかるに、継縄、乙縄については、乱に直接関与したと考えられる史料は見出せない。継縄は仲麻呂の乱勃発時においては信濃守（5）であったが、九月十四日の父、豊成の右大臣復任を経た十七日、越前守に補任されている。越前の地は二年前から豪族の子弟を主体とする健児制がしかれており、国守は正規軍団の他に、これら健児をも自由に組織、操作することができる体制を仲麻呂が築きあげており、叛乱前には自分の息子、辛加知を守として任じ自己の軍事的拠点として重視していた所であった。

しかし、乱の勃発した十一日に辛加知は孝謙太上天皇の派遣した衛門少尉、佐伯宿禰伊多智らの集団によって殺害されており、仲麻呂敗北の大きな要因ともなったのであるが、その越前守に継縄が補任されているのである。しかも、その発令は乱の終息する一日前であった。しかし、かかる事実をもってしても継縄が乱鎮圧に何らかの関わりを有したことの証明にはならない。ただ私は、この越前守補任が豊成の右大臣復任と強い関係を有し、ひいては仲麻呂の乱に間接的影響を与えたのではないかと考える。即ち、豊成の右大臣復任は彼に連なる一族を孝謙太上天皇のもとに編成したことを意味したのであり、従って、かつての仲麻呂勢力の拠点、三関国の一つ越前に仲麻呂によって疎外されていた豊成の息、継縄を守として任ずることは孝謙太上天皇の豊成一族に対する期待感、あるいは信頼感を示すものとして受けとられたものと思われる。しかも、かかる太上天皇の配慮の裏には継縄と百済王氏の関係が想定されていたと考えられないであろうか。即ち、現に戦乱の発生している近江の地は、『日本書紀』天智天皇四年春二月是月条に「復以二百濟百姓男女四百餘人一、居二于近江國神前郡一。」とあり、また八年是歳条に「又以二佐平餘自信・佐平鬼室集斯等、男女七百餘人一、遷二居近江國蒲生郡一。」とある如く、白村江の戦いを経て自国の滅亡を経験した百濟国の官人、亡民が配置され、その後裔が居住した地であり、百済系渡来人の統率者的立場を有する百済王氏を掌握することは、彼らを自己の勢力下に組織することが可能となることを意味した。しかも、百済系渡来人の津連秋主、津連真麻呂、高志毗登若子麻呂、葛井連立足らが仲麻呂の乱鎮圧の論功行賞により、それぞれ昇叙(6)されていることは注目すべきことであり、そこに百済王氏の存在を想定することも可能ではないかと思う。しかし、百済王氏自体のこの乱への関与も継縄同様に不明という他ない。ただ、『続日本紀』天平寶字八年十月辛未条に「授二従五位下高橋朝臣廣人從五位上。從六位上百濟王武鏡従五位下。外従五位下日置造蓑麻呂外正五位下。无位弓削宿祢美努久女。乙美努久女。刀自女並従五位下一。」とあり、高橋朝臣廣人が天平寶字八年正月七日、従五位下に叙されて一年も経ないうちの昇叙であり、また、日置造蓑麻呂も天平神護元年正月七日に従五位下に昇叙されていることは特異なことであり、あるいは仲麻呂の乱となんらかの関係を有していたと考えられなくもない。従って、百済王武鏡の昇叙もまた乱の鎮圧に関与した結果と解し得る余地がある。かような考えに立脚するならば、豊成右大臣復任、継縄の越前守補任は結果的に百済王氏の乱鎮圧への参加を実現させたという意味で留意しておく必要があろう。さて、次に乙縄についてはどうであろうか。乙縄に関しては継縄以上に乱への関与は希薄である。乙縄は平素橘奈良麻呂と親しかったという理由のもと、奈良麻呂のクーデター未遂事件によって仲麻呂によりその逆党の一員であるとの烙印を押され、日向掾に左遷され豊成右大臣罷免の決め手とされた。その乙縄が『続日本紀』天平寳字八年十月庚午条によると正六位上より従五位下に昇叙されている。『日本古代人名辞典』（7）は、かかる昇叙について、仲麻呂の乱の論功によるものであるとしており、同日条の「詔加㆘賜親王大臣之胤。及預㆑討㆓逆徒㆒諸氏人等位階㆖。」の記載をその根拠にしていると思われる。確かにそこにおいて仲麻呂の乱の論功による昇叙も含まれてはいるが一方、親王、大臣の胤に対する昇叙もあわせて実施されていることに留意すべきである。私は、かかる乙縄の昇叙は大臣の胤としての資格のもとになされたものであると考える。流人としての乙縄が日向から乱の鎮圧に馳せ参じる時間的余裕はなかったとすべきである。

以上、考察してきた所よりすると乱鎮圧に直接関与したと考えられるのは縄麻呂一人であり、九月十一日には参議（8）に任ぜられているが、なべて他の藤原諸流（9）の活躍と対比したとき、その非活動性が浮き彫りになるのを否み難い。しからば、仲麻呂敗死後の藤原南家、百済王氏はいかなる動向を歴史上に記しているのであろうか。以下その点を究明していきたい。

（二）

仲麻呂の死は称徳・道鏡政権の出発点を意味するのみならず、百済王氏にとっても仲麻呂との確執の終焉、氏族としての新たな行動を可能にする契機の到来をも意味した。その点において、天平寶字八年九月二十日の孝謙太上天皇の宣命が藤原朝臣豊成の右大臣復任と道鏡の大臣禅師補任を内容としていることはきわめて注目すべきことだといわなければならない。しかも、道鏡がその位を辞退した二十八日の翌日二十九日においても勅を下し仲麻呂の叛乱の経過を述べ、豊成の右大臣復任を宣している。豊成の右大臣復任のことについては既に述べた如く、仲麻呂の乱が終息する前の九月十四日に宣せられており、それを加えると三度復任の宣がなされていることとなる。かかる右大臣復任宣言について中川収氏（10）は、「二回目、三回目の復位宣言は道鏡の動きと無関係でないようなのだ」とされ、道鏡の大臣はあくまで出家した天皇に対応する出家の大臣の意味しかもたず、「廟堂の首班は豊成にあるのだという意味を強調するためのものだったのではないか」と結論される。かように、実態は道鏡の大臣禅師就任に対する批判を回避する目的をもって豊成右大臣復任は最大限に利用されたものの如くである。が、反面、豊成の息、継縄と婚姻関係にある百済王氏を自己の勢力下に位置づける目的をも有していたのではないかと考えられることは前述したところである。孝謙太上天皇の思惑はさておき、百済王氏にとってこの宣言は大きな意味あいを持ったに相違ない。事実、これ以降の百済王氏の動向はそのことを如実に示す結果となっている。以下その点について述べていくこととする。

天平寶字八年十月九日、孝謙太上天皇は兵部卿和気王、左兵衛督山村王、外衛大将百済王敬福等をして兵数百をもって淳仁天皇の居所、中宮院を囲ましめ、山村王をして、淳仁の廃帝を内容とする宣命を宣らしめた。同日、廃帝は淡路国の一院に幽閉されたのであるが、この一連の事件において百済王敬福が外衛大将という資格のもとに参加していることはきわめて注目すべきことだとしなければならない。即ち、孝謙太上天皇は自己の支配下に兵部省や衛府をおくべく大規模な人事異動およびその整備を志向し、その結果、外衛府を新設、翌年の天平神護元年二月には近衛府、中衛府(11)、外衛府からなる三衛の制が成立した。かかる新設の外衛府の大将に敬福が任ぜられていることは、陸奥守として蝦夷経略の軍事的(12)実践のあること、天平勝寶四年十月、検習西海道兵使補任に見られる如く、軍事的力量を持ち合わせていたことと不可分の関係にあるのは容易に想定できるところである。さらに、それとあわせて仲麻呂政権下における百済王氏の状況、即ち、百済王氏と仲麻呂との確執を考慮に入れるとき、その仲麻呂政権を可能ならしめた淳仁天皇廃位の軍事的行動に参加していることの事実は豊成右大臣復任と密接に関連したものととらえねばならない。しかも、翌天平神護元年十月十三日、称徳天皇(孝謙天皇の重祚)の紀伊行幸に際して『続日本紀』に「以二正三位諱一爲二御前次第司長官一。従五位下多治比眞人乙麻呂爲二次官一。正四位下中臣朝臣清麻呂爲二御後次第司長官一。従五位下藤原朝臣小黒麻呂爲二次官一。各判官二人。主典二人。正四位下藤原朝臣縄麻呂爲二御前騎兵将軍一。正五位上安陪朝臣毛人爲二副将軍一。従三位百濟王敬福爲二御後騎兵將軍一。従五位下大藏忌寸麻呂爲二副將軍一。各軍監三人。軍曹三人。」(13)とある如く、豊成の第四子縄麻呂が御前騎兵将軍、百済王敬福が御後騎兵将軍として天皇を護衛していることに注目しなければならない。しからば、敬福はこの時点においていかなる官職にあったのであろうか。『続日本紀』天平神護元年二月丙寅条によると「正五位上藤原朝臣田麻呂爲二外衛大將一。」とあり、敬福が外衛大将の任を解かれているからである。この点で手がかりになるのは、敬福がこの行幸の最終目的地、河内国の弓削寺において本国の儛を奏したとき、刑部卿であった(14)ことである。かかる補任がいかなる時点でなされ、また、いかなる意味あいを持つものであったかは不明という他ない。かかる点を解明するために今、史料上刑部省関係の補任を示すと表Iの如くになる。

表Ⅰ

天皇	年月日	氏名	摘要
淳仁	天平寶字三年十一月五日	正四位下紀朝臣飯麻呂	義部卿（兼河内守）
	天平寶字四年正月十六日		美作守に転出
		従五位上河内王	義部大輔
	天平寶字六年正月九日		丹後守に転出
	天平寶字六年夏四月庚戌朔	従五位上大伴宿祢御依	義部大輔
	天平寶字七年五月二十七日	従四位下安都王	義部卿（卒す）

この表から明らかなように、『続日本紀』の補任記事が不完全なものであり、その補任の考察に支障をきたすこととなるが、先に述べた如く、藤原朝臣田麻呂の外衛大将就任以降、即ち、天平神護元年二月五日以降、下限は刑部卿従三位百済王敬福と記載のある十月三十日以前ということになる。史料上から推測できるのは以上の範囲でしかないが、私は、刑部省の職務が『令義解』職員令によると「卿一人掌下鞠レ獄。定二刑名一。決二疑讞一。良賤名籍。囚禁。債負事上。」とあり、かかる職務を勘案するとき、『続日本紀』天平神護元年八月庚申朔条の「従三位和氣王坐二謀反一誅。」とする記載を重視すべきではないかと考える。この謀反は、仲麻呂の乱鎮圧に功績があり、先に敬福らとともに淳仁天皇の居した中宮院を取囲む役割を担った参議従三位兵部卿和気王(15)が巫鬼をよくした紀朝臣益女を寵愛し、「于レ時皇統無レ嗣。未レ有二其人一。」(16)という状況のもとで「心挾二窺窬一。」み益女をして呪法を行わしめたことに起因する。その呪法の内容は「己怨男女二人在。此乎殺賜止幣云天在。」とするものであったというが、己が怨の男女とは道鏡、称徳天皇を指し、謀反

を企てたものと解されたことは明白である。和気王は伊豆に流される途中、山背国相楽郡において、また益女も綴喜郡松井村においてそれぞれ絞殺され、この事件の関係者として参議粟田朝臣道麻呂、兵部大輔大津宿祢大浦、式部員外少輔石川朝臣永年等が処罰された。かかる謀反がフレームアップか否かについての解釈は研究者によって異なる(17)が、私は、この事件に関連して敬福の刑部卿輔任がなされたのではないかと考える。即ち、『続日本紀』天平寶字元年七月庚戌条に「又分㆓遣諸衛㆒。掩㆓捕逆黨㆒。更遣㆓出雲守従三位百済王敬福。大宰帥正四位下船王等五人㆒。率㆓諸衛人等㆒。防㆓衛獄囚㆒。拷掠窮問。黄文。改㆓名多夫礼㆒道祖改㆓名麻度比㆒大伴古麻呂。多治比犢養。小野東人。賀茂角足改㆓名乃呂志㆒等。並杖下死。」とある如く橘奈良麻呂の乱の断罪に敬福が参加しており、時の天皇が称徳（孝謙）天皇その人であったからである。天皇は、その拷問で示した敬福の剛毅さを考慮に入れて刑部卿に任用したのではなかろうか。しかも、この推測は『続日本紀』天平神護二年六月壬子条の敬福薨伝の「神護初。任㆓刑部卿㆒。」とする記載とも矛盾しない。かように考えることが許されるとすれば、敬福は天皇にかなりの信頼をうけていたことを推測せしめ、冬十月の紀伊行幸に際しての御後騎兵将軍補任も無理なく解釈できることとなる。しかも、かような天皇のアプローチが豊成復任に伴う藤原南家の自己勢力への取込みに起因していることは明確である。さて、天皇の一行は十三日、大和国高市郡小治田宮到着→十四日、大原長岡巡歴後、明日香川到着→十五日、宇智郡到着→十六日、紀伊国伊都郡到着→十七日、那賀郡鎌垣行宮到着→十八日、玉津嶋到着→二十五日、海部郡岸村行宮到着→二十六日、和泉国日根郡深日行宮到着→二十七日、同郡新治行宮到着→二十八日、河内国丹比郡到着→二十九日、弓削行宮到着という日程及び経路で進んでいった。この間、二十二日には淡路の廃帝（淳仁）が幽憤に耐えかね、垣を越えて逃亡の挙に出たが、淡路守佐伯宿祢助、掾高屋連並木が兵を率いて迎撃し、翌日、院中において薨じたとの報告がもたらされている。それはさておき、弓削行宮に到着した天皇は三十日、弓削寺に幸して仏を礼拝し、翌閏十月一日には弓削寺に食封二百戸、智識寺に五十戸を与えているが、二日にはきわめて重大な宣命を発した。即ち、道鏡を太政大臣禅師に任ずるとするものである。ここにおいて世俗的なものではないとしても、道鏡は豊成の右大臣を越える地位を獲得する結果となった。北山茂夫氏は、かかる経過について、弓削の地行幸は当初よりスケジュールに組込まれたものであり、むしろ太政大臣禅師任命の晴の場を道鏡の生地に定めたというべきであるとされ、「道鏡の太政大臣禅師への昇叙がこのたびの行幸の予定された最大のヤマであった」(18)と結論されている。かように、行幸の最終目的が道鏡の太政大臣禅師任命にあったとしたとき、三十日の弓削寺における礼仏の際、その庭において唐、高麗楽が奏せられ、刑部卿従三位百済王敬福が本国の儛を奏していることに留意する必要が出てこよう。この百済王氏の行動について、「天平年間にも百済王孝忠、慈教、全福等は百済楽を奏しており、いかにも天皇に近侍する一族であったと思われる」(19)とする見解もあるが、果たしてこの評価は妥当なものとし得るであろうか。かかる点を検討するために関連記事を列挙すると以下の如くである。

A　聖武天皇天平十二年二月丙子条

百濟王等奏二風俗樂一。授二従五位下百濟王慈敬従五位上。正六位上百濟王全福従五位下一。

B　聖武天皇天平十六年二月丙辰条

幸二安曇江一遊二覧松林一。百濟寺奏二百濟樂一。詔授二无位百濟王女天従四位下。従五位上百濟王慈敬。「従五位下」孝忠。全福並正五位下一。

C　称徳天皇天平神護元年十月戊子条

幸二弓削寺一礼レ佛。奏二唐高麗樂於庭一。刑部卿従三位百濟王敬福等亦奏二本國儛一。

さて、A、B、Cに共通するのはすべて行幸に伴うものであるという事実(20)である。即ち、A、Bは聖武天皇の難波行幸に際してのものであり、Cは先に見た如く、称徳天皇の河内行幸に起因するものであった。この事実は行幸に伴う娯楽面での天皇への奉仕という側面を色濃く有したものであったろうが、反面、「土風歌儛や風俗雑伎の奏上はきわめて服属儀礼としての性格が色濃い」(21)との指摘のあることは重要である。しからば、かような観点からA、B、C

をとらえなおすことは可能であろうか。Aについては第二章でも述べた如く、

㈠天平六年三月の聖武天皇難波行幸に際し、百済王氏がなんらの関与をも見せず、摂津職が吉師部の楽を奏していること

㈡天平十二年二月七日から十九日に至る聖武天皇難波行幸の過程において、河内国の智識寺に坐す廬舎那仏を見たことが大仏造営の契機となったこと

㈢智識寺の存在する河内国大県郡の近接地には、王仁及び王辰爾後裔氏族が居住し、その氏寺を成立させていたこと

等のことを勘案し、将来の大仏造営に際し、百済系渡来人を掌握するためにその中心的存在である百済王氏の勢力を自己の側に組織化する必要が生じたことに起因するものと考えることが可能であろう。従って、天平十二年二月の百済王氏の風俗楽演奏はただ単に百済王氏一族の天皇への奉仕、あるいは服属のみを意味するものではなく、その支配下にある百済系渡来人をも含むものであったとしなければならない。かかる点が認められるならば、Bの天平十六年二月の聖武天皇難波行幸に際する百済王氏の百済楽演奏もまた、大仏造営事業との関連性においてとらえることが可能になるのではなかろうか。即ち、かの大仏造営の詔が天平十五年冬十月十五日に公にされており、この度の行幸の過程において渡来人の居住が濃密のみならず、大仏造営の詔に即応する形で弟子等を率いて参加した行基の出身地である和泉を訪れていることは注目すべきことである。従って、ここにおいても、百済王氏を掌握することにより、その影響下にある百済系渡来人を大仏造営事業に参加させようとする意図が厳として存在していたとすべきであろう。かようにA、Bの記載をとらえたとき、この風俗楽、百済楽の演奏がきわめて政治的色彩をその内容に含んでいることを特徴として挙げうる。しからば、Cの史料はいかに解釈することが可能であろうか。ここで特徴的なことは、和田萃氏(22)も述べておられる如く、唐、高麗楽の演奏ないし百済王敬福による本国の儛の奏がA、Bと異なり天皇という一個人ではなく、弓削寺の本尊に対してなされている事実であろう。しかし、ここで想起すべきは称徳天皇自身が「出家弖佛弟子止成奴」

と詔している(23)ことであり、道鏡の地位のよって立つ所もその大臣禅師授与の際の詔に「出家天毛政乎行仁豈障倍岐物仁方不在。故是以天帝乃出家之天伊末須世仁方出家之天在大臣毛在倍之止念天樂末須位仁方阿良祢止毛此道鏡禪師乎大臣禪師止位方授末都流事乎聞食止宣。」(24)とあるように仏教というものを介在していた。しかも、その弓削寺自体が北山茂夫氏の推測(25)される如く、道鏡が称徳天皇の寵愛をうけるようになってから創立されたものと考えると、弓削寺の本尊に対してなされた敬福による本国儛の奏も仏弟子たる称徳天皇と道鏡に対して行われたものと解される。即ち、天皇に対する奉仕の儛が仏教という色彩によって包み込まれているに過ぎないのである。しかも、既に述べた如く、このイベントの実施された翌々日の閏十月二日、道鏡に対して太政大臣禅師の位が授けられ、文武百官に太政大臣禅師を拝賀せしめた後、再び弓削寺に幸し、仏を礼し、唐、高麗の楽及び黒山企師部儛を奏せしめているが、この際の奏者の具体的記述はない。従って、奏者として百済王氏のみが具体的名称を伴うものとして『続日本紀』に記載されていることとなり、きわめて注目すべき点だといわなければならない。この点を解明するにあたって留意すべきは、この弓削の地の少し南の地、古市郡に王仁を始祖とする伝承を有する西文氏を中心とした一族、書首、馬首(武生宿禰)、桜野首、栗栖首、高志史、蔵首が居住しており、また丹比郡には王辰爾を祖とあおぐ船氏及びその同族、葛井、津両氏が居を構えており、渡来の新旧はあるものの百済からの渡来という共通の基盤のもとに同族意識のきわめて強い地域を形成していたことである。かかる氏族に対し百済王氏がその統率者的立場を有していたと考えられることは既に第三章でも述べたところであるが、有力貴族とは異なり一族の数において劣勢である弓削氏がその勢力下に渡来人を掌握することは必要不可欠のものであったのではなかろうか。ここに百済王氏の百済系渡来人に対して有する地位が注目されることになり、百済王敬福の本国儛が企画されたとすべきであろう。その意味においてCの史料が「刑部卿従三位百濟王敬福等亦奏二本國儛一。」と記していることは重要である。即ち、本国儛は百済王敬福のみによって奏されたのではなく、他の参加者があったことを窺わせるからである。この点について『続日本紀』天平神護元年閏十月甲午条に「正六位上百濟王利善。百濟王信上。百濟王文鏡並授㆓従五位下㆒。従六位上百濟王文貞寺三人賜㆑爵人有㆑差。」とあるのはおそらくは彼らが敬福と共にこの儺に参加した可能性の強いことを推測せしめ、その報酬としての意味あいを含む昇叙、授爵であったと考えられる。さらに想像をたくましくすれば、あるいは古市、丹比郡居住の百済系渡来人を従えてのものであったかもしれない。

以上、ＡＢＣの内容を検討してきたところよりすれば、百済王氏がただ単に天皇に近侍する一族であったという評価は的を射たものとは言えず、その行為自体きわめて政治性を帯びたものであった。かような行動はただ単に称徳・道鏡対百済王氏という関係によってのみ捉えるべきではなかろう。先述した如く、敬福の淳仁天皇廃位の軍事行動への参加は豊成の右大臣復任と密接に関連したものと考えるべきであろうとしたが、この天平神護元年十月の紀伊行幸に始まる一連の行動の中での豊成の四子、縄麻呂の御前騎兵将軍、敬福の御後騎兵将軍任命と敬福等の本国儺もまた豊成の政治的地位の回復という点で同一軌条にあったとしなければならない。即ち、仲麻呂専制下における仲麻呂と豊成、百済王氏の確執及び百済王氏の百済系渡来人に対する影響力も大仏造営過程で称徳天皇がつぶさに見てきたところであり、道鏡と自己の政権の安定を図る上で、豊成を中心とする藤原南家及び百済王氏の力量を最大限に利用する方針を打ち出したと捉えることが可能だからである。かかる方針は同年十一月の大嘗祭における由紀、須伎国の選定にもあらわれていると考える。即ち、『続日本紀』天平神護元年十一月庚辰条は、「又詔曰。由紀須伎二國守寺仁命久。汝多知方貞仁明伎心乎以天朝庭能護寺之天闕仁奉供礼方己會國方多久在止毛美濃止越前止御占仁合天大嘗乃政事乎取以天奉供良之止念行天奈毛位冠賜久止宣。」とし、美濃守正五位下小野朝臣竹良に従四位下、介正六位上藤原朝臣家依に従五位下、越前守従五位上藤原朝臣継縄に従四位下、介従五位下弓削宿祢牛養に従五位上を授けているからである。ここに、藤原朝臣継縄、藤原朝臣家依、弓削宿祢牛養が名を列ねていることは注目に値するが、その任命が明確なのは、先述した如く、『続日本紀』天平寶字八年九月辛亥条の藤原朝臣継縄の越前守補任記事のみである。しからば、この選定にはいかなる思惑が込められていたのであろうか。あるいは仲麻呂の乱に関する褒賞的意味あいを含んだものととらえることも可能ではあろうが、乱に功績のあったことが明確なのは小野朝臣竹良(26)に限られるところから確定し難い。私は、このことを考える上において『続日本紀』天平神護元年十一月辛巳条の「詔曰。必人方父我可多母我可多能親在天成物仁在。然王多知止藤原朝臣等止方朕親仁在我故仁黒紀白紀乃御酒賜御手物賜方久止宣。」とする記載に留意すべきであると思う。即ち、称徳天皇の血の意識において藤原氏が極めて大きなウエートを占めていることが窺えるからである。かかる詔の真意は、藤原氏の称徳・道鏡政権への協力、あるいは容認をその根底におくものであったとすべきであろうが、翻って考えると先の由紀須伎のメンバーに継縄、家依が含まれていることは重要である。継縄は言うまでもなく豊成の息子であり、家依も北家永手の第一子であった。私は、かかる点からこれまた仲麻呂専制下において不遇であった豊成一家、あるいは北家に対する称徳天皇の宥和策の一環であったとすべきであると考える。その意味において越前介として弓削宿祢牛養の名が含まれていることはきわめて象徴的なことであると言わなければならない。

以上、見てきた如く、称徳天皇による豊成一族、あるいは百済王氏に対する政策は道鏡との政権を安定化させるという意図のもとにその力量を最大限に利用しようとするものであったと考えられる。それは、天皇の思惑がどうであれ豊成一家及び百済王氏にとっては仲麻呂専制下の抑圧からの脱却を意味した。しかし、当の豊成が天平神護元年十一月二十七日に薨じ、さらに百済王氏の統率者とでも言うべき敬福が天平神護二年六月二十八日に薨じたことは、決定的な打撃を与えたと推測することができる。以後の動向について項を改めて述べていきたい。

(三)

天平神護二年正月八日、藤原豊成亡き後の台閣の補充人事が発令された。それは、右大臣従二位藤原朝臣永手、大納言正三位諱(光仁)、正三位藤原朝臣真楯、中納言正三位吉備朝臣真備、参議従四位上石上朝臣宅嗣といった顔ぶれであった。ここで注目すべきは、吉備朝臣真備が中納言に任用されていることであろう。真備は称徳天皇が皇太子の際の春宮大夫であり、天皇とは浅からぬ関係(27)にあり、仲麻呂の反乱鎮圧においてはその軍略(28)が高く評価された。そして間もなく藤原朝臣真楯が薨ずるとその後任として大納言に躍進した。しかも、かかる台閣の人事はまた藤原四家の勢力関係に大きな影響力を及ぼしたと考えられる。南家に限って言えば縄麻呂ただ一人が参議に加わっていたに過ぎず、勢力の低下による体制の成立を意味したからである。即ち、右大臣永手、大納言真楯(三月十二日薨ず)の北家主導にはおおい難いものがあった。かかる状況下において五月十日、従五位下百済王三忠が民部少輔に、従五位下百済王文鏡が出羽守に任ぜられているが、文鏡の出羽守補任は天平寶字七年正月九日、三忠が出羽守に補任され、今回民部少輔に転出したのに伴う交替要員としてのものであったと理解しうる。しかも、三忠が補任された民部省の長官、卿は藤原縄麻呂であり、ここにも藤原南家と百済王氏の結びつきの強さが窺えるのである。しかし、百済王氏にとって六月二十八日に敬福が薨じたことは豊成の死にも増して大打撃を蒙る結果となったと考えられる。敬福の地位を嗣ぐのは敬福の子であり、明信の父でもある理伯であったろうが、この時点においては未だ従五位下にすぎず、藤原南家のみならず百済王氏自体の勢力の低下もまたおおい難い状況にあった。この様な両家にとっての救いは翌七月二十二日に越前守従四位下藤原朝臣継縄が参議となり縄麻呂と共に国政に参与する様になったことであろう。

さて、既に見た如く、道鏡の地位を高めるための方策は次々に実施に移されていたが十月二十日、天皇は僧、基真より報告のあった隅寺の毘沙門像よりあらわれたという舎利を法華寺に運ばしめ、百官の主典以上に礼拝させた。この仏舎利出現の報告は、『続日本紀』天平神護二年九月壬申条に「授二従六位下息長眞人淨繼外従五位下一。修行進守大禪師基眞正五位上一。」とあるところから、この日を遠く遡らない時点でなされたものであろう。天皇はかかる仏舎利出現を(29)「故諸乃大法師等乎比岐爲天上止伊麻須太政大臣禪師乃如理久勤行波之米教導賜尓依天之如此久奇久尊岐驗波顯賜弊利。」とし、ひたすら道鏡の存在にその因を求めこれを契機に道鏡は法王の位を授けられることとなる。この法王の位がいかなる地位を意味するかは定かにし難く、『続日本紀』天平神護二年十月乙巳条に「詔。法王月料准二供御一。」と規定しているのみである。おそらくは、天皇に准ずるものとしてとらえられたものと考えられる。そして、この道鏡の法王就任を機に右大臣藤原永手は左大臣、吉備真備は右大臣、参議弓削御浄朝臣浄人は中納言に任用された。さて、十一月五日、百済王理伯は従五位下より従五位上に昇叙された。天平勝寶六年二月十三日、従五位下に叙されてから実に十年余を経過している。この昇叙の遅れが藤原仲麻呂と藤原豊成一族との対立に起因することは明らかである。私は、この昇叙は六月二十八日に薨じた敬福の嫡子としての立場を配慮したものではなかったかと考えている。その推論が妥当なものであるか否かを見るために、今、この時点における百済王氏一族の位階を示すと表Ⅱの如くである。

表Ⅱ

氏名	位階	昇叙年月日
百済王元忠	従四位下	天平寶字八年正月七日
百済王理伯	従五位上	天平神護二年十一月五日
百済王三忠	従五位下	天平寶字四年正月四日（征夷、桃生柵を作るを以って藤原恵美朝獦らと共に昇叙される。）

百済王武鏡	従五位下	天平寶字八年十月六日（仲麻呂の乱鎮圧の功績によるものか）
百済王信上	従五位下	天平神護元年閏十月六日（弓削寺における敬福の本国儛の演奏に参加したことによる昇叙か）
百済王文鏡	従五位下	天平神護元年閏十月六日（弓削寺における敬福の本国儛の演奏に参加したことによる昇叙か）
百済王利善	従五位下	天平神護元年閏十月六日（弓削寺における敬福の本国儛の演奏に参加したことによる昇叙か）

かかる表で明らかな如く、仲麻呂政権下において元忠が従四位下、三忠が従五位下に叙されてはいるが、第五章で考察した如く、おそらくは孝忠の子である彼等を重用することにより敬福系との分断を仲麻呂が画したものと思われる。仲麻呂の乱後、元忠の動向は不明という他なく、寶亀四年閏十一月二十三日の卒去記事を認め得るのみである。かかる点よりして百済王氏の一族の後継者はその娘、明信が藤原継縄と婚姻関係にある敬福の嫡子理伯だと認識されていたものと思われ、先述の結論と何ら矛盾するものではなく、さらに翌神護景雲元年正月十八日に正五位上へと昇叙されている事実は、そのことを証明するものであると考える。以上、百済王氏の状況を考察してきたのであるが、神護景雲元年三月二十日、法王道鏡に対応した機関が設置された。法王宮職がそれである。この法王宮職が律令政府機構と併存し、なおかつ律令政府機構を空洞化させる危険性を有したところにこの時代の異常さがあった。そのメンバーは大夫従三位高麗朝臣福信（造宮卿、但馬守兼務）、亮従四位下高丘比良麻呂（大外記、遠江守兼務）、大進従五位上葛井連道依（勅旨大丞兼務）であり、他に名は欠けてはいるが少進一人、大属一人、少属二人がおり計七名で構成されていた。ここで高麗朝臣福信が大夫として登場しているのは、称徳天皇が皇太子であった頃春宮の亮であったという関係より生じたものと考えられるが、この構成メンバーすべてが渡来系で占められていることは注目すべきことであると言わなければならない。この点に関し横田健一氏(30)は、「藤原氏や在来の旧名族のように、成上りの道鏡に対し反感をもつことがなく、

その意のままに動くからだろう」と推測されており、従うべき見解だとしなければならないが、この構成メンバーに百済王氏の名が見えないのは先の仲麻呂政権における紫微中台のメンバーに福信（その当時は、高麗朝臣ではなく背奈王を名のっていた）と共に百済王孝忠が名を列していたのとは全く異なる結果となっている。かかる相違はいかなる所から派生したのであろうか。先述した如く、百済王氏の百済系渡来人に対する影響力の大きさは称徳天皇自身の知るところであり、その勢力を自己の政権下に取込もうとしたことは弓削寺の百済王敬福等による本国儛演奏に如実にあらわれている。しかるに、この度の人事においては百済系渡来人の高丘連比良麻呂(31)、葛井連道依の名は見えるものの百済王氏の名はそこに見出すことはできない。先の横田氏の見解に従えば法王宮職設立メンバー選任に際しては反藤原、反旧名族という意識が相当に働いていたものと推測され、おそらくは藤原南家との関係を有する百済王氏が敬遠されたものと考えられる。さて、かような特色を持つ法王宮職の設置を経た同年七月十日、内豎省が設置され、その卿に正三位弓削御浄朝臣浄人（中納言、衛門督、上総守兼務）、大輔に従四位上藤原朝臣是公（左衛士督、下総守兼務）、少輔に従五位下藤原朝臣雄依（右衛士督兼務）、大丞に従五位下田口朝臣安麻呂がそれぞれ任命された。内豎省の設置の目的は「宮廷内の武力掌握と道鏡の警護を企画したものとみられ」(32)、道鏡の地位を維持するための施策がおこたりなく行われていることを窺わせる。一方、藤原氏内部の勢力関係に眼を向けてみると、ここに南家是公が名をつらねているところよりしてまだこの時点における称徳天皇、道鏡の南家に対する処遇の変化は認められない。しかし、『続日本紀』神護景雲二年十一月癸未条に「従四位上藤原朝臣是公為二侍従兼内蔵頭一。」とあり、翌三年三月戊寅条に「左中弁従四位下藤原朝臣雄田丸為二兼内豎大輔一。」とあるところよりすると徐々にではあるが式家の勢力の伸張がなされていることを窺い知ることができるようになる。以上見てきた様に法王道鏡の地位の基礎固めが実施に移され、道鏡の皇位へのアプローチが展開されつつあったが、閉鎖性の強い貴族社会、それもその頂点をなす天皇に一介の僧が就くということは不可能に近い困難なことであった。称徳天皇は仏舎利の出現を機に道鏡を法王の地位に就けたとはいえ、即位実現のためにはまだまだ種々の策が画されねばならなかった。その一環としての表れが神護景雲元年六月十六日の申時に東南の角に瑞雲が現れたという報告を端緒とする景雲騒ぎであった。天皇はかかる景雲が出現した理由を「大神、祖霊、三宝の霊験が相重なっ」[33]た結果として捉え、自分と道鏡の治世がこの三者によって護られていることを群臣たちに顕示することを目的としたものであったと考えられる。そして、この景雲の大瑞を機として年号を神護景雲と改めた。この騒ぎは称徳天皇と道鏡の画策によるものであることは明らかであるが、神護景雲三年の宇佐八幡託宣の前奏曲をなしている点において看過し得ない出来事であった。

さて、神護景雲二年十二月四日、称徳天皇と道鏡にとって思いもかけない事件が勃発した。あの仏舎利の出現が僧基真の奸偽によることが発覚したからである。道鏡を法王に就けた直接の動機が基真によるこの仏舎利進上であってみれば、天皇と道鏡の打撃には想像以上のものがあったであろう。早急に次の手がうたれなければならない状況に二人は追込まれた。そしてその打開策としてとられた行動は二人の窮極の目的そのものであった。宇佐八幡神の「令㆓道鏡即㆒皇位。天下太平。」[34]とする託宣が下されたのである。神護景雲三年五月頃のことであったという。しかるに託宣の真偽を確認するべく派遣した和気清麻呂の「我國家開闢以來。君臣定矣。以㆑臣爲㆑君。未㆓之有㆒也。天之日嗣必立㆓皇緒㆒。」とする皇統観に基づく復命により拒絶され、ここに称徳天皇、道鏡のもくろみは一大頓挫をきたすに至った。『続日本紀』神護景雲三年十月乙未朔条によると、かかる事態に直面して天皇は元明及び聖武天皇の宣命を引きあいにだすことにより

一、天皇が帝の任免権を保有していること
二、天皇に対する王臣の忠誠心
三、殊に近侍する武装東国民への天皇に対する忠誠心

を明らかにし、天皇と道鏡に対する反感の情が高まるのを牽制している。そして『最勝王経王法正論品』により「今世

尓方世間乃榮福乎蒙利忠淨名乎顯之。後世尓方人天乃勝樂乎受天終尓佛止成止」教え悟し、「汝等乃心乎等等能倍直之朕我教事尓不違之天東祢治牟表」として五位以上の者（35）に長さ八尺で二端に金泥をもって「恕」と書き記した紫綾を与え、あくまで天皇への忠誠をひたすら求めているのである。かように、宇佐八幡の神託事件は天皇と道鏡にとって癒し難い大きなダメージを与えずにはおかなかったが、天皇はかかる事態に直面してただ手をこまねいていたわけではなかった。しからば、天皇はいかなる行動を起こしているのであろうか。十月十五日、飽浪宮、更に進んで十七日には由義宮に行幸した天皇は、十九日に従四位下左中弁右兵衛督内匠頭藤原朝臣雄田麻呂を河内守に任じている。かかる行幸の目的がいかなる点にあったのかについては、三十日に天皇が「以㆓由義宮㆒為㆓西京㆒。河内國為㆓河内職㆒。」と詔しており、河内由義宮を大和国の平城京に対して西京とする所にあったとすべきである。その規模の全容は不明であるが、『続日本紀』寶亀元年正月乙亥条に「大縣。若江。高安等郡。百姓之宅入㆓由義宮㆒者。酬㆓給其價㆒。」とあるから「おそらく志紀に属する弓削の地ではなくても、いまの長瀬川をへだてて東北に位する東弓削の地からさらに東北・北部一帯へ広がっていた地帯」（36）であろう。それでは、この行幸を画した主体を誰に求めるべきであろうか。この問題は道鏡の立場をいかに捉えるかにかかわってくる。それは、道鏡が自己の苦境を打開せんがために天皇に進言し、自己の生誕地に西京を建設させたものとする道鏡主体説（37）と、あくまで天皇をシテ、道鏡をワキとする見解、つまり西京造営の主体を天皇とする説（38）の存在することでも明らかである。今の私には、どちらとも決し難いが、ただその造営の目的が単なる思いつきのものとは考えられず、天皇側のまき返しのあらわれ、即ち「傷つけられた道鏡を慰め励まし、来るべき好日を期したのである」とする北山茂夫氏の説（39）により妥当性があるように思う。

さて、由義宮を西京と為すことを決定した三十日、弓削御浄朝臣清人等、并に事に供する国、郡司、軍毅に爵一級を与えている。今、その内容を列挙すると以下の如くである。

正三位　弓削御浄朝臣清人　→従二位

従四位下	藤原朝臣雄田麻呂	→従四位上	河内大夫
従五位上	弓削御浄朝臣廣方	→正五位下	
従五位上	葛井連道依(40)	→正五位下	
従五位下	紀朝臣廣庭	→従五位上	河内亮
従五位下	弓削御浄朝臣秋麻呂	→従五位上	
従五位下	弓削御浄朝臣塩麻呂	→従五位上	
无　位	弓削御浄朝臣廣津	→従五位下	
无　位	山口忌寸沙弥麻呂(41)	→本位従五位下に復す	
正六位上	河内連三立麻呂(42)	→外従五位下	河内大進（法王宮大進兼務）
正六位上	六人部連廣道(43)	→外従五位下	
正六位上	井上忌寸蜂麻呂	→外従五位下	
正六位上	高安忌寸伊可麻呂(44)	→外従五位下	河内少進
従五位上	弓削御浄朝臣美努久賣	→正五位下	
従五位上	弓削御浄朝臣乙美努久賣	→正五位下	
无　位	藤原朝臣諸姉(45)	→従五位下	
无　位	弓削宿祢東女	→従五位下	
正六位上	伊福部宿祢紫女	→外従五位下	

ここで注目すべきは、道鏡の一族弓削氏に対する集中的な昇叙はおくとして、

㈠実質的な造営主体と考えられる河内職の長官に藤原朝臣雄田麻呂が任ぜられ、さらに兄良継の娘、諸姉が无位から正

五位下に叙されていること
㈡河内亮に従五位上紀朝臣廣庭が任ぜられていること
㈢河内に地盤を有する渡来系氏族の河内連三立麻呂が河内大進（法王宮大進兼務）、高安忌寸伊可麻呂が少進に任ぜられていること

であろう。しからば、かかる任命の背景にはいかなる政策が存したのであろうか。各々その究明を試みていきたい。

㈠の点を究明するには、称徳・道鏡政権と藤原朝臣雄田麻呂を中心とする藤原式家との関係を明らかにしなければならない。今、かかる関係を推測するために天平神護元年から寶亀元年に至る藤原式家の任官及び昇叙、さらにその間における祥瑞あるいはそれと目される記載を抽出すると表Ⅲ、Ⅳの如くになる。

表Ⅲ

年月日	田麻呂	蔵下麻呂	雄田麻呂	宿奈麻呂	種継
天平神護元年春正月七日	正五位下→正五位上	従三位勲二等			
天平神護元年二月五日	正五位上外衛大将				
天平神護元年二月八日		従三位近衛大将			
天平神護二年秋七月二十二日	従四位下外衛大将丹波守→参議				
天平神護二年九月二十三日			従五位下山陽道巡察使		
天平神護二年十一月五日				正四位上→従三位	従六位上→従五位下

天平神護二年十二月十二日	従四位下→従四位上			
神護景雲元年二月二十八日			正五位下左中弁兼右兵衛督侍従内匠頭武蔵介	
神護景雲元年三月二十日		従三位伊豫土左二国按察使近衛大将左京大夫故の如し		
神護景雲二年二月十八日			正五位下武蔵守左中弁内匠頭右兵衛督故の如し	従五位下美作守
神護景雲二年冬十月八日			正五位上→従四位下	
神護景雲二年十一月十三日	従四位上大宰大弐		従四位下中務大輔左中弁、内匠頭武蔵守故の如し	従三位兵部卿兼造法華寺長官
神護景雲二年十一月二十九日			従四位下検校兵庫副将軍	
神護景雲三年二月十六日			従四位下左中弁、伊勢太神宮使と為す	
神護景雲三年三月十日			従四位下左中弁兼内豎大輔	

神護景雲三年十月十九日			従四位下左中弁右兵衛督内匠頭→兼河内守		
神護景雲三年十月三十日			従四位下→従四位上　河内大夫と為す		
寳亀元年三月二十八日			従四位上河内大夫→和儛を奏す		
寳亀元年七月二十日				従三位兵部卿→参議と為す	
寳亀元年八月四日				称徳死去に伴い御装束司と為す	
寳亀元年八月六日				称徳死去に伴う朝廷守護のため騎兵司と為す	
寳亀元年八月二十二日			従四位上左中弁内豎大輔内匠頭右兵衛督→兼越前守	参議従三位兵部卿兼法華寺長官→大宰帥	
寳亀元年八月二十八日			従四位上内豎大輔内匠頭右兵衛督→右大弁		
寳亀元年九月十六日		従三位近衛大将→兼兵部卿		従三位造法華寺長官→式部卿	

表Ⅳ

年月日	祥瑞	貢献人昇叙等
神護景雲元年六月十七日	伊勢国度会郡等由気宮の上に五色の瑞雲あり	伊勢国守従五位下阿倍朝臣東人等報告 東人、従五位下→従五位上
神護景雲元年七月十五日	西北角に美異なる雲立てあり	陰陽寮員外助紀朝臣益麻呂（46）従五位下→正五位下
神護景雲元年七月二十三日	東南角に有る雲、もと朱にすえ黄にやや五色を具えつ	陰陽寮
神護景雲元年八月八日	慶雲見ると	参河国守伊勢朝臣老人　従四位下→従四位上 参河国目紀朝臣門守　正六位上→従五位下
神護景雲二年正月十日	播磨国白鹿を献ず	播磨守従五位下賀茂朝臣田守（47）
神護景雲二年六月二十一日	武蔵国より白雉を献ず	武蔵国守正五位下藤原朝臣雄田麻呂、介従五位下弓削御浄朝臣廣方、員外介外従五位下内蔵忌寸若人。→国司に位一級を叙す
神護景雲二年七月十一日	日向国より白亀の赤き眼あるを献ず 肥後国より青馬の白き尾あるを献ず	大伴人益　従八位下　絁十疋、綿廿屯他 刑部廣瀬王　従八位下　絁十疋　綿廿屯他
神護景雲二年八月八日	参河国より白烏を献ず	参河国守伊勢朝臣老人か　七月八日に得たもの
神護景雲二年十一月二日	白鼠を献ず	美作掾正六位上恩智神主廣人　（美作守藤原朝臣種継→神護景雲二年二月十八日補任）
神護景雲三年五月十六日	白鳩を献ず	伊勢国員弁郡の人猪名部文麻呂　爵二級、当国の稲五百束　（守阿倍朝臣東人）
神護景雲三年十一月	伊豫国白祥の鹿を献ず	守従五位上高圓朝臣廣世、員外掾従六位上笠朝臣雄宗
寳亀元年五月十一日条	今年白雀一隻を献ず	大宰帥従二位弓削御浄朝臣清人
寳亀元年七月十八日	常陸国白烏を獲 筑前国白雉を獲	那賀郡の人丈部龍麻呂、占部小足　爵人ごとに二級、稲五百束 嘉麻郡の人財部宇代　爵二級、稲五百束

ここで一見して明らかなことは、藤原式家と称徳天皇、道鏡との関係の成立が雄田麻呂の武蔵国の地方官就任にあったことである。即ち、『続日本紀』神護景雲元年二月戊申条には、「左中弁侍従内匠頭武蔵介正五位下藤原朝臣雄田麻呂爲二兼右兵衛督一。」とあり、神護景雲元年二月時点において既に武蔵介であったことが確認できるが、更に神護景雲二年二月十八日には左中弁、内匠頭右兵衛督故の如く、加えて武蔵守に任ぜられている。そして注目すべきは、同年四月乙酉条に「以二従五位下弓削御浄朝臣廣方一爲二武蔵介一。近衛將監如レ故。外従五位下内藏忌寸若人爲二員外介一。」とあり、ここに雄田麻呂と弓削氏との関係の発端が見出せる。しかも、神護景雲二年六月には武蔵国より白雉が献ぜられ、雄田麻呂に位一級が叙せられて正五位下から正五位上に昇っている。かかる白雉出現は(48)、「雉者斯群臣一心忠貞之應。白色乃聖朝重光照臨之符。」をあらわすものであるとし、称徳天皇と道鏡の政治が立派に実施されていることの証とされており、守、藤原朝臣雄田麻呂と介、弓削御浄朝臣廣方との関係はいうに及ばず、より上部との関係の成立を推測せしむるのである。かような推測を裏づける如く、十一月二日には藤原朝臣種継が守を務める美作国から白鼠が献ぜられ、更に十一月癸未条には、「大納言衛門督正三位弓削御浄朝臣清人爲二兼大宰帥一。従四位上藤原朝臣田麻呂爲二大貳一。」とあり、ここにも式家と弓削氏の関係が認められるのである。しかも、両者の関係はそれのみにとどまらず、十一月二十九日、道鏡側が兵器を掌握する目的(49)で任命した検挍兵庫將軍弓削御浄朝臣淨人の補佐役の副將軍として藤原朝臣雄田麻呂(50)が任ぜられており、翌神護景雲三年三月十日には内豎省の大輔に任ぜられているのである。

上述した所から、称徳天皇、道鏡勢力と藤原式家、それも特に雄田麻呂との関係には密接なものが想定できるのであり、かかる関係を背景として西京造営の実質的推進主体としての河内職大夫に雄田麻呂が仕命され、その妻、藤原諸姉の昇叙につながったものと考えられる。

しからば、河内亮に紀朝臣廣庭が任ぜられている(二)についてはいかに解釈すべきであろうか。この点に関して留意すべきは、神護景雲元年八月二十九日に称徳天皇、道鏡が大権に関わる詔勅を太政官の中務省を経ずに極秘裏に発布することのできる機関として成立せしめた勅旨省の少輔に任ぜられていることであろう。紀朝臣廣庭と弓削氏との関係がいかなる時点で成立したかは不明という他ないが、『続日本紀』天平寶字八年十月癸未条に「衛門督従四位下弓削御淨朝臣淨人爲㆓兼上総守㆒。従五位下紀朝臣廣庭爲㆓介㆒。」とあるところからある程度の推測は可能であろう。

㊂に関わり、称徳、道鏡政権におけるウイークポイントというべきものは、道鏡の出身氏族弓削氏の数が藤原氏を頂点とする他の有力氏族に比し決定的に劣ることであった。それを補うために弓削一族の武力部門における登用及び昇叙をはかるとともに藤原氏一族に対する切り崩し工作が積極的になされた。そのことは、称徳、道鏡政権における藤原式家の重用を想定すれば明らかである。それとともに先述した如く、そのよって立つ政治機構法王宮職に渡来系氏族のみ任用されている事実、なかんずく神護景雲元年三月二十日の設置段階における亮、高丘連比良麻呂(51)、大進、葛井連道依及び神護景雲三年十月時点における大進、河内連三立麻呂がそれぞれ河内地方に居住する渡来人であったことは、注目すべきことである。このことは道鏡がその出身地、河内地方に居住する渡来系氏族を自己の勢力下に組織せんとしていたことを如実に示しているということができよう。かような政策下において由義宮造営の主体をなす河内職の大進に河内連三立麻呂、少進に高安忌寸伊賀麻呂が任用されたものと理解すべきであろう。

以上考察してきた如く、由義宮造営の主体となる河内職の構成員が現在あるいは過去において称徳、道鏡政権を維持すべく設置された私的機関の構成員(52)であったことが確認できるのであり、由義宮造営自体がきわめて政治的色彩をもったものであったと考えられるのである。

さて、かかる任命のあった翌寶亀元年二月二十七日、称徳天皇は再度由義宮に行幸し翌三月三日には博多川に臨んで宴遊し、百官文人及び大学生等が曲水の詩を奉じたが、二十八日この度の行幸の主目的とでも言うべき歌垣が催された。即ち、青摺の細布衣を着け、紅の長紐を垂らした葛井・船・津・文・武生・藏六氏の男女二百三十人が相並んで「乎止賣良尓。乎止古多智蘇比。布美奈良須。尓詩乃美夜古波。与呂豆与乃美夜。」及び「布知毛世毛。伎与久佐夜氣志。波可多我波。知止世乎麻知弖。須賣流可波可母」という由義宮讃歌を唱し、歌の曲折毎に袂を挙げ節を為したという。その他、古詩四首が唱されたというが収録されていない。しかもこのペイジェントのクライマックスには称徳天皇の詔により五位以上、内舎人及び女孺が歌垣の中に列したという。そして歌が終わった後、河内大夫従四位上藤原朝臣雄田麻呂が和儛を奏した。かかる儛が称徳天皇と道鏡に対する服属儀礼的要素を含むものであったことは容易に想定できる所であり、雄田麻呂の心中の忖度はおくとして、彼が選ばれたことは先述した称徳天皇、道鏡と式家との関係からして当然の帰結であったと考えることができる。果たして和儛が雄田麻呂の自発的行動から出たものか否かについては不明という他ないが、結果的には藤原式家の称徳・道鏡政権に対する妥協の表現であり、藤原一族の結束に微妙な影を投げかける結果となった。しかも、かかる雄田麻呂の和儛と天平神護元年十月称徳天皇の弓削寺行幸に際し、弓削寺において刑部卿従三位百済王敬福が本国儛を奏したのを比較検討するとき、そこに重大な問題が存在すると考えられる。何故なら先述した如く、百済王氏の河内居住渡来氏族に対する影響力には絶大なものがあり、その力量には無視し得ないものがあったと想定できるにもかかわらず、歌垣に何らの関与をも示していないからである。しかも、歌垣の主役を演じたのが葛井・船・津・文・武生・蔵の六氏であればなおさらの感を拭いきれない。この事実は、敬福の死去に伴う百済王氏の相対的な勢力の低下は言うに及ばず、称徳・道鏡政権下における京家を除く藤原氏諸流の中での南家の不振(53)ということと大きな関連を有していたのではなかろうか。その意味において雄田麻呂の和儛はきわめて象徴的なものであったとみなし得るのである。

しからば、歌垣における六氏任用はいかなる経緯でもって決定されたのであろうか。ここで留意すべきは葛井氏の存在である。即ち、天平神護二年三月二十六日、従五位下葛井連道依が勅旨少丞となり、神護景雲元年三月二十日、法王宮職が設置された時点においてその大進に任ぜられ、同年八月二十九日には勅旨員外少輔となっている。そして先に見た如く、神護景雲二年十月三十日には従五位上から正五位下に昇叙している所から称徳天皇、道鏡との関係が想定できる。

さらに、一族葛井連根主も神護景雲二年六月二十九日には衛門大尉として内豎大丞を兼ねている。かかる事実は六氏参加による歌垣の演出が葛井氏を介して実施されたのではないかという推測が可能なものとなり、その反映が六氏の記載順序の先頭(54)に葛井氏が配されていることにあらわれているのではないかと考える。その記載順序をただ単なる偶然ととらえるべきではなかろう。称徳天皇、道鏡は六氏の人ごとに商布二千段、綿五百屯を与えてその労をねぎらった。

さて、この大きなページェントが終了した翌四月一日、外従五位下内藏忌寸若人が摂津亮に任ぜられた。しかも同日、河内亮紀朝臣廣庭とともに造由義大宮司次官に兼任されていることは、きわめて注目すべきことである。内藏忌寸若人は、『続日本紀』神護景雲二年四月乙酉条に「以二従五位下弓削御浄朝臣廣方一爲二武藏介一。近衛將監如レ故。外従五位下内藏忌寸若人爲二員外介一。」とあることからも知れる如く、道鏡との関係が想定でき、しかも、その守藤原朝臣雄田麻呂とのつながりにも強いものがあったと考えられる。かかる関係をベースに造由義大宮司次官の任命がなされたものと思われるが、ここで留意すべきは若人が摂津亮に補されていることであろう。摂津職は『令義解』職員令に

攝津職　帶二津國一。

大夫一人。掌下祠社。戸口。簿帳。字二養百姓一。勸二課農桑一。糺二察所部一。貢擧。孝義。田宅。良賤。訴訟。市廛。度量輕重。倉廩。租調。雜徭。兵士。器仗。道橋。津濟。過所。上下公使。郵驛。傳馬。闌遺雜物。撿二挍舟具一。及寺。僧尼名籍事上。

亮一人。大進一人。少進二人。大属一人。少属二人。史生三人。使部卅人。直丁二人。

とあり、その官の特徴として㈠大宝令制定の当初から(55)例外的に京官と位置づけられたこと㈡津済(難波津と難波地域にあった港と渡し場の管理)、上下公使(難波津を経て上り下りする公使のチェック)、撿挍舟具(中央の兵部省主船司のつかさどる公私の船とその付属物を難波津にあって管理する)という特殊な職掌を有すること等があげられる如く、「国家的な港津の管理」(56)を担った。かかる職掌を有する摂津亮に内藏忌寸若人が任ぜられた後、造由義大宮司次官を兼務したことは、摂津職が由義宮造営に何らかの関係を有したことを推測せしめる。即ち、難波津は西国物資の

集積地であり、新都造営に際しての重要な地位をしめたものと考えられるからである。しかも、その長官が百済王理伯であったことは注目に値するといわなければならない。理伯の摂津大夫補任は神護景雲元年八月二十九日であるが、それより以前、天平勝寶六年四月より天平寶字五年五月まで摂津亮に任ぜられており、その職務内容について精通していたと思われる。おそらく河内地方居住の百済系渡来人に大きな影響力を有する百済王氏を物資の集積地の責任者に据え、造営円滑化をはかったのであろう。しかも、神護景雲元年二月二十八日に従四位下佐伯宿祢今毛人を造西大寺長官、右少弁正五位上大伴宿祢伯麻呂を兼次官と為す人事が発令され、さらに、八月二十九日には従四位上伊勢朝臣老人が中衛中将参河守兼務で造西隆寺長官に、翌九月四日には大外記、右平準令従五位下池原公禾守を次官とする異動が発令されている。西大寺は寶亀十一年の『西大寺資財流記帳』[57]によると孝謙太上天皇が藤原仲麻呂の乱の際、その戦勝を祈って「七尺金銅四天王像」と御堂の建立を発願したことに端を発し、この神護景雲元年二月の補任を契機として本格的な造営が始まり、同年西隆尼寺も起工された。この両寺は東大寺と法華寺の造営に対応するものであったと考えられるが、かかる両寺の造営司任命と前後する形で神護景雲元年三月二十日に外従五位下津連眞麻呂が摂津大進に、八月二十九日には百済王理伯が大夫にそれぞれ任ぜられていることはこの補任と両寺の造営との間に深い関連性があったことを想定せしめる。しかも、天平神護二年三月二十六日に従五位下百済王利善が飛騨守に任ぜられていることは、その配下に[58]「山村の民としての木工技術の優秀さともあいまって、飛騨匠丁（木工技術者）の貢進という、特殊」な「義務と責任」とを背負っていた飛騨国造氏が存在し、『続日本紀』神護景雲二年二月癸巳条に「外従五位下飛驒國造高市麻呂。橘部越麻呂。並爲造西大寺大判官。」とある如く、西大寺造営と深い関係を有しており、ここにも百済王氏と造寺の関連の一端が窺えるのではないかと考える。

結語

以上考察してきた如く、称徳・道鏡政権下における百済王氏は一族の統率者とでも言うべき敬福を失い、勢力の減退を余儀なくされた時代だと言える。一族の歴史上における興亡には種々の要因が絡まっており、一概にこれが要因だというものを明示し得ない場合が多い。しかし、傑出した人物の出現とその死は一族の興亡に大きな影響を与えることもまた事実である。かかる点から言えばまさに敬福の死は百済王氏にとって大きな損失であった。しかも、百済王氏の庇護者、藤原南家においても豊成の死に伴う勢力退潮という同一傾向を示している。かかる氏族の状況にありながらも百済系渡来人に対する統率力は西大寺建立等に最大限に利用されたものと考えるが、大仏造営過程におけるそれとは比較すべくもなかった。彼ら一族が次に歴史の表舞台に登場してくるのは桓武朝を待たねばならないのであり、歴史への関わり方もより藤原南家、それも継縄一個人との密着化という形で展開され、そこに明信の姿が大きくクローズアップされてくるのであるが、かかる過程については第八章で述べるところである。

注

（1）本書第五章「藤原仲麻呂政権下の百済王氏」

（2）『続日本紀』天平寶字八年九月壬子条。

（3）高島正人『奈良時代諸氏族の研究』第二編奈良時代の藤原朝臣氏　第二章奈良時代中後期の藤原氏、吉川弘文館。一九八三年

（4）岸　俊男『藤原仲麻呂』人物叢書153　吉川弘文館。一九六九年　393頁

(5)『続日本紀』天平寶字八年正月己未条。

(6)津連秋主

天平寶字八年九月十三日　従五位下→従五位上

九月二十日　従五位上→正五位下

天平神護元年正月　七日　勲六等

津連眞麻呂

天平寶字八年十月　七日　正六位上→外従五位下

高志毗登若子麻呂

天平寶字八年十月　七日　正六位上→外従五位下

葛井連立足

天平寶字八年十月　七日　外従五位下→従五位下

(7)『日本古代人名辞典』第六巻　藤原朝臣乙縄の項　吉川弘文館。一九七三年

(8)縄麻呂が兄、継縄を越えて南家を代表して参議に任ぜられているのは、その母の出自が影響したものと考えられる。即ち、本文でも述べた如く、継縄の母は路眞人虫麻呂の女であり、一方、縄麻呂の母は北家、藤原朝臣房前の女であったからである。

(9)例えば、式家藤原蔵下麻呂は討賊将軍に任ぜられており、藤原良継もその薨伝によると詔を奉じ、兵数百を率い追討に参加している。

(10)中川　收『奈良朝政争史』歴史新書14　教育社。一九七九年　207頁～208頁

(11)笹山晴生『古代国家と軍隊』中公新書402　中央公論社。一九七五年

(12)岸　俊男　注(4)著書。

(13)天平神護元年十月辛未条。

(14)『続日本紀』天平神護元年十月戊子条には、「幸二弓削寺一礼レ佛。奏二高麗樂於庭一。刑部卿従三位百済王敬福等亦奏二本國儛一。」とある。

(15)和気王は一品舎人親王の孫、正三位御原王の子である。

(16)『続日本紀』天平神護元年八月庚申朔条。以下二つの引用史料も同条による。

(17) 横田健一氏は、「この事件は果してよくある無実の疑獄か、あるいは真に天皇と道鏡を呪詛したものかわからないが、その後の詔勅よりみて恐らくは後者であろう。」とされる。これに対し北山茂夫氏は、「この宣命のなかに起請書として引用されているものも、どうも検挙前に入手したのではないらしく、そうすると、後でデッチあげたのではないかという疑いもおこってくる。」とされる。横田健一『道鏡』人物叢書18 吉川弘文館。一九五九年 143頁 北山茂夫「道鏡をめぐる諸問題」『日本古代政治史の研究』所収。岩波書店。一九五九年 386頁

(18) 北山茂夫『女帝と道鏡』中公新書192 中央公論社。一九六九年 68頁

(19)『セミナー日朝関係史Ⅰ』42、日本における百済王一族の消長 鬼頭清明氏執筆。桜楓社。一九六九年。なお、引用文中の慈教は慈敬の誤りであると思われる。

(20) この他、桓武天皇延暦六年十月己亥条、延暦十年十月己亥条にも同内容を含む記載があるが、それぞれ「主人𡈽二百濟王等一奏二種々之樂一。」、「右大臣𡈽二百濟王等一。奏二百濟樂一。」とある如く、百済王氏の統率者としての藤原継縄が前面に出ており、百済王氏の宗家としての藤原南家の存在がより大きくなっていることが判明する。即ち、それは藤原南家と百済王氏の関係の究極的な形態であるともみなし得るのであり、A、B、Cと同一に論じる訳にはいかない。かかる点については後考を期したい。

(21) 和田 萃「養老改元」—醴泉と変若水—『道教と東アジア—中国・朝鮮・日本』所収。人文書院。一九八九年 130頁

(22) 和田 萃 注(21)論文。

(23)『続日本紀』天平寶字六年六月庚戌条。

(24)『続日本紀』天平寶字八年九月甲寅条。

(25) 北山茂夫 注(18)著書。

(26)『続日本紀』天平寶字八年十月庚午条には「詔加下賜親王大臣之胤。及預レ討二逆徒一諸氏人等位階上。」とあり、その際、従五位上から正五位下に昇叙され、さらに天平神護元年正月己亥条によると勲四等を授けられている。

(27) 青木和夫 日本史の社会集団Ⅰ『古代豪族』小学館。一九九〇年。青木氏は「道鏡が女帝の仏教の師だとすれば、真備は儒教の師」であったとされる。238頁

北山茂夫　注（17）論文。

（28）岸　俊男　注（4）著書。
『続日本紀』寶亀六年十月壬戌条の吉備真備の薨伝に「（天平寶字）八年仲満謀反。大臣計二其必走一。分レ兵遮レ之。指麾部分甚有二籌略一。賊遂陷二謀中一。旬日悉平。」とある。

（29）『続日本紀』天平神護二年十月壬寅条。

（30）横田健一　注（17）著書。156頁

（31）『続日本紀』神護景雲二年六月庚子条の高丘宿祢比良麻呂の卒伝に「其祖沙門詠。近江朝歳次二〔天智二年〕癸亥一自二百濟一歸化。父樂浪河内。正五位下大學頭。神龜元年。改爲二高丘連一。比良麻呂少遊二大學一。渉二-覽書記一。歷二-任大外記一。授二外従五位下一。寶字八年。以レ告二仲満反一授二従四位下一。景雲元年賜二姓宿祢一。」とあり、百済滅亡に際し渡来した樂浪河内の子であることが確認できる。

（32）野村忠夫「奈良時代の政治過程」『岩波講座日本歴史』3古代3所収。岩波書店。一九七六年、104頁

（33）北山茂夫　注（18）著書。92頁。

（34）『続日本紀』神護景雲三年九月己丑条。なお、本文の次の引用史料も同条による。

（35）ただし、藤原氏については「但藤原氏者。雖レ未二成人一。皆賜レ之。」とあり、特別の配慮を行っている。

（36）横田健一　注（17）著書。241頁

（37）横田健一　注（17）著書。
平野邦雄『和気清麻呂』人物叢書　吉川弘文館。一九六四年

（38）北山茂夫　注（18）著書。

（39）北山茂夫　注（18）著書。134頁

（40）神護景雲元年三月二十日、法王宮職が設置されたとき、勅旨大丞従五位上で法王宮職の大進を兼ね、同年八月二十九日、勅旨員外少輔に任ぜられた。

（41）この後、寶亀元年三月十日、由義宮において會賀市司に任ぜられた。なお、十月三十日の昇叙の際、本位に復するとあり、藤原仲麻呂政権下において紫微少忠等に任ぜられている所から、おそらくは仲麻呂の乱により追放され、このとき許されたものと考えら

れる。
(42)河内連は『新撰姓氏録』河内諸蕃に「出レ自二百濟國都慕王男陰太貴首王一也。」とある。
(43)美濃国の人か。
(44)高安忌寸は『新撰姓氏録』河内国未定雑姓に「阿智王之後也。」とある。
(45)藤原朝臣良継の女で藤原朝臣雄田麻呂の妻。
(46)『続日本紀』神護景雲元年八月丙午条に「正六位下紀朝臣益麻呂爲二陰陽頭一。従五位下弓削宿祢薩摩爲レ助。」とあり、紀朝臣氏と弓削氏との関係の一端が見出せる。
(47)天平寶字八年十一月七日、兄の法臣円興と共に高鴨神を土左より大和国葛上郡に復祠し、神護景雲二年十一月二十六日、高賀茂朝臣を賜った。道鏡との関係が深い。
(48)『続日本紀』神護景雲二年六月癸巳条。
(49)兵庫司が中務省の監物と立ちあいで兵庫の出納をしていた制を改め、互いに知らせあって出納するようにした。即ち、単独で出納をして、ただ相手の役所に知らせればよいのであるから、兵庫、または監物を握ることは兵器を非常にたやすく手に入れることができることを意味していた。
(50)なお、横田氏はかかる任命を藤原氏の道鏡勢力に対する牽制としてとらえておられる。横田健一注(17)著書。
横田健一注(17)著書。
(51)三月二十七日には宿祢と改姓された。
(52)河内大夫　藤原朝臣雄田麻呂　内豎大輔　(神護景雲三年三月戊寅条。)
亮　紀朝臣廣庭　勅旨少輔　(神護景雲元年八月丙午条。)
大進　河内連三立麻呂　法王宮大進　(神護景雲三年十月甲子条。)
(53)藤原諸流中における南家の不振は豊成の死去という事実とともに、本文でも述べた如く、式家の台頭に影響される所が大であったと考えられる。確かに南家においても継縄、縄麻呂の二人が参議に任ぜられており式家の田麻呂、宿奈麻呂の二人の参議と数の上では同数である。しかし、その勢力関係はかかる点から判断すべきではなく、歴史の動向にいかなる関わりを有したかによって判断されねばならない。かような観点に立つとき、北家は何よりも左大臣永手を擁しており、一方、式家の称徳・道鏡政権下における深い関わりを勘案すれば、南家の不振は否定できないのではなかろうか。

(54)『続日本紀』寶龜元年三月辛卯条。「葛井。船。津。文。武生。藏六氏男女二百卅人供二奉歌垣一。」とある。

(55)新修『大阪市史』第一巻第六章奈良時代の難波第一節律令制下の難波。　大阪市　一九八八年

(56)吉田　晶『古代の難波』歴史新書37　教育社。　一九八二年　189頁

(57)『奈良市史』通史一、第八章平城京の寺社とその動向。第三節奈良時代後期の寺社の動向。奈良市　吉川弘文館。　一九九〇年
角田文衛『佐伯今毛人』人物叢書108　吉川弘文館。　一九六三年

(58)野村忠夫『古代の美濃』歴史新書27　教育社。　一九八〇年　74頁

第七章　光仁朝の百済王氏

はじめに

奈良時代末期における称徳天皇の死を契機とした白壁王立太子及びその即位（光仁天皇）という歴史の展開は、結果的に持統天皇が志向した夫、天武天皇との間の子孫直系継承の断絶を意味した。いわゆる天智系皇統の復活と呼ばれるものがこれである。かかる光仁朝の基本政策は称徳天皇、道鏡政権によって形成された仏教界の歪みを正常に戻すこと、民政の改革、及び「官を省き役を息め」（1）る「財政緊縮政治」にあった。この光仁朝において百済王氏がいかなる動向を示したかについては史料上明確な形ではとらえ難い。そのことが大きなネックとなって百済王氏を扱った先学の論においても光仁朝における動向の考察は欠落している。従って、私の論究においても部分的な考察、即ち、白壁王即位の過程、山部立太子、及び蝦夷征討に検討対象を絞り、そこにおいて百済王氏がいかに関わったかを中心に論を展開し、それがいかなる意義を有したのかを究明していきたい。

(一)

さて、天武系から天智系皇統への歴史的転換を画策したのが北家永手、南家縄麻呂、式家良継を中心とする藤原氏諸流であることについては、ほぼ定説化している。そして、その主導者を誰に求めるのかについての相違はあるものの、その転換を可能ならしめた背景に、白壁王が正室として聖武天皇の皇女、井上内親王を迎えており、その間に他戸親王を儲けていたという事実、即ち、天武系とのつながりを強調できる条件が整っていたということについても先学の共通して説くところである（2）。主導者を誰に想定するのかの問題点については、結局は称徳天皇の遺宣に対する解釈、及び白壁王立太子に関わる議場の参加人物とその主導権を誰が握っていたのかという解釈の相違によって派生しているものと思われる。そして、その中でも特に問題点となるのは、藤原朝臣百川の扱いである。即ち、白壁王立太子に関わる議場に百川が参加していないことを以って従来の百川を重視する説を疑問視する（3）こともできるからである。かかる点は式家の政界における勢力を考察する際に避けて通れないが、今は述べるべくもない。ただ藤原挙族体制のもと光仁即位が成立したことを確認しておきたい。

さて、光仁即位に際し、聖武血統の井上皇女の存在が重視されるが、この点を検討するために史料を掲げると以下の如くである。

ⓐ寶亀元年十一月戊辰条

行二幸御鹿原一。授二山背守従五位下橘宿祢綿裳従五位上一。

ⓑ寶亀元年十二月乙未条

賜二左大臣正一位藤原朝臣永手山背國相樂郡出水郷山二百町一。

ⓒ寶亀二年二月庚子条

車駕幸二交野一。

ⓓ寶亀二年二月辛丑条

進到二難波宮一。

ⓔ寶亀二年二月癸夘条

左大臣〔永手〕暴病。詔二大納言正三位大中臣朝臣清麻呂一攝二行大臣事一。

ⓕ寶亀二年二月戊申条

車駕取二龍田道一。還到二竹原井行宮一。節幡之竿無レ故自折。時人皆謂執政亡没之徴也。

ⓐは光仁天皇の即位後最初の行幸記事であり、ⓒはそれに次ぐものである。ⓐの行幸地は山背国相楽郡の地であり、かつて甕原離宮が存在し、聖武天皇も天平八年三月、天平十一年三月に行幸している。そして何よりも聖武朝において恭仁京が営まれた地であった。かかる恭仁遷都が橘宿祢諸兄の主導のもとに誘致されたことは明らかである(4)。しかも、諸兄の別業が甕原から遠くない綴喜郡井手に存在しており、天平十二年五月には聖武天皇がこの別業に幸し、諸兄の息、奈良麻呂に位を授けていた(5)。

さて、ここで注目すべきはⓐの史料より山背守橘宿祢綿裳が従五位上に昇叙されていることが判明することである。既に平凡社東洋文庫『続日本紀』の本文注に「本条の行幸に橘諸兄の甥の綿裳が随行しているのは、その縁によるものであろう。」という指摘がなされている(6)。かかる指摘はきわめて重要であると考えるが、今一度、綿裳の経歴を検討してみることとする。綿裳は橘宿祢諸兄の弟、佐為の子で、同じく佐為の娘とされる古那可智が聖武天皇の夫人であったために、天平寶字元年の橘宿祢奈良麻呂の乱においても死を免れ、朝臣より宿禰に姓を貶されたのみで許されたものらしい(7)。時に正六位上であった。その後、天平寶字三年六月、従五位下に叙せられ、同年七月左大舎人助、天平寶字八年八月、上野員外介、神護景雲三年五月、少納言を歴任した。そして、『続日本紀』寶亀元年九月乙亥条に「従五位上大伴宿祢家持爲二左中弁兼中務大輔一。従五位下橘宿祢綿裳爲二少輔一。—中略—中務少輔従五位下橘宿祢綿裳爲二兼山背守一。」とある如く、称徳天皇崩御後の補任において中務少輔、加えて山背守に任ぜられている。さらにはⓐの史料によると十二年ぶりに従五位上に昇叙されている。かかる昇叙について高島正人氏は、「行幸に伴う別勅特授である」(8)とされている。確かにそういう一面は否定できないであろうが、私は、奈良麻呂の乱の影響で天平寶字元年の段階で橘氏を代表する人物が綿裳であったことに注目すべきであると考える。即ち、寶亀元年九月の山背守補任は十一月に予定されていた光仁天皇の行幸を視野に入れた人事であったとしなければならない。それは先述した如く、行幸の地が諸兄の縁の地であったからに他ならないからである。かかる行幸を計画したのが藤原朝臣永手であったろうことはⓑの史料の土地賜与が「行幸に扈従したことへの褒賞(9)か」とする指摘を考慮に入れるとその可能性がすこぶる高いものと思われる。従って、ⓐの行幸の目的は、聖武天皇が行幸したことのある甕原離宮が存在し、かつ橘宿祢諸兄の縁の地に赴き、その実質的後継者たる綿裳に加叙し、右大臣藤原朝臣永手にも褒賞、即ち、山背国相楽郡出水郷の山二百町を与えることにあったとしなければならない。

しからば、ⓒの行幸はいかに考えるべきであろうか。交野の地は百済王氏が居した地であり、桓武天皇の母、高野新笠が百済王氏と同じ百済王族の末裔であったところから、高橋徹氏(10)は、「実は光仁天皇が即位後はじめての行幸地がこの交野であったことも、光仁天皇と高野新笠夫妻にとって交野が、何かしら重要な意味をもつことが理解できそうだ。」とされ、この行幸と百済王氏との関係を重視された。かかる論の背景には、村尾次郎氏(11)が、高野新笠の母、土師真妹が山背国乙訓郡の大枝村に住む土師氏の出であるとされ、桓武天皇自身が「ひっそりと、母の実家である大枝の土師の家に孤々の声をあげた」可能性の高いことをあげられ、鷹狩を好んだ山部王(桓武天皇)が「理想的な鷹野である河内の交野にもたびたび足をのばした」と主張される説があるものと考えられる。しかし、この説の成立し難いことは既に角田文衞氏(12)が土師真妹の出身を「和泉国(大阪府)大鳥郡土師郷の百舌鳥を原郷」とし、その墓が大和国平群郡大野に営まれていることを明らかにされ、瀧浪貞子氏も大枝の地の研究成果(13)から村尾氏の説を否定されている。かように、この行幸と百済王氏との直接的な関係が考えられないとすると、いかに理解すべきなのであろうか。

天平十二年八月二十九日、吉備朝臣真備、僧玄昉を除かんとして勃発した大宰少貳、藤原広嗣の乱に誘発された形で聖武天皇の五年にも及ぶ彷徨が開始された。この過程において既述の如き橘諸兄と縁の深い山背国相楽郡恭仁郷に遷都する旨が宣せられた。しかし、その後、紫香楽、難波と都が変遷し、結局は平城還都ということで終息した。この間の政治動向については、直木孝次郎氏(14)の説かれる如く、天平十六年の政界において聖武天皇を中心として光明皇后・藤原朝臣仲麻呂の勢力と元正太上天皇・橘宿祢諸兄勢力が対立していたと考えられる。かかる対立は遷都にも大きな影をおとしていた様である。即ち、閏正月一日、恭仁、難波のいずれを都に定めるかについて百官を朝堂に集め決をとらしめた結果、恭仁を可とするものであったにもかかわらず、十一日には難波に行幸を実施した。しかも、この時点の都は光明皇后、藤原朝臣仲麻呂によって画策された紫香楽にあった。この背後には、光明皇后、藤原朝臣仲麻呂の紫香楽誘致に対し、元正太上天皇・橘宿祢諸兄勢力が難波遷都という形でまきかえしをはかったという勢力争いがあったものと考えられる。かかる動向に対し、光明皇后、藤原朝臣仲麻呂は再度聖武天皇を紫香楽に誘った。二月二十四日のことである。『続日本紀』に「取二三嶋路一行二幸紫香樂宮一。太上天皇及左大臣橘宿祢諸兄留二在難波宮一焉。」とあるものである。

しからば、聖武天皇はいかなる経路をとって紫香楽に至ったのであろうか。前掲の史料からは三嶋路をとったことが判明する。足利健亮氏(15)によると、三嶋路とは「摂津国(大阪府)の豊嶋、嶋下、嶋上三郡を貫く道のこと」であり、茨木市、高槻市の現在の西国街道がそれに該当し、古代の山陽道でもあった。この道は、「枚方市楠葉で淀川を渡って、平城京に向かう道に繋が」るが、「途中の京田辺市で木津川を東に渡り、城陽市市辺から国道三〇七号で宇治田原へ、さらに裏白峠を越えて朝宮に入」り、恭仁から伸びる東北道に合流し、紫香楽に至ったものと考えられる。

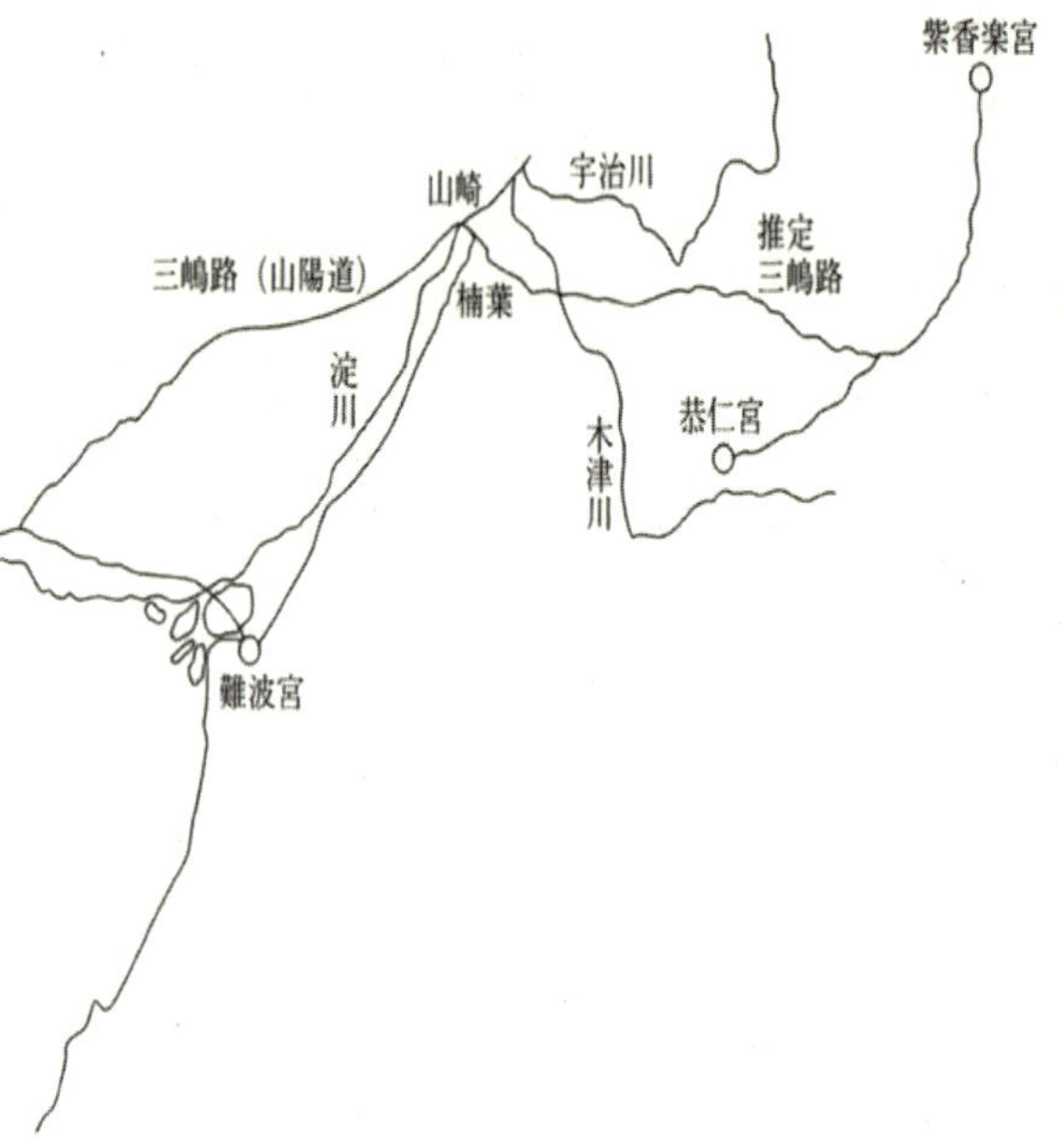

推定三嶋路略図

ここで注目すべきは、その経路に交野郡に属している楠葉が含まれていることである。かように考えると史料的には明確な形であらわれてはこないものの、交野の地は聖武天皇との関わりを有していたことになる。さらに、『枚方市史』によると、百済王明信の夫、藤原朝臣継縄は楠葉に別荘を持っていた。即ち、「楠葉のもと大字南村の垣内とよばれた地にケイジョウ屋敷といい伝えられてきた遺跡があり」[16]、「交野郡に本貫をもった百済王氏の明信を妻とした関係から、継縄はここに別荘を営んだのであろう。」とする。かかる別荘がいつ頃から営まれていたかについては明確な史料が存在していないので推測する他ないが、私見[17]によれば、継縄と百済王明信の婚姻が天平勝寶六年頃に成立しており、この年よりあまり経ない頃に営まれていた可能性が高いのではなかろうか。継縄は南家、藤原朝臣豊成の次男である[18]と考えられている。同母[19]の兄弟としては長男、武良自（良因）[20]、三男、乙継がおり、異母兄弟として四男、縄麻呂がいた。ただし、四男とはいえ縄麻呂の母は藤原朝臣房前の娘で、永手の妹と伝えられており、豊成の嫡子として兄たちを抜いて出身している。かように交野の地は豊成の次男、継縄の別荘が存在し、なによりも桂川、宇治川、木津川の三川が合流しており、和田萃氏（21）が述べておられる如く、楠葉駅を拠点とした山崎橋を介しての山陽道の門戸とでもいうべき地でもあった。しかも、聖武天皇との関わりも有していたことに注目すべきであろう。

以上の考察よりして、ⓐ、ⓒの共通点として確認できるのは、聖武朝の左大臣橘宿祢諸兄、右大臣藤原朝臣豊成と関係のある地への行幸であり、交通の要衝でもあった。しかも、両地とも聖武天皇との関わりを有していた。従って、かかる行幸の目的は、聖武天皇を強く意識したものであり、なによりも交通の要衝の地への行幸は光仁天皇が井上内親王を介して聖武皇統を継承する立場にあることを衆庶に知らしめることにあったと考えられる（22）。そして、そのことは、ⓓの史料より交野行幸の翌日には聖武天皇によって副都とされた難波宮に行幸していることからも確認できる。しかも、この難波の地には藤原朝臣豊成の別業が存在していたことが『続日本紀』天平神護元年十一月甲申条の豊成の薨伝から判明する。即ち、「右大臣従一位藤原朝臣豊成薨。平城朝正一位贈太政大臣武智麻呂之長子也。養老七年。以二内舎人一兼二兵部大丞一。神亀元年授二従五位下一。任二兵部少輔一。頻歴二顕要一。天平十四年。至二従三位中務卿兼中衛大将一。廿年。自二中納言一転二大納言一。感寳元年拝二右大臣一。時其弟大納言仲滿。執レ政専レ権。勢傾二大臣一。大臣天資弘厚。時望攸レ帰。仲滿毎欲二中傷一。未レ得二其隙一。大臣第三子乙繩。平生与二橘奈良麻呂一相善。由レ是奈良麻呂等事覺之日。仲滿誣以二黨逆一。左二遷日向掾一。促令レ之レ官。而左二降大臣一為二大宰員外帥一。大臣到二難波別業一。称レ病不レ去。居八歳。仲滿謀反伏レ誅。即日復二本官一。薨時六十二。」とあるからである。つまり、橘宿祢奈良麻呂のクーデターに際し、三男乙継が奈良麻呂と平生親しかった所から、右大臣より大宰員外帥に左降されたが、病と称して難波の別業に居したというのである。そして、さらに注目すべきは、この難波行幸に百済王氏が関与した可能性があることである。『続日本紀』神護景雲元年八月丙午条に「正五位上百濟王理伯為二摂津大夫一。」とあり、また、『大日本古文書』（23）神護景雲三年九月

十一日の香山薬師鎮三綱牒にも
　攝津職判依三綱牒
　　大夫正五位上百斉王理伯　　正六位上行少進高志連和万呂
　　　　　　　　　　　　　　　正六位上行少進刑部大山
　　　　　　　　　　　　　　　正七位上行大属大鳥連高国
　　　　　　　　　　　　　　　　神護景雲四年四月三日

とあり、難波宮の存在した摂津国の大夫が百済王理伯であったと考えられるからである。前掲の史料からは大夫の任の下限は神護景雲四年(24)であるが、『続日本紀』寶亀二年七月丁未条に「従四位下百濟王理伯爲二伊勢守一。」とあり、この時点において摂津大夫の任を解かれたもの(25)と解され、少なくとも寶亀二年二月の行幸時においては摂津大夫であったと思われる。従って、百済王明信の父である理伯が行幸計画に関与した可能性は高いとしなければならない。あるいはこの行幸に喚起され理伯の脳裏に天平十六年二月二十二日「幸二安曇江一遊二覧松林一。百濟王等奏二百濟樂一。詔授二无位百濟王女天従四位下。従五位上百濟王慈敬。従五位下孝忠。全福並正五位下一。」(26)とある如く、聖武天皇の難波行幸に際し、百済楽を奏した一族のことが浮かんだかもしれない。しかも、百済王氏は渡来(27)以来天平勝寶二年(28)に至るまで難波に本拠地を有していた。

　以上、見てきた如く、難波の地は藤原朝臣豊成、及び百済王理伯と関係の深い地でもあったのである。さらに、この行幸の目的が先に見た如くであることはⓕの史料が示す様に聖武天皇が天平六年三月、行幸した竹原井行宮に行幸していることからも確認できる。

　しからば、かかる交野行幸を進言した人物として誰を想定し得るであろうか。そもそもこの行幸を策定し、実施したのが藤原氏諸流、とりわけ左大臣藤原朝臣永手であったろうことを考慮に入れるならば永手の妹を母に持つ藤原朝臣継縄の異母弟、藤原朝臣縄麻呂をおいて他に考えられない。しかも、継縄自身も交野行幸に何らかの関与をしたと考えられることは、『続日本紀』寶亀二年春正月丙戌条に「授二従四位上藤原朝臣繼縄正四位上。无位紀朝臣敏久。紀朝臣奈良並従五位下一。」とあり、継縄が正四位上に昇叙されている点からも明らかである。継縄の前回の昇叙は寶亀元年冬十月、光仁天皇の即位の際、従四位下から従四位上へのものであり、その後三か月も経ないうちの二階級昇叙は特殊な要因が存したことを窺わせる。即ち、翌月の交野行幸を視野に入れての昇叙であったと考えるとき、はじめて合理的に解釈し得るのである。

以上、見てきた如く、光仁天皇の交野行幸は藤原南家、それも継縄と密接な関係を有していたものと推測でき、その限りにおいて百済王氏にとっても一つの転機を告げるものであった。

(二)

さて、藤原朝臣永手を中心とした藤原氏諸流の光仁天皇を聖武天皇の後継者であるとする政策の当然の帰結として寶亀元年十一月六日、井上内親王の立后、翌寶亀二年正月二十三日、他戸の立太子をみることになった。しかしながら、先に考察した光仁天皇の交野を出発点とした行幸の途次、寶亀二年二月十六日、藤原朝臣永手が暴かに病を得、二十二日薨去したことは結果的に藤原氏諸流のみならず、その後の歴史の展開に大きな影響をもたらすこととなった。永手薨去に伴う補充人事は三月十三日に発令をみた。それによる台閣の構成(29)は、

右大臣　従二位　大中臣朝臣清麻呂
内　臣　正三位　藤原朝臣良継

大納言　正三位　文屋真人大市
大納言　正三位　藤原朝臣魚名
中納言　正三位　石川朝臣豊成
中納言　従三位　藤原朝臣縄麻呂
参　議　従三位　石上朝臣宅嗣
参　議　従三位　藤原朝臣清河
参　議　従三位　藤原朝臣継縄
参　議　従三位　藤原朝臣田麿
参　議　従四位上　多治比真人土作

というものであった。

ここで注目すべきは、藤原朝臣良継が内臣に任ぜられていることである。内臣は周知の如く、大化のクーデターの直後に中臣鎌足が任ぜられたものであり、「天皇のブレーンともいうべき私的要素の強い存在」(30)であった。右大臣に大中臣清麻呂がいたとは言え、なにぶん七十歳の高齢であり、実質的には良継が政界を領導したものと考えられる。しかも、六月十日、参議治部卿従四位上多治比真人土作の卒した事態に対応し、かつ台閣の充実を目的とした人事が発令された。『続日本紀』寶亀二年十一月乙巳条に「以二従三位石上朝臣宅嗣一爲二中納言一。正四位下藤原朝臣百川。従四位上阿倍朝臣毛人爲二參議一。」とあるものである。ここに式家の百川が参議として登場しており、式家の台頭に注目しておきたい。

さて、かかる政治体制のもと、寶亀三年三月二日、裳咋足嶋の自首により、井上皇后の巫蠱の事実、それも「度年經月尓計利。」(31)ということが明らかになり、皇后を廃されるという事態が発生した。この廃后は、聖武天皇の血統により称徳天皇の死後の混乱を乗りきり、その後の政治を安定させようとする藤原氏諸流、とりわけ、藤原朝臣永手の方策の明確な否定であった。五月二十七日、皇太子他戸が廃太子される事態に陥ることは避けがたい状況にあったとすべきであろう。かかる廃后、廃太子に藤原朝臣百川が深く関与していたと考えられることは、『公卿補任』に「本系云。―中略―大臣素屬心於桓武天皇。龍潜之日共結交情。及寶龜天皇踐祚之日。私計爲皇太子。于時庶人他部在儲貳位。公數出奇計。遂廢他部。桓武天皇爲太子。致身盡力。服事儲宮。君有着藥。興沐禱請。即以平復。」(32)とあり、また百川の長子緒嗣の薨伝にも「微二緒嗣之父一。予豈得レ踐二帝位一乎。雖レ知下緒嗣年少爲中臣下所上レ恠。而其父元功。予尚不レ忘。宜下拜二參議一以報中宿恩上。」(33)とあるところから推測できる。さらに、史料としての取扱いには十分な検討を加えねばならないが、『水鏡』(34)も百川の役割を重視した記載をなしている。

しかるに、『続日本紀』寶亀十年七月丙子条の百川薨伝には、「參議中衛大將兼式部卿從三位藤原朝臣百川薨。詔遣二大和守從四位下石川朝臣豊人。治部少輔從五位下阿倍朝臣謂奈麻呂等一。就レ第宣レ詔。贈二從二位一。葬事所レ須官給。并充二左右京夫一。百川平城朝參議正三位式部卿兼大宰帥宇合之第八子也。幼有二器度一。歴二位顯要一。寶龜九年。至二從三位中衛大將兼式部卿一。所レ歴之職各爲二勤恪一。天皇甚信二-任之一。委以二腹心一。内外機務莫レ不二關知一。今上之居二東宮一也。特属レ心焉。于レ時上不豫。已經二累月一。百川憂二形於色一。醫藥祈禱。備盡二心力一。上由レ是重レ之。及レ薨甚悼惜焉。時年卌八。延暦二年追二-思前勞一。詔贈二右大臣一。」とあり、百川と光仁天皇との密接な関係は強調されているものの、山部立太子における百川の役割は明らかにされていない。かかる事実を考えるにあたっては、『続日本紀』の天平寶字二年八月より延暦十年に至る二十巻が桓武天皇の命により右大臣藤原朝臣継縄を総裁として完成したことが『日本紀略』延暦十三年八月癸丑条に「右大臣兼皇太子傅中衛大將藤原繼繩等奉レ勅修二國史一成。詣レ闕拜表曰。云々。」とあるところより判明することに留意する必要があろう。即ち、『日本紀略』延暦十九年七月己未条に「詔曰。云々。宜下故皇太子早良親王追二-稱崇道天皇一。故癈皇后井上内親王追復稱中皇后上。其墓並稱二山陵一。令下二近衛少將大伴是成一。率二陰陽師衆僧㆒。鎮㆗謝在㆓淡路國㆒崇道天皇山陵㆖。」とあることは、桓武天皇にとって井上廃后、他戸廃太子及び実弟の早良親王を死に至らしめたことが心の深い傷となっていたことを窺わしめる。かような井上廃后という歴史事実に対する桓武天皇の心の負い目は、その廃后、廃太子がまったくのフレームアップか、または、巫蠱の事実をとらえ、それを逆手にとって実行されたものである可能性が高いことを物語る。そして、その中心をなしたのが藤原朝臣百川であったとすると、その薨伝に廃后、廃太子における役割が何ら記されていないのも首肯し得るのではなかろうか。かかる百川の井上廃后、他戸廃太子に果たした行動については、既に先学(35)が論及している所であるが、以下の叙述により、百済王氏の動向をも展望に入れ、私なりにその間の事情にアプローチしてみたいと考える。

　さて、光仁即位を実現させたのが藤原朝臣永手を中心とする藤原氏諸流であったことは先に見たところであるが、こと皇嗣に対する思惑はかなり異なったものとなっていた可能性がある。「事態の判断に穏健な平衡感覚をもった政治家であった」(36)と考えられる永手は、先述の如く、井上立后、他戸立太子を推し進めたのに対し、藤原朝臣良継、百川を中心とした式家の人々は、父は光仁天皇ではあるが、母は百済系渡来人の血をうけている高野新笠で、卑母の関係で当然即位の見込みのない山部親王に目をつけ、次代の「政権掌握を意図」(37)したと考えられる。かような山部立太子の構想時期について北山茂夫氏(38)は、「百川のごときは最初から白壁の庶腹の子ですでに政界の人であった山部(桓武)の将来をも考慮にいれて、その父王の擁立に奔走したのかもしれない」とされ、中川收氏(39)も、「百川は、白壁王擁立の時分から山部親王に注目していたというより、山部のために白壁王の擁立を計ったと考えているのである。」とされ、共に光仁即位の前の時点より構想されていたと解された。これに対し、瀧浪貞子氏(40)は、「正直判断の材料を欠く」ものの、すべてが永手没後に始まったものと解された。瀧浪氏も説かれる如く、決定的な史料が存在する訳ではなく、今の私にはいずれを可とするかの判断ができかねる。しかし、かかる永手と式家の良継、百川との関係を暗示するかとも考えられる史料が存在する。『日本霊異記』(41)下「滅㆓塔階㆒作㆓寺幢㆒得㆓悪報㆒縁第卅六」の内容がそれである。即ち、永手の息子、家依の夢が「不レ知兵士卅餘人來召二父尊一。」というものであり、そのこと自体が既に異常な状況を呈しているが、それが閻羅王に召されることの伏線をなしている。そして、その原因が法華寺の幢を仆し、西大寺の八角の塔を四角にし(42)、七層を五層に減じたことにあるとするのは、『日本霊異記』が仏教の立場から因果応報を説いているところからして当然であると考えられる。しかるに、『続日本紀』寶亀元年八月辛亥条に「參議従三位兵部卿兼造法華寺長官藤原朝臣宿奈麻呂爲二大宰帥一。」とある如く、良継が造法華寺の長官を兼務していたことが明らかとなることは注目すべき点である。一方、造西大寺の長官が佐伯宿祢今毛人であったことが『大日本古文書』(43)所収の寶亀元年五月の文書に「左大弁兼造西大寺長官播磨守正四位下」とあるところから確認できる。今毛人と藤原良継との関係については、『続日本紀』寶亀八年九月丙寅条の良継薨伝に「太師押勝起二宅於楊梅宮南一。東西構レ樓。高臨二内裏一。南面之門便以爲レ櫓。人士側レ目。稍有二不臣之譏一。于レ時押勝之男三人並任二參議一。良繼位在二子姪之下一。益懷二忿怨一。乃与二従四位下佐伯宿祢今毛人。従五位上石上朝臣宅嗣。大伴宿祢家持等一。同謀欲レ害二太師一。」とあることによって、かなり密接なものであったことが明らかである(44)。即ち、良継が中心となり、今毛人、宅嗣、家持をさそい藤原朝臣仲麻呂を暗殺する計画が練られたが、右大舎人、弓削宿祢男広の密告により、仲麻呂の知るところとなり、糺問の末、良継は解官のうきめにあっている。天平寶字七年のことである。かように考えると、藤原朝臣永手と良継との間に何らかのトラブルが生じた可能性をこの説話が語っていると解することもでき、その意味においてきわめて興味深い史料としなければならない。

さて、この様な対立の要因を抱えながらも、寶亀二年正月二十三日、光仁天皇と井上皇后との間に生をうけた他戸親王は立太子したが、同日、大納言正三位大中臣朝臣清麻呂が東宮傅、百川の弟で兵部卿従三位藤原朝臣蔵下麻呂が春宮大夫を兼任するという人事が発令された。春宮大夫の職掌は、『令義解』東宮職員令第四春宮坊によると「大夫一人。掌下吐二納啓令一。宮人名帳。考叙。(謂。坊内諸司及宮人考叙。其宮人考叙者。坊司挍定。更送二中務省一也。)宿直事上。亮一人。大進一人。少進二人。大属一人。少属二人。使部卅人。直丁三人。」とあり、この人事は他戸皇太子の東宮の職を藤原氏が担うことにより、井上皇后、他戸皇太子体制を安定化せしむるための藤原朝臣永手の政策とも考えられる。しかし、反面、野村忠夫氏(45)が、「蔵下麻呂のはたした役割は、むしろ監視人ではなかったかと思われる」とされている如く、良継、百川らを中心とする藤原式家の監視のもとに立太子したといった側面もあったと考えられる。かかる永手と良継、百川の対立は永手の死により井上皇后、他戸皇太子の前途に暗雲を生ぜしめることになった。即ち、先述した如く、永手薨去後の三月十三日及び十一月二十三日の補充人事において、良継が内臣、百川が参議にそれぞれ任ぜられ、台閣に重きをなすに至ったからである。しかも、永手の死が「かれをいつも相談あいてにしてきた光仁にはかなりの痛手であ」(46)り、「そのころから天皇のおとろえはめだってきた」とすれば、井上皇后の不安はさらにつのってきたことであろう。井上皇后と他戸皇太子は永手なきあと勢力的に全く孤立状態にあるといっても過言ではなかった。従って、皇后はこれらの事態を打開する方策として天皇を呪詛するという消極的な行動をしかおこし得なかった。北山茂夫氏(47)は、「皇后は他戸の地位を安固にするために、反藤原的な大官を抱きこむという方法をとりえずに巫女に内心の苦悶をもらしたのではなかろうか。」と推測されているが、的を射た見解であろう。しかも、この呪詛は裳咋足嶋が官に自首するという形で公になった。寶亀二年三月二日のことである。その自白により、皇后とともに天皇を呪詛する行為があったこと、それにあずかった者は、足嶋をはじめ粟田廣上、安都堅石女らであったことが明白となった。これほどに表面化してしまったからには天皇はこの呪詛を大逆として扱い、井上廃后を宣せずにはいられない状況に追い込まれてしまった。裳咋足嶋の自白が果して事の真実を述べたものか否かについては不明という他ないが、井上皇后が呪詛に類する何らかの行為を行っていた可能性は高いとしなければならないだろう。しかし、その足嶋自身が何らのとがめもうけず、逆に従七位上から外従五位下に昇叙されている事実は、この自白自体が良継、百川らの廃后計画に組み込まれていた可能性が高い。角田文衞氏(48)は、かかる呪詛の背景に井上皇后の下級官人たちを巫蠱者に仕立て、宮廷内に井上、他戸大逆の悪評を流した者として藤原朝臣宇合の妻で百川の母、久米若女を推定しておられる。さらに、良継の娘で百川室の藤原朝臣諸姉、南家継縄の室、百済王明信も若女らに誘われてこの陰謀に加わった可能性が高いとされる。氏の推論の中で式家の関連の女性が多いことは、良継、百川がその首謀者とされているところから導かれたものと思われる。しかるに、ここで百済王明信を重視されているのはいかなる根拠によるものであろうか、氏はその根拠として、

㈠桓武天皇が延暦九年二月に下された詔に「百済王等は朕の外戚なり」とみえるが、これは生母の和史新笠が百済系であり、その点で百済王氏は天皇の外戚に与っている

㈡百済王、和史の両氏は単に百済の王室の出自というだけではなく、代々に亘って通婚し、親縁な関係にあったものと認められる

㈢明信は継縄の室ではあったが、山部親王（桓武天皇）と特殊な関係をもっていたらしいこと

をあげておられる。ここで㈢で述べておられる特殊な関係とは、『類聚国史』巻七十五、歳時六、曲宴の延暦十四年四月戊申条に「曲宴。天皇誦二古歌一曰。以邇之幣能《古之》。能那何浮流弥知《野中古道》。阿良多米波《改》。阿良多麻良武也。能那賀浮流弥知。勅二尚侍従三位百濟王明信一令レ和レ之。不レ得レ成焉。天皇自代和曰。記美《君》己蘇波。和主黎《忘》多魯羅米。爾記多麻乃《和玉》。多和也米和礼波《婦人我》。都祢乃詩羅多麻《常白玉》。侍臣稱二万歳一。」とある如く、桓武天皇との曲宴における歌を巡るやりとりと、歌の内容から導かれたものであろう。そして、㈡の主張は氏の別稿(49)で「おそらく和史乙継の母は、百済王昌成の娘であったのであろう。」とされ、新笠が和史乙継と土師宿祢真妹との間に生をうけているところから、新笠と百済王氏もまた血縁関係にあったとする理解から導かれたものと考えられる。しかるに、氏が説かれている昌成の娘の存在は百済王氏の系譜によく援用される三松氏系図(50)及び三松俊経氏系図(51)ともに認められない(52)。もちろん系図自体に問題があることは既に第四章で述べたところであり、積極的に史料として採用できないが、『日本書紀』、『続日本紀』上においてもその事実を確認することはできない。百済王氏と和史氏の間に通婚関係が全く存在しなかったとは断言で

きないものの、史料上はその関係を証明することは困難である。かかる事実は、先述の桓武天皇と百済王明信との宴における歌を巡るやりとり、あるいは、桓武朝における百済王氏の活躍から導き出されたものであり、山部王（桓武天皇）立太子前の段階で、かかる重大な謀略の一端を担わせるべく百済王明信を取り込んだとは考え難い。むしろ私は、明信の夫たる藤原朝臣継縄の存在を想起すべきではないかと考える。即ち、この廃后、廃太子に式家の良継、百川が主導的役割を果たしたことは既に見たところであるが、他の藤原氏諸流の了解は当然取り付けていたものとすべきであろう。しからば、かかる推論は成立するであろうか。次にその点について考えてみたい。

さて、明信の父である百済王理伯は先に見た如く、寶亀二年七月二十三日、伊勢守に任ぜられている。前任の伊勢守は『続日本紀』寶亀二年五月己亥条に「従四位上阿倍朝臣毛人爲二伊勢守一。」とある如く、阿倍朝臣毛人であった。阿倍朝臣毛人は同年十一月乙巳条に「従四位上阿倍朝臣毛人爲二參議一。」とみえ、參議に任ぜられていることが確認できる。阿毛人が新政権に参画しているところよりして伊勢守解任が何らかの事件に巻き込まれたものとは考え難い。しかも、寶亀三年十一月十七日卒しており、かなりの高齢であった可能性も考えられる。従って、十一月の參議任用にむけての布石であった可能性も考え得るが、私は、理伯の伊勢守任用自体に目的があったのではないかと考える。この点に関して、山中智恵子氏(53)の論は示唆的である。即ち、氏は井上皇后が二十四年間斎宮であったこと、その結果としての伊勢大神との癒着は第二の宇佐八幡神託事件をおこす可能性を十分秘めていたことを指摘されているからである。かように考えてくると他戸親王を皇位につけんがための伊勢大神の託宣、それも永きに亘って斎宮を務めた井上皇后がその背後に存在するとすれば、百川等にとって伊勢神宮は恐るべきものと考えられたであろう。私は、百済王理伯の伊勢守任命はこれからの良継、百川を中心とした式家の井上廃后、他戸廃太子実行の際における伊勢神宮の監視役としての任務を帯びていたのではないかと考える。しかも、荊木美行氏が明らかにされている如く、『伊勢國計会帳』(54)には

來移一條

神郡司所申大神宮二處禰義内人等上日狀一紙依例所申

右以巳時到來

との記載があり、「国司が神宮職員の勤務評定に関与していたことを示して」(55)いる。さらに、今は氏の考察の詳細は省くが、計会帳の成立時期を従来の延暦二年説に対し、天平年間に求め得る可能性をも示唆しておられる。かかる国司の神宮職員に対する支配体系の存在は上述の私の想定を可能ならしめるのではないかと思う。加えて注目すべきは、伊勢国には鈴鹿の関が存在し、美濃国の不破関、越前国の愛発関とで古代日本の三関を構成していたのである。私は、かかる理伯の任命の背後に伊勢神宮の監視とともに井上廃后、他戸廃太子を実行するにあたって三関を固める意図があったのではないかと考える。今、かかる想定が妥当なものであるか否かを検討するために井上廃后に至るまでのそれぞれの関の存在する国の国司の任用を直近に限って表示すると以下の如くとなる。

越前守	美濃守	伊勢守
寶亀元年八月庚寅朔 参議従四位下藤原朝臣継縄 寶亀元年八月辛亥 従四位上藤原朝臣雄田麻呂	神護景雲三年六月乙巳 正五位上石上朝臣息嗣 寶亀二年閏三月戊子朔 正五位下藤原朝臣小黒麻呂 寶亀二年五月己亥 従四位下田中朝臣多太麻呂	神護景雲元年八月癸巳 従五位下阿倍朝臣東人 寶亀元年八月辛亥 従四位下藤原朝臣楓麻呂 寶亀二年五月己亥 従四位上阿倍朝臣毛人 寶亀二年秋七月丁未 従四位下百済王理伯

かかる表によると井上廃后の時点における越前守は藤原朝臣雄田麻呂(百川)、美濃守は田中朝臣多太麻呂、伊勢守は

百済王理伯となる。しかるに、美濃守は田中朝臣多太麻呂とするには検討を要する。即ち、『続日本紀』寳亀三年夏四月庚午条に「正四位下田中朝臣多太麻呂爲二美濃守一。」とする記載があるからである。かかる重複記載については、寳亀二年五月に任命された後、転任し、寳亀三年四月に再任されたとも考え得るが、『続日本紀』には後任の記載がないところからいずれかが誤りである可能性が高い。今、いずれの記載が正しいのか確定する史料はないが、田中朝臣多太麻呂の前官が民部大輔であり、その後任として『続日本紀』寳亀二年七月丁未条に「正五位上石川朝臣名足爲二民部大輔一。」とあるところよりすると、寳亀二年五月に任官したと考える方が整合性があるのではなかろうか。しかも、その任官を記す五月己亥条には「従四位下田中朝臣多太麻呂爲二美濃守一。従五位下紀朝臣廣純爲レ介。従五位下藤原朝臣長道爲二員外介一。」とあり、介の任用も同時に実施されていることはそのことを裏づける。かように考えることが可能であるとすると、井上廃后時点における三国の守は先に見た藤原朝臣百川、田中朝臣多太麻呂、百済王理伯であった。井上廃后、他戸廃太子を実行するに際して三関を固めることは内乱を未然に防ぐ意味からも必須のものであったことは想像に難くない。従って、三関の存在する国守を自派で固めることもまた重用な課題であったと考えられる。かような前提に立脚したとき、藤原朝臣百川、百済王理伯は問題なく理解できるとして、田中朝臣多太麻呂が組み込まれる可能性が存在したか否かが問われなければならない。多太麻呂は、『続日本紀』寳亀元年六月丁未条に「正四位下田中朝臣多太麻呂爲二民部大輔一。」とあり、民部大輔に任命されたことが判明する。時の民部卿は藤原朝臣縄麻呂であり、その関係は『続日本紀』寳亀二年三月庚午条に「従三位藤原朝臣縄麻呂爲二中納言一。」とある如く、縄麻呂が中納言となり、民部卿を離れるまで続くことになる。縄麻呂は豊成の第四子であり、継縄の異母弟であることは既に述べた所である。かように考えてくるならば、田中朝臣多太麻呂が美濃守に任ぜられた背後には、縄麻呂の存在があったと思われる。

以上、述べ来たった如く、三関の国守は井上廃后、他戸廃太子を視野に入れた任務を担っていたとしなければならない。その点よりすれば百済王氏が廃后、廃太子に組み込まれた背後には藤原朝臣継縄の存在があったと考えられる。寳亀三年三月二日、巫蠱の罪により井上は皇后を廃された。この井上廃后は百川らの勢力に対抗し得る勢力を保持していなかった他戸皇太子に累を及ぼすことは必定であった。井上廃后の二ヶ月あまり後の五月、他戸は皇太子を廃され、庶人とされた。翌、寶亀四年春正月、ついに中務卿山部親王（桓武天皇）は皇太子の位についた。

（三）

さて、かように山部立太子に際して百済王氏もその一端を担ったと考えるのであるが、次に眼を転じて光仁朝において百済王氏がいかなる動向を歴史上に刻んでいるのか藤原南家との関わりを念頭において考察を加えていきたい。光仁朝の政治体制については、藤原挙族体制→藤原式家体制→藤原北家体制へと推移したと中川收氏（56）が説かれており、その概念規定に問題がないとは言えないが、光仁天皇擁立の際の藤原氏の動向、永手薨後の式家良継、百川の活躍と、その両名死去後の北家魚名の台頭という歴史の流れをみると妥当性を有する面がある。即ち、良継、百川死後に南家縄麻呂が中納言となり、相継いで事を用いたが幾ばくもなく薨じ、南家の光仁朝における地位は式家、北家に比して劣勢にあったとすべきである。さらに、南家内部においても黒麻呂が山部立太子後、春宮大夫を務めており皇太子との関係は宗家の筋にある継縄より密接なものがあったと考えられる。夙に玉井力氏（57）が指摘されている如く、継縄は「謙恭自守。政迹不レ聞。雖レ無二才識一。得レ免二世譏一也。」（58）と記される様に凡庸な人物であり、桓武朝において地位を得たのは妻、百済王明信の力が大きかった。しかし、光仁朝において百済王明信を過大に評価するには疑問が残る。確かに明信は寶亀元年十月、従五位下より正五位下、寶亀六年八月、正五位下より正五位上、寶亀十一年三月には正五位上より従四位下に昇叙されてはいる。しかし、「五年に一階という昇進スピードは、それほど早いものではな」（59）く、その存在価値が大きくなるのは桓武即位後であった。玉井力氏（60）は光仁朝の女官の昇叙が「基本的には、太政官における男官達の序列に相応させるような方向を持ち」、天皇と女官、男官との個人的な密着及び血縁関係が加味されたことを明らかにされた。かかる観点よりすれば、継縄は寶亀元年十月、従四位下から従四位上、寶亀二年一月、従四位上から正四位上、十一月には従三位に一躍昇叙された後は光仁朝において昇叙されていない。そして、参議より中納言に補任されたのも、式家の良継、百川の死去をうけてのことであり、その動向は良継、百川、さらには北家魚名の比ではなかった。継縄がかかる状況であったことは、明信は言うに及ばず、百済王氏にとっても大きな影響を与えずにはおかなかったであろう。それでは、光仁朝において百済王氏はいかなる方面に任用され、それがどのような意味を持ったのかを考えてみたい。この点を考えるために一覧表を作成すると以下の如くになる。

和暦	百済王氏	藤原継縄
寶亀元年	十月二十五日。百済王明信 従五位下→正五位下	十月一日。　従四位下→従四位上
寶亀二年	七月二十三日。 従五位下百済王武鏡→主計頭 従四位下百済王理伯→伊勢守 従五位下百済王利善→讃岐員外介	一月二十八日。従四位上→正四位上 閏三月一日。外衛大将正四位上兼但馬守 十一月二十七日。正四位上→従三位
寶亀三年		二月十六日。　大蔵卿（従三位） 十一月一日。　宮内卿（従三位）
寶亀四年	閏十一月二十三日。 散位従四位下百済王元忠卒す。	
寶亀五年	三月五日。 従四位下百済王理伯→右京大夫	九月四日。　兵部卿（従三位）

寶亀六年	正月十六日。 百済王玄鏡　正六位上↓従五位下 八月十日。 百済王明信　正五位下↓正五位上 十一月十五日。 従六位上百済王俊哲↓勲六等 陸奥国夷俘討治懐柔帰服させた労により褒賞。陸奥国の役人であったか。	
寶亀七年	一月七日。 百済王利善、百済王武鏡 従五位下↓従五位上 六月十六日。 右京大夫従四位下百済王理伯卒す。	
寶亀八年	一月七日。 百済王仁貞　正六位上↓従五位下 一月二十七日。 従五位下百済王玄鏡↓石見守 二月十八日。 百済王仙宗　正六位上↓従五位下 十月十三日。 従五位下百済王仙宗↓図書助 従五位下百済王仁貞↓衛門員外佐 十二月十四日 出羽国の蝦夷鎮圧の功により百済王俊哲 勲六等↓勲五等	
寶亀九年	寶亀八年十二月十四日と同様の記載あり。	

寶亀十年	一月二十三日。 百済王利善　従五位上↓正五位下 二月二十三日。 従五位下百済王仙宗↓安房守 五月二十七日。 散位百済王元徳　正六位上↓従五位下	
寶亀十一年	三月一日。 命婦百済王明信　正五位上↓従四位下 三月二十日。 百済王俊哲　正六位上↓従五位下 四月二十六日。 百済王俊哲　従五位下↓従五位上 六月八日。 従五位上百済王俊哲↓陸奥鎮守副将軍	二月一日。 参議兵部卿従三位兼左兵衛督中納言 （本官故のごとし） 三月二十八日。 蝦夷の伊治呰麻呂が反したので、征東大使となる。 九月二十三日。 更迭され藤原朝臣小黒麻呂持節征東大使となる。

表で明らかとなるのは以下の点である。即ち、百済王玄鏡、百済王仁貞、百済王仙宗、百済王元徳がそれぞれ、正六位上から従五位下に昇叙されている。そして、石見守（玄鏡。寶亀六年正月昇叙、寶亀八年一月任）、衛門員外佐（仁貞。寶亀八年正月昇叙、同年十月任）、図書助（仙宗。寶亀八年二月昇叙、同年十月任）、安房守（仙宗。寶亀十年二月任）という様に百済王文徳を除き官職に就いてはいるものの目立った特徴は見られない。かかる状態のなかにおいて特筆すべきは、百済王俊哲の寶亀十一年六月八日の陸奥鎮守副将軍就任(61)であろう。以下この就任にいたる経緯を追い、その意義について考察を加えていきたい。

寶亀元年頃より政府に帰順していた蝦夷の政府に対する抵抗が顕現化し、宇漢迷公宇屈波宇等が「必侵二城柵一。」

(62)と言い本拠地に逃げ帰った事実が象徴する如く、政府に対する不満が「俘の族長たちの間に相当大きな底辺をもって広が」(63)っていたものと考えられる。かような蝦夷の動向が噴出したのが寶亀五年のことである。『続日本紀』同年七月壬戌条の「陸奥國言。海道蝦夷。忽發徒衆。焚橋塞道。既絶往來。侵桃生城。敗其西郭。鎭守之兵。勢不能支。」という記事が示す如く、桃生城を攻めるまでに至ったのである。政府が陸奥国按察使兼守鎮守将軍大伴宿祢駿河麻呂と、河内守兼務で鎮守副将軍に任命された紀朝臣廣純に対し、「蠢彼蝦狄。不悛野心。屢侵邊境。敢拒王命。事不獲已。一依來奏。宜早發軍應時討滅。」(64)との命を下した二日後のことであった。かかる状況に対し、八月二日には坂東八国に勅し、国の大小に随い援兵二千以下、五百以上の動員を命じ、二十四日、鎮守将軍の請いにより、蝦賊を征せしめたが戦功なく、天皇は深くこれを譴責した。かかる譴責に直面し、十月四日、駿河麻呂らはかつての諸将らが進討できなかった陸奥国遠山村を征し、その巣穴を覆し、多くの帰順者を得るという戦果を挙げ政府から宣慰、賜服の遣使をうけ一応の面目は立ててはいるものの、蝦夷地の状況を大きく変化させるものではあり得なかった。以上に見た様な征夷の労に対し、政府は寶亀六年十一月十五日に「遣使於陸奥國宣詔。夷俘等忽發逆心。侵桃生城。鎭守將軍大伴宿祢駿河麻呂等。奉承朝委。不顧身命討治叛賊。懷柔歸服。勤勞之重。實合嘉尚。駿河麻呂已下一千七百九十餘人。從其功勳加賜位階。授正四位下大伴宿祢駿河麻呂正四位上勳三等。從五位上紀朝臣廣純正五位下勳五等。從六位上百濟王俊哲勳六等。餘各有差。其功卑不及叙勳者。賜物有差。」とある如く(65)褒賞を与えている。ここで注目すべきは、百済王俊哲が従六位上で勲六等を与えられていることである。俊哲がこの征夷の際にいかなる官職にあったかについては鎮守軍監か国大掾と推測する説(66)もあるが、裏づけとなる史料もなく不明としなければならない(67)。俊哲が征夷に参加していることの意義については後で考察したい。

さて、翌寶亀七年に入ると、二月六日、「陸奥國言。取來四月上旬。發軍士二万人。當伐山海二道賊。於是。勅出羽國。發軍士四千人。道自雄勝而伐其西邊。」(68)とある如く、出羽国の四十人の軍士の援助をうけて征伐を実施しているが、「出羽國志波村賊叛逆。与レ國相戰。官軍不レ利。發二下総下野常陸等國騎兵一伐レ之。」(69)という状況であった。動乱の根は深く、陸奥国のみではなく、出羽国にも波及していたのである。この際の戦闘に寶亀五年三月五日、出羽守に就任していた百済王武鏡がいかなる行動を展開したのかは史料上不明という他ない。しかし、全く無関係ではあり得なかったであろう。かような事態に直面し、政府は五月十二日、近江介従五位上佐伯宿祢久良麻呂を兼陸奥鎮守権副将軍に任じ、征夷軍の強化をはかった。しかし、七月七日には参議で正四位上陸奥按察使兼鎮守将軍勲三等の大伴宿祢駿河麻呂が卒し、その後任として翌寶亀八年五月二十七日、陸奥守正五位下紀朝臣廣純が按察使となることにより補充されたが、同年三月、「是月。陸奥夷俘來降者。相二望於道一。」と記される如く、動乱は終息に向かいつつあったと思われる。政府も寶亀五年以来の動乱は一応終息を迎えたと判断した様で、『続日本紀』寶亀九年六月庚子条には、「賜二陸奥出羽國司已下。征戰有レ功者二千二百六十七人爵一。授二按察使正五位下勳五等紀朝臣廣純従四位下勳四等。鎮守權副將軍従五位上勳七等佐伯宿祢久良麻呂正五位下勳五等。外正六位上吉弥侯伊佐西古。第二等伊治公呰麻呂並外従五位下。勳六等百濟王俊哲勳五等一。自餘各有レ差。」(70)とある。ここで俊哲が加爵されており、征伐に活躍していたことが想定されるが、一方、出羽守武鏡の名は見えず、先に少しふれた如く、二人の征伐に対する関わり方に差があったことを窺わしめる。

さて、寶亀十一年三月二十二日、陸奥国上治郡の大領外従五位下伊治公呰麻呂が衆徒を率いて按察使参議従四位下紀朝臣廣純を伊治城において殺すという大事件が勃発した。その原因は、『続日本紀』によると「伊治呰麻呂。本是夷俘之種也。初縁レ事有レ嫌。而呰麻呂匿レ怨。陽媚二事之一。廣純甚信用。殊不レ介レ意。又牡鹿郡大領道嶋大楯。每凌二侮呰麻呂一。以二夷俘一遇焉。呰麻呂深銜レ之。」(71)ということにあった。かかる事態に対し、政府は三月二十八日、中納言従三位藤原朝臣継縄を征東大使、正五位上大伴宿祢益立、従五位上紀朝臣古佐美を副使に任じた。さらに、翌日には従五位下大伴宿祢真綱を陸奥鎮守副将軍、従五位上安倍朝臣家麻呂を出羽鎮狄将軍となし、また、征東副使正五位上大伴宿祢益立を兼陸奥守とし、陸奥を征圧し、出羽を鎮める方策をたてた。しかし、征圧は功を奏さず、事態の打開を図るため九月二十三日、北家房前の孫で従四位上藤原朝臣小黒麻呂に正四位下を授け、持節征東大使に任じ、継縄は更迭されたのである。新野直吉氏(72)が推測されている如く、「多分中納言継縄の征東大使は遙任で、現地に赴任することはなかった」と思われる。結局、この平定は光仁朝では解決し得ず、桓武朝の政策の二本柱、即ち、造都と征夷の内の一つに引き継がれることとなる。それはさておき、藤原朝臣継縄が征夷大使在任中の六月八日、従五位上百済王俊哲が陸奥鎮守副将軍に任ぜられている。俊哲は既述の如く、征夷の過程で勲六等、さらには勲五等に爵されており、寶亀十一年三月二十日には正六位上より従五位下に、四月二十六日には従五位上に昇叙されたばかりであった。それは古くより東北経営に関わってきた百済王氏にとっても大きな画期をなすものであった。百済王氏と東北の関わりについては既に先学によって注目され、論が展開(73)されてきている。今、その点について私なりに考察するために百済王氏と東北との関わりを表示(74)すると次の如くになる。

年月日	氏名	任務
天平十年四月。	百済王敬福	陸奥介（上階官人歴名）。
天平十五年六月三十日。	従五位下百済王敬福	陸奥守。
天平十八年九月十四日。	従五位下百済王敬福	陸奥守。 天平十八年四月四日、上総守転出後の再任。 天平勝寳二年五月十四日、宮内卿に転任。

天平寶字四年正月四日。	正六位上百済王三忠	出羽介。 荒夷教導の功により正六位上から位一階を進められる。
天平寶字七年正月九日。	従五位下百済王三忠	出羽守。 天平神護二年五月十日、民部少輔に転任。
天平神護二年五月十日。	従五位下百済王文鏡	出羽守。
寶亀五年三月五日。	従五位下百済王武鏡	出羽守。 延暦元年二月七日、大膳亮に転任。
寶亀十一年六月八日。	従五位上百済王俊哲	陸奥鎮守副将軍。
延暦四年五月二十日。	従五位下百済王英孫	陸奥鎮守権副将軍。
延暦四年九月二十九日。	従五位下百済王英孫	出羽守。
延暦十年正月十八日。	正五位上百済王俊哲	征夷の軍士を簡閲するため坂上田村麻呂と共に東海道に遣わされる。
延暦十年七月十三日。	正五位上百済王俊哲	征夷副使。
延暦十年九月二十二日。	正五位上百済王俊哲	兼陸奥鎮守将軍（本官は下野守）。

かかる表から百済王氏が東北と深く関わっていたことが先学の指摘の如く判明する。その理由については、夙に村尾次郎氏（75）が

㈠百済帰化人の有する技術的特色（天智天皇の代に築かれた大野城等が示す如く、奥羽経営の根拠地となるべき城郭の築造技術を有していたこと）

㈡東北経営が百済王氏にとって世襲的傾向をもっていたこと（文武天皇四年十月に敬福の伯父遠寶が常陸守に任ぜられ、

その先鞭をつけたこと）

㊂母国百済の滅亡と王族百済王氏との精神的関係（百済国再建の意欲を東北に向けて進展する様に転化せしめた）

をあげておられる。今井啓一氏(76)は、百済王氏の有したであろう精神、技能が「東北辺境の諸問題の参画者」として「恰好の人々であった」とされ、この方面において「彼等の新局面を開拓したものとすべきであ」るとされる。さらに、利光三津夫(77)、上野利三氏は為政者が百済系渡来人に半島恢復意欲が強く、その中心に百済王氏があったこと、百済系氏族の間に蓄積された軍事的活力を対蝦夷政策に振り向けたとされた。かかる今井、利光、上野氏の説も結局は村尾氏の説に収斂されていくものであろう。今の私には、その理由について述べる術を持たないが、ただ俊哲以前と以後とを同一に論ずることはできないと考える。俊哲以前においても対蝦夷征討に百済王氏が関与していたことは、『続日本紀』神護景雲二年九月壬辰条に「陸奥國言。兵士之設機要是待。對レ敵臨レ難。不レ惜二生命一。習レ戰奮レ勇。必爭二先鋒一。而比年。諸國發入鎭兵。路間逃亡。又當國舂二運年粮料稻卅六万餘束一。徒費二官物一。弥致二民困一。今撿二舊例一。前守從三位百濟王敬福之時。停二止他國鎭兵一。點二加當國兵士一。望請。依二此舊例一點二加兵士四千人一。以停二他國鎭兵二千五百人一。―下略―」とあるところから判明する。さらに、同書天平寶字四年正月丙寅条に「勅曰。盡レ命事レ君。忠臣至節。随レ勞酬レ賞。聖主格言。昔先帝數降二明詔一。造二雄勝城一。其事難レ成。前將既困。然今陸奥國按察使兼鎭守將軍正五位下藤原惠美朝臣朝獵等。教二導荒夷一。馴二從皇化一。不レ勞二一戰一。造成既畢。又於二陸奥國牡鹿郡一。跨二大河一凌二峻嶺一。作二桃生柵一。奪二賊肝膽一。眷言惟績。理應二褒昇一。宜下擢二朝獵一。特授中從四位下上。陸奥介兼鎭守副將軍從五位上百濟朝臣足人。出羽守從五位下小野朝臣竹良。出羽介正六位上百濟王三忠。並進二一階一。―下略―」とあることからも窺い知ることができる。おおよそ、陸奥及び出羽国に赴任するということ自体、対蝦夷問題と対峙する宿命にあったと言っても過言ではない。しかし、彼らはあくまでも国庁の役人であり、自らが前線で戦ったわけではない。当然、彼らの国庁における経験が俊哲の登場の前提条件となっていることは疑いのない事実である。その面では敬福以来の対蝦夷問題の帰結であると言えなくもない。ただ単に国庁にあって指揮をとるか、前線に出ているかの相違であると考えられなくもないからである。しかし、このことは決定的な相違であると私は考える。俊哲が寶亀六年、あるいは寶亀九年、蝦夷追討の功により勲位を授けられた時の官職について『続日本紀』は何も記さず、対蝦夷追討のみの命を受けていたと考えることもできる。しかも、寶亀十一年六月に陸奥鎮守副将軍に任命されたことは注目に値する。この任命の背景には同年二月二十八日、中納言従三位藤原朝臣継縄が伊治公呰麻呂の大叛乱鎮圧のための征東大使に任ぜられたことと密接に関連していることが容易に推測できるからである。継縄が徭任であったとはいえ、征東大使であり、彼が以前から対蝦夷追討の前線にあった俊哲を引き立てた可能性が高いと考えられるからである。しかも、この時点での継縄は中納言であり、寶亀八年九月には藤原朝臣良継、寶亀十年七月には藤原朝臣百川、同年十二月には異母弟藤原朝臣縄麻呂が没しており、彼の地位は高まっていたと考えられ、南家の宗主としての立場を有していた。そのことは、寶亀十一年三月一日、百済王明信が正五位上から従四位下に昇叙され、命婦を冠せられている所からも窺い知ることができる。俊哲が三月二十日、正六位上から従五位下、四月二十六日、さらに従五位上に昇叙されている事実は、六月の陸奥鎮守副将軍任命の布石であったとも考えられるのである。

伊治公呰麻呂の叛乱が病身老齢の光仁天皇に衝撃を与え、山部皇太子への譲位(78)の引き金となり、即位後、父天皇の政策の継承として蝦夷征伐が中心課題となったとすれば、この俊哲の陸奥鎮守副将軍任命は大きな意義を持つものであるとしなければならない。そして、その任命の背後に藤原朝臣継縄の存在のあったことを銘記すべきであろう。私が俊哲以前と以後とを同一に論ずべきではないとした論拠はここにある。

結語

以上、見てきた如く、光仁朝における政治過程において百済王氏が直接的に関わりを持つということはなかったと考えられる。あくまでもその動向は桓武朝における活動の前奏曲をなすものにすぎなかった。しかも、その活動はあくまで藤原朝臣継縄の存在と密接な関連を有していた。この論究においては、あくまで白壁王（光仁天皇）即位の過程、及び山部立太子に至る過程においての百済王氏、対蝦夷征伐における百済王氏の活動の一端を述べたにすぎない。桓武朝における百済王氏の動向については、上田正昭、井上満郎、今井啓一氏らによって論究(79)されている所であるが、この点については、第八章で述べることとする。

注（52）系図

三松氏系図

贈外小紫位

昌成

天武天皇三年正月卒

毎年随父歸朝先父而卒

白鳳四年十月常陸守直廣參

和銅元年三月正五位上左衛士督

和銅六年四月従四位下

遠寶

天平六年三月壬申卒

大寶三年八月従五位上伊豫守

霊亀元年正月従四位下

郎虞

天平九年七月己丑卒

和銅元年三月備前守

霊亀元年正月従四位上

養老七年正月正四位下

天平七年四月正四位上

天平九年九月従三位

南典　播磨按察使

三松俊経氏系図

贈小紫
昌成
天武天皇三年正月庚申薨

遠宝
直広参　左衛士督　常陸守
従四位下
天平六年三月壬申卒

郎虞
大宝三年八月辛酉従五位上
伊予守　霊亀元年正十正
五位上　養老元正従四下
天平九年七月十七日卒

南典
備前守播磨按察使
従三位

注

（1）北山茂夫、中川收氏他多くの先学により説かれている。
北山茂夫「藤原種継事件の前後」『日本古代政治史の研究』所収。岩波書店。一九五九年
中川　收「光仁朝政治の構造と志向」『奈良朝政治史の研究』所収。高科書店。一九九一年

（2）注（1）他多くの先学により指摘されている。

（3）瀧浪貞子「藤原永手と藤原百川—称徳女帝の「遺宣」をめぐって—」『日本古代宮廷社会の研究』所収。思文閣。一九九一年

（4）岸　俊男『藤原仲麻呂』人物叢書153　吉川弘文館。一九六九年
岸　俊男『日本の古代宮都』ＮＨＫ大学講座テキスト。一九八一年、後に岩波書店より刊行。一九九三年

（5）『続日本紀』天平十二年五月乙未条に「天皇幸二右大臣相樂別業一。宴飲酣暢。授二大臣男无位奈良麻呂従五位下一。」とある。

（6）凡例に注は「各担当者の意見を参考にしながら直木が執筆し、一部東野が助けた。」とあり、直木孝次郎氏の執筆と考えられる。
『続日本紀』3　東洋文庫524　328頁　平凡社。一九九〇年

（7）高島正人『奈良時代諸氏族の研究』第一編奈良時代の皇族出身氏族、第四章奈良時代の橘朝臣氏、第二節橘氏の第二世代
吉川弘文館。一九八三年

（8）高島正人　注（7）158頁

（9）新日本古典文学大系『続日本紀』四、寶亀元年十二月乙未条脚注。324頁　岩波書店。一九九五年

（10）高橋　徹「桓武天皇の生誕・育成地」中山修一先生喜寿記念事業会編『長岡京文化論叢Ⅱ』所収。143頁　三星出版。
一九九二年
ただし、光仁天皇の初めての行幸は、ⓐの史料にある如く、御鹿原の地である。

（11）村尾次郎『桓武天皇』人物叢書112　9頁、18頁　吉川弘文館。一九六三年

（12）角田文衞「桓武天皇」『人物日本の歴史』3所収。35頁　小学館。一九七六年。その後、同氏著『王朝史の軌跡』に収録。
52頁　学燈社。一九八三年

（13）瀧浪貞子「高野新笠と大枝賜姓」注（3）著書所収。

当時、墓が都の北部に営まれる慣例があり、新笠が大枝に葬られたのはその慣例に従ったものであるとされ、大枝との特別な関係を否定された。

(14) 直木孝次郎「天平十六年の難波遷都をめぐって」『飛鳥奈良時代の研究』所収。塙書房。一九七五年

(15) [天平の都紫香楽] 刊行委員会編集『天平の都紫香楽』第二章新都の誕生と挫折 (11) ―紫香楽宮に来るには、どんな道を通ったのですか? 49頁 ナカニシヤ出版。一九九七年

(16)『枚方市史』第二巻第三編古代の枚方地方、第三章貴族政治の成立展開と枚方地方、第一節長岡・平安遷都と枚方地方 井上薫氏執筆。220頁 一九七二年

(17) 本書第五章「藤原仲麻呂政権下の百済王氏」

(18) 高島正人 注 (7) 著書。第二編奈良時代の藤原朝臣氏、第二章奈良時代中後期の藤原南家、第二節南家三世の授爵者

(19) 従五位上路真人虫麻呂の女とされている。

(20)『続日本紀』天平寶字三年十一月丁夘条に従五位下で丹後守に任ぜられた後、史上に姿を現わさない。「卒去したの」か「あるいは致仕して仏門に入り名を良因と改めたのかも知れない。」良因は、『尊卑分脈』に「或本武良日〔自カ〕云々」と記されている。

高島正人 注 (18) 243頁

(21) 和田 萃「河内の古道」『探訪古代の道』第三巻河内みち行基みち所収。法藏館。一九八八年

(22) 光仁朝における他の行幸を『続日本紀』より抽出すると

寶亀三年二月戊辰 幸二右大臣〔清麿〕第一。授二正二位一。其室正五位下多治比眞人古奈祢正五位上。

寶亀三年八月甲寅 幸二難波内親王第一。

寶亀五年十一月甲辰 幸二坂合部内親王第一。授二従二位文室眞人大市正二位。四品坂合部内親王二品一。

寶亀九年四月甲午 幸二右大臣〔清麿〕第一。授二第六息正六位上今麻呂従五位下。其室従四位下多治比眞人古奈祢従四位上一。

となる。その行幸地は、右大臣大中臣清麻呂宅へのものが二例であり、「清麻呂が国の旧老であることを嘉尚して」のものであったと考えられる。他の二例は光仁天皇の同母姉難波内親王の第及び異母姉坂合部内親王の第へのものであり、プライベートな色彩を

帯びたものであったと思われる。従って、ⓐ～ⓕの行幸が特別な意味あいを持っていたものと推察できる。なお、寶亀三年六月己夘条に「幸二大藏省一。賜レ物有レ差。」とあるが「当時大蔵省は宮城の北方に位置していた」ために幸の字が用いられたと考えられ、今回の考察の対象とはしていない。なお、引用文は注（9）書の該当記事の補注（補注32―六。562頁）及び注（384頁）による。

(23)『大日本古文書』巻五　704頁

(24)『続日本紀』によると神護景雲四年は存在しない。十月、光仁天皇が即位し、寶亀と改元しており、それ以前の月も寶亀で統一されているからである。

(25)百済王理伯の後任人事は、『続日本紀』寶亀二年九月己亥条に「正五位下小野朝臣小贄爲二攝津大夫一。」とある。

(26)『続日本紀』天平十六年二月丙辰条。

(27)『日本書紀』天智天皇三年三月条に「以二百濟王善光王等一、居二于難波一。」とある。

(28)今井啓一「摂津国百済郡考」『百済王敬福』所収。綜芸舎。一九六五年
本書第四章「百済王氏の交野移住」

(29)『公卿補任』により作成。

(30)瀧浪貞子「桓武天皇の皇統意識」注（3）著書所収。138頁

(31)『続日本紀』寶亀三年三月癸未条。

(32)『公卿補任』寶亀二年　藤百川の項。

(33)『続日本後紀』承和十年七月庚戌条。

(34)「―前略―。百川いつはりて宣命を作りて、人々を催して、太政官にして宣命を讀ましむ。皇后および、皇太子を放し逐ひ奉る由なり。この事をある人みかどに申すに、帝大きに驚き給ひて、百川を召して、「后猶こり給はず、しばし東宮をしりぞけんとこそ申しこひつるに、いかにかゝる事は有りけるぞ」との給ふに、百川申して曰く「しりぞくとは永くしりぞくる名なり。母罪あり。子驕れり。誠に放ち逐はんに足れる事なり」と、少しも私ある氣色なく、ひとへにこの爲と思ひたる心、形に顯れて見えしかば、帝もかへりて百川におぢ給ひて、ともかくものたまはせずして、うち〳〵に歎き悲しみ給ふこと限なかりき。是れも百川の謀にて位につき給へりし、くらうのはかりもなかりしかば、たゞ申すまゝにておはしませしなり。―下略―」との記述がある。

(35)『水鏡』五十代光仁天皇の項。　和田英松校訂。岩波文庫。92～93頁　岩波書店。　一九三〇年

(36)村尾次郎注(11)、瀧浪貞子注(3)、角田文衞注(12)、北山茂夫注(1)等、多数の論考がある。

(37)野村忠夫『後宮と女官』教育社歴史新書。11　176頁　教育社。　一九七八年

(38)中川　收「光仁朝の成立と井上皇后事件」注(1)著書所収。　378頁

(39)北山茂夫　注(1)　426頁

(40)中川　收　注(37)　370～371頁

(41)瀧浪貞子　注(30)　142頁

(42)『日本霊異記』日本古典文學大系70。　岩波書店刊による。　一九六七年

(43)一九五五年の発掘調査で、東塔の現方形基壇の下層及び西塔跡において八角形の当初基壇跡が確認された。また、一九八一年の東塔基壇の断ち割り調査においては、基壇の版築工事が中途で八角から四角に変更された様相が認められた。従って、この説話の内容のすべてが机上の産物ではなく、史実を含むものであったことが判明する。

大岡実・浅野清　「西大寺東西両塔」日本建築学会論文報告集五四号。　一九五六年

福山敏男　「西大寺の創建」『佛教藝術』62　毎日新聞社。　一九六六年

浅野　清　「西大寺東西両塔跡の発掘」『仏教藝術』62　毎日新聞社。　一九六六年

『奈良国立文化財研究所年報』平城京内寺院の調査1．西大寺境内の調査　東塔基壇の調査　奈良国立文化財研究所。

一九八二年

狩野　久編　古代を考える『古代寺院』十、平城京の寺々　佐藤　信氏執筆。吉川弘文館。一九九九年

(43)『大日本古文書』巻四　197頁

(44)藤原式家と石上宅嗣との関係については木本好信氏の論文に詳しい。

木本好信「石上宅嗣と藤原式家」『政治経済史学』344号所収。後、同氏著『律令貴族と政争』―藤原氏と石上氏とをめぐって―第Ⅲ章に「石上宅嗣と藤原良継・百川兄弟」と改題して収録。　塙書房。二〇〇一年

(45)野村忠夫　注(36)　176頁

(46) 北山茂夫『平安京』日本の歴史4　中公文庫。7頁　中央公論社。一九七三年
(47) 北山茂夫　注（1）429頁
(48) 角田文衞「宝亀三年の廃后廃太子事件」角田文衞著作集3『律令国家の展開』所収。法藏館。一九八五年
(49) 角田文衞　注（12）38頁　55頁
(50) 三松家に伝存した古系図に明治初年栗原信充が考証の手を加えたものを、三松俊雄氏が大正七年に印刷に附したものである。
(51) 藤本孝一『三松氏系図』―百済王系譜―　平安博物館研究紀要七輯所収。財団法人古代學協會。一九八二年
藤本氏によって史料紹介されている。
(52) 両系図の該当部分は本文末図の如くである。
(53) 山中智恵子『斎宮志』伝承の斎王から伊勢物語斎宮まで　大和書房。一九八〇年
(54)『寧樂遺文』上巻　322頁　東京堂出版。
(55) 中村修也編著『続日本紀の世界　奈良時代への招待』第十二章地方政治の展開・東日本篇第一節伊勢国　荊木美行氏執筆。365頁
思文閣出版。一九九九年
(56) 中川　收　注（1）
(57) 玉井　力「光仁朝における女官の動向について」『名古屋大学文学部研究論集』一七所収。一九七〇年
(58)『日本後紀』延暦十五年七月乙巳条。
(59) 玉井　力　注（57）22頁
(60) 玉井　力　注（57）25頁
(61) この俊哲の蝦夷征討が敬福の黄金貢献と共に百済王氏内部で高い評価を得、語り継がれていたことは、一〇八六（応得三）年十二月の堀河天皇の即位に伴う「交野禁野司氏人」らの「氏爵」申文の中に、
「―前略―南〔黄カ〕金初出、則〔百済王〕敬福献二其紫麿一、東□〔夷カ〕急紛、則〔百済王〕俊哲揮二其白刃一、非二啻先祖立傳之功一―下略―」

とあるところより明らかである。

田島　公「『氏爵』の成立―儀式・奉仕・叙位―」『史林』七一巻一号所収。一九八八年

(62)『続日本紀』寶亀元年八月己亥条。

(63)新野直吉『古代東北の兵乱』日本歴史叢書41　87頁　吉川弘文館。一九八九年

(64)『続日本紀』寶亀五年七月庚申条。

(65)『続日本紀』寶亀六年十一月乙巳条。

(66)大塚徳郎『みちのくの古代史』都人と現地人　刀水書房。一九八四年

(67)今井啓一「百済王氏と蝦夷経営」注(28)著書所収。一九六五年

(68)『続日本紀』寶亀七年二月甲子条。

(69)『続日本紀』寶亀七年五月戊子条。

(70)同様の記事は寶亀八年十二月辛夘条にもあるが、その前半部は「初陸奥鎮守將軍紀朝臣廣純言。志波村賊。蟻結肆レ毒。出羽國軍与レ之相戰敗退。於レ是。以二近江介従五位上佐伯宿祢久良麻呂一為二鎮守權副將軍一。令レ鎮二出羽國一。」とあり、それ自体独立した記事であり、以下の褒賞記事とはそぐわない感があることからしても、寶亀九年六月庚子条の重複であると考える。

(71)『続日本紀』寶亀十一年三月丁亥条。

(72)新野直吉　注(63)　123頁

(73)村尾次郎「奥羽建設と百済王氏」日本諸学研究報告第十七篇(歴史学)所収。文部省教学局。一九四二年

今井啓一　注(67)

大塚徳郎　注(66)

(74)表は『続日本紀』に見出される者に限っている。但し、文武天皇四年十月の百済王遠寶の常陸守補任は年代的な乖離があり、表示の対象から除外してある。

(75)村尾次郎　注(73)

(76)今井啓一　注(67)　42頁

(77)利光三津夫、上野利三「律令制下の百済王氏」利光三津夫先生還暦記念論文集『法史学の諸問題』所収。慶應通信刊。一九八七年

（78）北山茂夫『女帝と道鏡』中公新書192　中央公論社。　一九六九年

（79）上田正昭「桓武朝廷と百済王氏」京都市歴史資料館『紀要』第10号所収。　一九九二年。後に同氏著『論究・古代史と東アジア』に所収。岩波書店。　一九九八年

上田正昭「平安京前後の実相」『東アジアと海上の道』所収。　明石書店。　一九九七年

井上満郎「桓武天皇と渡来系氏族」中山修一先生喜寿記念事業会編『長岡京古文化論叢Ⅱ』所収。三星出版。　一九九二年

今井啓一「天子後宮における百済王氏の女人」注（28）著書所収。

第八章　桓武朝の百済王氏

はじめに

桓武朝における百済王氏の動向については、桓武天皇の母方の外戚としての優遇、また、百済王明信が「被二。帝寵渥一。」（1）たことを前提として論じられることが多い。確かにそのことは氏族にとって大きな意味を有したことは疑いのない事実であったと思われる。しかし、かかる事実が成立した歴史的背景もまた究明されねばならないことも言を待たない。以下、このことを念頭におきながら、桓武天皇と百済王氏との関わりはもちろんのこと、藤原朝臣継縄と百済王氏の関わりを中心視野に入れて論を展開していきたい。

(一)

さて、初めに中央の官僚、武官及び地方官として活躍した百済王一族が政治の中枢の重要官職、即ち、太政官にあって参議以上の官職につき得なかったのは帰化人（2）、あるいは異民族（3）であったため排除されたとする論理を再検討してみたい。かような論理は、桓武朝において和朝臣家麻呂が中納言、菅野朝臣真道、坂上大宿禰田村麻呂がそれぞれ参議に任ぜられている所から成立し難いことは明らかである。かかる事実がありながらもなお桓武天皇が「百濟王等者朕之外戚也。」（4）と優遇を加えた百済王氏が参議に任ぜられなかったのであり、そこには異なる理由が存したのではないかと考えざるを得ない。そこで、その検討に入る前に和朝臣家麻呂、菅野朝臣真道、坂上大宿禰田村麻呂の桓武朝における動向を表示（5）すると以下の如くになる。

表一　和朝臣家麻呂

和暦	年	月日	摘要
延暦	五年	正月七日	従七位上→従五位下
		正月二十四日	伊勢大掾。
	七年	二月二十八日	造酒正。
	八年	五月二十八日	造兵正。
	十年	正月二十八日	内廐助。

十一年	正月七日	従五位下→従五位上
	二月二日	美濃介。内廐助故の如し。
十二年	正月七日	従五位上→正五位上
	二月	治部大輔。
	四月	正五位上→従四位下
	五月	大和守。治部大輔故の如し。
十四年	二月	相模守。治部大輔故の如し。
十五年	三月一日	参議。
	七月二十八日	従四位下→正四位下
十六年	三月十一日	参議兼衛門督。
	三月十三日	参議兼左衛士督。
	七月	参議兼兵部卿。
十七年	八月十六日	正四位下→従三位
十八年	二月二十日	中納言兼治部卿。
	六月十六日	中納言兼中務卿、相模守故の如し。
二十二年	五月	中納言兼宮内卿。
二十三年	四月二十七日	薨ず。従二位大納言を贈る。

表二　菅野朝臣真道

和暦	年	月日	摘要
延暦	二年	正月二十日	正六位上→外従五位下（恪勤の故をもって）
		五月十五日	右衛士少尉（外従五位下）。近江大掾を兼務。
	三年	四月二日	右衛士大尉（外従五位下）。近江大掾故の如し。
		十一月六日	左兵衛佐。
	四年	十一月二十五日	外従五位下→従五位下（安殿親王立太子の日）。左兵衛佐兼東宮學士と為す。
	七年	二月六日	伊予介。東宮學士、左兵衛佐故の如し。
		六月八日	図書助。東宮學士、左兵衛佐故の如し。
	八年	正月六日	従五位下→従五位上
		三月十六日	図書頭。東宮學士、左兵衛佐、伊予介故の如し。
		九月十九日	藤原朝臣継縄らと征東将軍等逗留し、敗軍する状を勘問する。
	九年	三月十日	伊予守。図書頭、東宮學士、左兵衛佐故の如し。
		七月十七日	上表し、津連を改め菅野朝臣を賜る（百済王仁貞、百済王元信、百済王忠信連名する。）
	十年	正月二十八日	治部少輔。東宮學士、左兵衛佐、伊予守故の如し。
		七月二十二日	従五位上→正五位下（伊予国より白雀貢献により）
	十一年	二月十日	治部大輔。東宮學士、左兵衛佐、伊予守故の如し。
		六月三日	民部大輔。東宮學士、左兵衛佐、伊予守故の如し。

	九月二日	藤原朝臣葛野麿らと共に新京宅地の班給に遣わされる。
十三年	正月	正五位下↓正五位上
	七月	正五位上↓従四位下
十四年	二月十九日	左兵衛督。民部大輔、東宮學士、伊予守故の如し。
十五年	六月庚申朔	造宮亮。左兵衛督、民部大輔、東宮學士、伊予守故の如し。
十六年	正月十五日	長岡京の地一町を賜る。
	二月十三日	従四位下↓正四位下（民部大輔、左兵衛督、皇太子學士）。続日本紀完成奏上による。
	三月十一日	左大辨。東宮學士、左兵衛督、伊勢守故の如し。
	九月丙戌	勘解由長官。東宮學士、左兵衛督、伊勢守故の如し。
十七年	十月	左衛士督。兼官故の如し。
十八年	三月十三日	先祖の墓地に樵夫等が入り冢樹を採伐するのを禁止する旨請い、許しを得る。時に左大辨、右衛士督、皇太子學士、伊勢守。
	冬十月二日	信濃国の地百町を賜る。
二十年	閏正月甲子朔	相模守。左大辨、東宮學士故の如し。
二十二年	正月	但馬守。左大辨、東宮學士故の如し。
二十四年	正月十四日	参議。左大辨、東宮學士、但馬守故の如し。
	十二月七日	参議、右衛士督、藤原朝臣緒嗣と殿上で徳政論争を展開。時に参議、左大辨。
二十五年	正月二十八日	大宰大貳、参議。

表三　坂上大宿禰田村麻呂

和暦	年	月日	摘要
延暦	四年	十一月二十五日	正六位上↓従五位下
	六年	三月二十二日	近衛将監、内匠助。
		九月十七日	近衛少将。内匠助故の如し。
	七年	六月二十六日	近衛少将、越後介。
	九年	三月十日	越後守。近衛少将、内匠助故の如し。
	十年	正月十八日	蝦夷を征せんが為、百済王俊哲と共に東海道の軍士を簡閲し、戎具を撿えしめる。
		七月十三日	百済王俊哲と共に征夷副使に任ぜられる。
	十一年	三月戊辰	従五位下↓従五位上
	十四年	二月七日	従五位上↓従四位下（征夷大将軍以下爵級を加う。）
		二月十九日	木工頭。近衛少将故の如し。
	十五年	正月二十五日	陸奥出羽按察使兼陸奥守。
		十月二十七日	近衛少将兼鎮守将軍（伊治城周辺の経営に傾注）。
	十六年	十一月五日	征夷大将軍。
	十七年	閏五月二十四日	従四位下↓従四位上
	十八年	五月	近衛権中将。
	二十年	七月二十七日	四万人の征軍起こす。

	十一月七日	従四位下↓従三位（蝦夷地における宣功によるもの）。時に近衛権中将征夷大将軍按察使陸奥守。
二十一年	四月十五日	造胆沢城使。胆沢蝦夷の族長阿弖流為、母礼の率いる五百余人が投降。
	七月十日	阿弖流為、母礼を連れ入京。
	七月十三日	助命申請するも、公卿に受入れられず、二人は河内国杜山にて斬られる（近衛中将征夷大将軍按察使陸奥守）。
二十二年	三月六日	志波城を築くため再び赴任。
	七月十五日	征夷大将軍、近衛中将陸奥出羽按察使刑部卿。
二十三年	正月二十八日	征夷大将軍に任ぜられる。
	五月	造西大寺長官、征夷大将軍、近衛中将、按察使、刑部卿。
	七月七日	和泉摂津両国の行宮の地の倹分に遣わされる。征夷大将軍、近衛中将、按察使、刑部卿、造西大寺長官。
二十四年	六月二十三日	参議。征夷大将軍、近衛中将、按察使、造西大寺長官。

かかる表から

① 菅野朝臣真道が安殿親王の東宮学士として桓武天皇の信任をうけるとともに『続日本紀』の撰修完成に尽力した如く、文官として栄達している

② これに対し、坂上大宿禰田村麻呂は一貫して桓武天皇の二大政策の一つの柱、蝦夷征討に深く関わり、胆沢の蝦夷の族長、阿弖流夷、母礼の投降をみる等多大の成果を挙げ武官としての立場を明確にしている

③ ①、②で見た如く、百済系渡来人である真道と東漢人系渡来人である田村麻呂が文官及び武官として著しい成果を

挙げ、参議に任ぜられている

④　和朝臣家麻呂は、これといった実績はなく、『日本後紀』延暦廿三年四月辛未条の薨伝に「贈正一位高野朝臣弟嗣之孫也。其先百濟國人也。爲㆑人木訥。無㆓才學㆒。以㆓帝外戚㆒。特被㆓擢進㆒。蕃人入㆓相府㆒。自㆑此始焉。」とある如く、桓武天皇の外戚の故に参議を経て、中納言にまで栄達していることが判明する。かように考えられるとするならば、次の諸点が疑問として残る。即ち、

ⓐ　菅野朝臣真道が参議に任ぜられた背景に「百済系渡来氏族を母とする桓武天皇の外戚意識によるところが大きい」（6）とすれば、百済王氏が参議にならなかったことの説明がつかないこと

ⓑ　表には記載していない（7）が、坂上大宿禰田村麻呂の娘、春子は桓武天皇の後宮に入り、藤井親王を産んでいる。この点でも、百済王武鏡の娘、教仁が太田親王を、百済王教徳の娘、貞香が駿河内親王を儲けているのと共通している。それにも拘わらず、田村麻呂のみが参議に任ぜられていること

ⓒ　百済王氏の氏人から菅野朝臣真道、坂上大宿禰田村麻呂のような傑出した人物が出ておらず、そのことが原因とも考えられる。しかし、後に掲げる表六にある如く、桓武朝において一族の者が文官、武官を問わず多くの部署で任官をうけているところからそれが主要因とは考えられないこと

ⓓ　表二、延暦九年七月十七日、真道が改姓を乞う上表の際に「左中弁正五位上兼木工頭百濟王仁貞。治部少輔従五位下百濟王元信。中衛少將従五位下百濟王忠信。圖書頭従五位上兼東宮學士左兵衛佐伊豫守津連眞道等上㆑表言。」とある如く、百済王氏が百済系渡来人の代表氏族としての立場を有していたことが判明する。かかる立場にある百済王氏の氏人が参議に任ぜられず、真道が任ぜられたのは何故か

ⓔ　和朝臣家麻呂が桓武天皇の外戚の故を以って参議、中納言に任ぜられているのに対し、同じく「朕之外戚也」とされる百済王氏の氏人がどうして同様の待遇を受けることができなかったか

である。特にⓔについては、先に見た如く家麻呂が高野朝臣弟嗣の孫で、高野朝臣新笠の甥にあたるところよりすれば、桓武天皇との血のつながりがあり、同じく外戚とは言っても擬制的な百済王氏とは同一に論じられないとも考えられる。しかし、擬制的なものではあれ、桓武天皇が「外戚」とする百済王氏は真道、田村麻呂とはまた同一に論ずるべきではなかろう。以下この点について考察を加えていきたい。

さて、この点を考える上で注目すべきは、『続日本紀』の以下の記載である。

延暦六年十月丙申条

天皇行二-幸交野一。放レ鷹遊獦。以二大納言従二位藤原朝臣繼繩別業一爲二行宮一矣。

延暦六年十月己亥条

主人率二百濟王等一。奏二種々之樂一。

延暦十年十月丁酉条

行二-幸交野一。放レ鷹遊獵。以二右大臣〔繼繩〕別業一爲二行宮一。

延暦十年十月己亥条

右大臣率二百濟王等一。奏二百濟樂一。

かかる記載は、百済王明信の夫、藤原朝臣継縄が百済王氏を統括する立場にあったことを如実に示している。継縄と百済王氏の関係については第五章以降で縷々述べてきたところであり、継縄と明信との婚姻の成立は百済王氏と藤原南家との関係を生ぜしめた点において画期的なものであった。この婚姻の成立以降、百済王氏の動向は常に藤原南家の影響下にあったと言っても過言ではない。そこで、桓武朝における台閣の構成を藤原氏に限って表示（8）し、そのことによる百済王氏への影響を考察しておきたい。

表四

和暦	職	氏名	家	摘要
延暦元年	左大臣	藤原魚名	北家	大宰帥。六月十四日、事に坐し免大臣。配流。
	右大臣	藤原田麿	式家	六月十三日任。
	大納言	藤原是公	南家	六月十三日任。
	中納言	藤原継縄	南家	
	参議	藤原小黒麿	北家	
		藤原浜成	京家	大宰員外帥。氷上川継の謀反に関わったかどで参議を解却。
		藤原家依	北家	
		藤原種継	式家	二月二十六日任
延暦二年	左大臣	藤原田麿	式家	三月十九日薨。
	右大臣	藤原是公	南家	七月十九日任。
	大納言	藤原継縄	南家	七月十九日任。
	参議	藤原小黒麿	北家	
		藤原家依	北家	
		藤原種継	式家	
延暦三年	右大臣	藤原是公	南家	
	大納言	藤原継縄	南家	
	中納言	藤原小黒麿	北家	正月二十一日任。
		藤原種継	式家	正月二十二日任。
	参議	藤原家依	北家	

延暦四年	右大臣	藤原是公	南家	
	大納言	藤原継縄	南家	
	中納言	藤原小黒麿	北家	
		藤原種継	式家	九月二十四日薨。
	参　議	藤原家依	北家	六月二十五日薨。
延暦五年	右大臣	藤原是公	南家	
	大納言	藤原継縄	南家	
	中納言	藤原小黒麿	北家	
延暦六年	右大臣	藤原是公	南家	
	大納言	藤原継縄	南家	
	中納言	藤原小黒麿	北家	
延暦七年	右大臣	藤原是公	南家	
	大納言	藤原継縄	南家	
	中納言	藤原小黒麿	北家	
延暦八年	右大臣	藤原是公	南家	九月十九日薨。
	大納言	藤原継縄	南家	
	中納言	藤原小黒麿	北家	
延暦九年	右大臣	藤原継縄	南家	二月二十七日任。
	大納言	藤原小黒麿	北家	二月九日任。
	参　議	藤原雄友	南家	二月九日任。故右大臣藤原是公の三男。
延暦十年	右大臣	藤原継縄	南家	
	大納言	藤原小黒麿	北家	
	参　議	藤原雄友	南家	

年	官職	氏名	家	備考
延暦十一年	右大臣	藤原継縄	南家	
	大納言	藤原小黒麿	北家	
	参　議	藤原雄友	南家	
延暦十二年	右大臣	藤原継縄	南家	
	大納言	藤原小黒麿	北家	
	参　議	藤原雄友	南家	
延暦十三年	右大臣	藤原継縄	南家	
	大納言	藤原小黒麿	北家	七月一日薨。
	参　議	藤原雄友	南家	
		藤原内麿	北家	十月二十七日任。故大納言藤原真楯の三男。
		藤原真友	南家	十月二十七日任。故右大臣藤原是公の二男。
		藤原乙叡	南家	十月二十七日任。右大臣藤原継縄の二男。
延暦十四年	右大臣	藤原継縄	南家	
	参　議	藤原雄友	南家	
		藤原内麿	北家	
		藤原真友	南家	
		藤原乙叡	南家	
延暦十五年	右大臣	藤原継縄	南家	七月十六日薨。
	参　議	藤原雄友	南家	
		藤原内麿	北家	
		藤原真友	南家	
		藤原乙叡	南家	

年	官	人名	家	備考
延暦十六年	参議	藤原雄友	南家	
		藤原内麿	北家	
		藤原真友	南家	六月二十五日卒。
		藤原乙叡	南家	
延暦十七年	中納言	藤原雄友	南家	八月十六日任。
	参議	藤原内麿	北家	八月十六日任。
		藤原乙叡	南家	
		藤原縄主	式家	八月十六日任。
延暦十八年	中納言	藤原雄友	南家	
	参議	藤原内麿	北家	
		藤原乙叡	南家	
		藤原縄主	式家	
延暦十九年	中納言	藤原雄友	南家	
	参議	藤原内麿	北家	
		藤原乙叡	南家	
		藤原縄主	式家	
延暦二十年	中納言	藤原雄友	南家	
	参議	藤原内麿	北家	
		藤原乙叡	南家	
		藤原縄主	式家	
延暦二十一年	中納言	藤原雄友	南家	
	参議	藤原内麿	北家	
		藤原乙叡	南家	
		藤原縄主	式家	
		藤原緒嗣	式家	六月十九日任。

延暦二十二年	中納言	藤原雄友	南家	
		藤原内麿	北家	
	権中納言	藤原乙叡	南家	閏十月二十七日任。
	参　議	藤原縄主	式家	
		藤原緒嗣	式家	
延暦二十三年	中納言	藤原雄友	南家	
		藤原内麿	北家	
	権中納言	藤原乙叡	南家	
	参　議	藤原縄主	式家	
		藤原緒嗣	式家	
延暦二十四年	中納言	藤原雄友	南家	
		藤原内麿	北家	
	権中納言	藤原乙叡	南家	
	参　議	藤原縄主	式家	
		藤原緒嗣	式家	

かかる表から指摘できることは、夙に林陸朗氏（9）が述べておられる如く、「藤原四家のうち南家は延暦期全般を通じて実に根強い力を持っていた」と考えられることである。かような台閣の状況下において、継縄が統括的な立場を有する百済王氏が台閣の一員となることについては、藤原四家のバランス上から避けざるを得ないことであったのではなかろうか。桓武天皇の外戚、和朝臣家麻呂が参議、中納言となったにも拘わらず、それがたとえ擬制的なものであれ「朕之外戚也。」とされた百済王氏が台閣に列することができなかった原因を以上の様に解釈することによってのみ無理のないものになると考える。従って、渡来人、あるいは異民族であったが故に排除されたとするが如き論理は成立し得ず、その原因はきわめて政治的なものであったとすべきである。

（二）

さて、次に問題となるのは、桓武天皇の百済王氏に対しての「朕之外戚也。」とする詔である。かかる詔はいかなる目的をもって発せられたのであろうか。田中史生氏（10）は、

① 本来、桓武天皇の母方氏族、和氏が東漢氏系の「イマキノアヤ」である系譜伝承を持っていたこと
② 『和氏譜』により、百済王族の出自であるという血統的転換がなされたこと
③ 『日本後紀』延暦十八年二月乙未条の和気朝臣清麻呂の薨伝に「奉二中宮教一。撰二和氏譜一奏レ之。帝甚善レ之。」とあり、清麻呂が『和氏譜』完成に主体的役割を果たし、桓武天皇も強い関心を示していたこと
④ その作成時期は、『和氏譜』が延暦九年正月壬子条の高野朝臣新笠略伝や『新撰姓氏録』にある和朝臣氏の出自に影響していると考えられる所から、清麻呂の中宮大夫任命の延暦七年二月二十八日以降、延暦八年十二月二十八日の新笠の崩御までの間であったと推測されること
⑤ 延暦八年三月十六日の百済王仁貞の中宮亮任命も『和氏譜』作成と密接な関わりを有していたこと

を明らかにされた。そして、『和氏譜』の成立に伴い、百済王氏を「朕之外戚」と位置づけること、即ち、母方の出自を百済系の王族とすることにより父母の双方から「自己の天皇としての正当性」（11）を保証されることとなったとされたのである。かかる田中氏の論は、百済王氏が「朕之外戚」であること自体が注目され、そこから百済王氏の処遇が考えられる研究状況を克服したものとして評価できる。

しかし、桓武天皇の百済王氏に対する「朕之外戚」の詔の目的はそれのみであったのであろうか。平野邦雄氏（12）が指摘されている如く、和気朝臣清麻呂の姉、広虫は寶亀元年、典蔵に任ぜられ、延暦八年の『勅旨所牒』（13）に「典侍従四位上和気朝臣」とあり、典侍に昇任されたらしく、延暦十八年の死に至るまで典侍の地位にあった。後宮の内侍

司の女官の首座は尚侍であり、典侍はそれに次ぐものであったが、時の尚侍は百済王明信であった。以上のことを踏まえ平野氏は和気朝臣広虫と百済王明信は一心同体の関係にあったと考えられるとされた。一方、福井俊彦氏（14）も、かかる広虫と百済王明信の関係から藤原朝臣継縄と和気朝臣清麻呂との縁が深いことを明らかにされた。即ち、延暦五年四月十一日、継縄が大納言兼務で民部卿になると同年八月八日、清麻呂が大輔に起用され、延暦九年に継縄が大納言より右大臣に昇任すると継縄の後任として卿に昇進し、延暦十八年の死に至るまでその地位にあったことである。以上の指摘は、『和氏譜』成立にも桓武天皇の意をうけた継縄が関与した可能性を想起させる。特に百済王仁貞が中宮亮に任命されているのは継縄との関係を抜きには理解し難いものであると考える。しかも、『続日本紀』延暦九年二月甲午条に「詔以二大納言従二位藤原朝臣繼縄一爲二右大臣一。」とあり、従四位上和気朝臣清麻呂が正四位下、正五位上百済王玄鏡が従四位下、従五位上百済王仁貞が正五位上、正六位上百済王鏡仁が従五位下にそれぞれ昇叙され、同日に「百濟王等者朕之外戚也。」とする詔が発せられていることは前述の推測を裏づけるものと考える。さらに私は、継縄の右大臣任命と「百濟王等者朕之外戚也。」とする詔が同一日になされているのはもう一つの目的があったのではないかと考えている。即ち、百済王明信の尚侍任命がそれである。

今、論の展開上、奈良時代の聖武朝からの尚侍の就任者を表示（15）すると以下の如くとなる。

表五

氏名	夫	没年	摘要
藤原朝臣宇比良古	太政大臣藤原朝臣仲麻呂	天平寶字六年六月二十三日	女官として、仲麻呂政権を背後から支える。藤原朝臣房前の女。
藤原朝臣百能	右大臣藤原朝臣豊成	延暦元年四月十七日	藤原朝臣麻呂の女。

大野朝臣仲仟	左大臣藤原朝臣永手	天応元年三月十日	参議大野朝臣東人の女。藤原朝臣家依、雄依の母。
安倍朝臣古美奈	内大臣藤原朝臣良継	延暦三年十月二十八日	安倍粳虫の女。桓武天皇の皇后乙牟漏の母。
橘朝臣真都我	右大臣藤原朝臣是公	不明	橘宿禰佐為の女。聖武天皇の夫人、橘宿禰古那可智の妹。藤原朝臣雄友、真友、弟友の母。

かかる表から指摘できることは、その夫が太政大臣、内大臣、左大臣、右大臣等の高官であり、政界のトップクラスであったことである。しかも、その出自が藤原氏、橘氏の名族であり、大野朝臣仲仟にしても、参議大野朝臣東人を父としていた。さらに、安倍氏については、『安倍氏系図』では、右大臣阿倍朝臣御主人の後とするが、その系図自体を疑問視する(16)むきもあり、今一つその出自は分明でない。しかし、なによりも夫、藤原朝臣良継との間の子、乙牟漏が桓武天皇の皇后となっていた。以上の様な尚侍任命に際しての要件を考慮に入れ、百済王明信の場合を考えてみたい。まず、延暦九年二月二十七日に夫、藤原朝臣継縄が右大臣に任ぜられたことは、要件の一つをクリアしたことを意味した。しかし、もう一つの要件については、渡来人の血をひく明信にとって決定的な弱点(17)であったと考えられる。従って、継縄の右大臣就任の同日発せられた「百済王等者朕之外戚也。」とする桓武天皇の詔はその弱点を克服する上において大きな意義を有していたとすべきであろう。今井啓一氏(18)は、明信の尚侍任命を継縄が薨じた延暦十五年七月以降に求めておられるが、その根拠は明示されていない。おそらくは、その根底に継縄の死去に伴う百済王氏のマイナスを補填する意図を持つものとする解釈があったのではないかと考える。確かにかような解釈の成立する可能性もある。しかし私は、藤原四家のバランス上から参議になり得なかった百済王氏の後宮における勢力の伸張をはかり、そのマイナス面をうめようとする桓武天皇の意向のもと、延暦九年二月二十七日を遠く隔たらない日に明信の尚侍任命があったものと考える。

以上、見てきた如く、「百濟王等者朕之外戚也。」とする桓武天皇の詔は、百済王明信の尚侍就任と密接な関係を有していたと思われるが、明信の尚侍就任は後宮に百済王氏が入る契機となり、桓武天皇との関係をより深めていくことになる。そのことは『日本紀略』(19)、『本朝皇胤紹運録』(20)、『帝王編年記』(21)、『一代要記』(22)によって確認することができる。即ち、

『日本紀略』

大同三年三月己酉条　大田親王薨。

『本朝皇胤紹運録』

太田親王　無品 母百濟教仁

［頭］紀略。大同三年二月己酉。大田親王薨(23)

『日本紀略』

弘仁十一年六月庚寅条　无品駿河内親王薨。年廿。遣三レ使監二護喪事一。皇統彌照天皇第十四之女也。母百濟氏。

『本朝皇胤紹運録』

駿河内親王　弘仁十一六十三薨 母百濟貞香教徳女(24)

［頭］紀略。弘仁十一年六月庚寅。无品駿河内親王薨。年廿。皇統彌照天皇第十四之女也

『帝王編年記』

大田親王　母従五位下百濟教仁武鏡女 十六薨无品

駿河内親王　母百濟貞香

『一代要記』

大田親王　無品母従五位下百濟敎仁従五位下武鏡女大同三年三月薨年十六

駿河内親王　母従五位下百濟貞香従四位下敎法女弘仁十一年薨（25）

とあるからである。『帝王編年記』、『一代要記』によると、大田親王の薨じた際の年齢は十六歳であり、その薨年大同三年より逆算すると延暦十一年頃の誕生となる。一方、駿河内親王の薨じた年齢は『日本紀略』によると二十歳であり、その薨年弘仁十一年より逆算すると延暦二十年頃の誕生となる。従って大田親王の母、百済王武鏡の女、教仁が入侍したのは延暦十一年をさほどさかのぼらない時期と考えられ、明信の尚侍就任（26）と密接な関連性を有したことは明確である。駿河内親王を産んだ百済王貞香、百済王俊哲の女で女御となった百済王教法も明信の存在を抜きにしては考えられない。

かように延暦九年二月に至って百済王氏は政治的には藤原朝臣継縄との関係から、さらには百済王明信の尚侍就任により後宮からという両面からより強く桓武朝にその足跡（27）を残していくことになるのである。

(三)

さて、次に桓武朝において百済王氏がいかなる動向を示しているのかを表(28)を掲げることにより具体的に考察していきたい。

表六

和暦	年	月日	百済王氏	藤原継縄・乙叡
天應	元年	四月丙申	従五位下百済王仁貞→近衛員外少将	
		四月癸夘	正五位下百済王利善→正五位上	
		五月乙丑		中納言藤原朝臣継縄→兼中務卿
		五月癸未	正五位上百済王利善→散位頭	
		七月丁夘		中納言従三位藤原朝臣継縄→兼左京大夫
		九月戊午		従三位藤原朝臣継縄→正三位
		九月丁夘	无位百済王清刀自→従五位下	
		九月丁丑	従五位上百済王俊哲→正五位上勲四等 正六位上百済王英孫→従五位下(征夷の労を賞して)	
		十一月甲戌	従四位下百済王明信→従四位上	
延暦	元年	閏正月庚子	従五位下百済王仁貞→播磨介	

	二月庚申	従五位上百済王武鏡→大膳亮	
二年	二月壬子	従五位下百済王仁貞→従五位上	
	六月丙寅	従五位上百済王仁貞→備前介	
	七月甲午		中納言正三位藤原朝臣継縄→大納言。中務卿故の如し
	十月戊午	交野行幸。鷹を放ち遊猟。百済王等の行在所に奉仕する者一両人に階を進め、爵を賜う。百済寺に近江、播磨二国の正税各五千束を施す。 正五位上百済王利善→従四位下 従五位上百済王武鏡→正五位下 従五位下百済王元徳→従五位上 従五位下百済王玄鏡→従五位上 従四位上百済王明信→正四位下	
	十一月丁酉	正四位下百済王明信→正四位上	
三年	二月辛巳	女孺无位百済王真徳→従五位下	
	三月乙酉	正五位下百済王武鏡→周防守	
	五月己丑		正六位上藤原朝臣乙叡→従五位下
	五月甲午	散位頭従四位下百済王利善→卒す	
	七月壬午		従五位下藤原朝臣乙叡→侍従
四年	正月乙巳	正四位下百済王明信→正四位上	

年	月日	百済王氏	藤原氏
	正月辛亥	従五位上百済王仁貞→備前守	
	正月癸亥	従五位上百済王玄鏡→少納言	従五位下藤原朝臣乙叡→権少納言
	五月甲寅	従五位下百済王英孫→陸奥鎮守権副将軍	
	五月壬戌	正六位上百済王元基→従五位下	
	七月己亥		大納言正三位藤原朝臣継縄→兼大宰帥
	九月辛酉	従五位下百済王英孫→出羽守	
	十一月壬寅	天神を交野の柏原に祀る。宿祷を賽してなり。	
	十一月丁巳		安殿親王立太子。大納言中務卿正三位藤原朝臣継縄→兼皇太子傅
五年	正月戊戌	正六位上百済王孝徳→従五位下	従五位下藤原朝臣乙叡→従五位上
	正月己未	従五位上百済王玄鏡→右兵衛督	
	四月庚午		正三位藤原朝臣継縄→従二位 大納言従二位藤原朝臣継縄→兼民部卿東宮傅故の如し
	六月丁夘		従五位上藤原朝臣乙叡→少納言 大納言従二位藤原朝臣継縄→兼造東大寺長官東宮傅民部卿故の如し
六年	正月壬辰	正六位上百済王玄風→従五位下	
	二月庚申	従五位下百済王玄風→美濃守	

	三月丙午		従五位上藤原朝臣乙叡→右衛士佐
	五月戊申		従五位上藤原朝臣乙叡→中衛少将
	閏五月丁巳	陸奥鎮守将軍正五位上百済王俊哲事に坐せられて日向権介に左降さる	
	八月甲辰	藤原朝臣継縄の第に過る時、正四位上百済王明信→従三位	高椅津に行幸。還る寸大納言従二位藤原朝臣継縄の第に過る。
	十月丙申		天皇交野に行幸。鷹を放ち遊獵す。大納言従二位藤原朝臣継縄の別業を行宮と為す。
	十月己亥	主人（藤原朝臣継縄）百済王等を率いて種々の楽を奏せしむ。 従五位上百済王玄鏡→正五位下 正六位上百済王元真→従五位下 正六位上百済王善貞→従五位下 正六位上百済王忠信→従五位下 无位百済王明本→従五位下 是日、還宮	従五位上藤原朝臣乙叡→正五位下 正五位下藤原朝臣明子→正五位上 従五位下藤原朝臣家野→従五位上
	十一月甲寅		天神を交野に祀る。
	十一月庚戌朔甲寅		嗣天子臣謹て従二位行大納言兼民部卿造東大寺司長官藤原朝臣継縄を遣わして敢えて昭かに昊天上帝に告ぐ。
七年	正月甲子		皇太子元服を加う。天皇、皇后並びに前殿に御して大納言従二位兼皇太子傅藤原朝臣継縄等手つから其の冠を加え了て笏を執て而拝す。

	二月甲申	従五位下百済王善貞→河内介	中衛少将正五位下藤原朝臣乙叡→兼下総守
	二月丙午	従五位下百済王教徳→右兵庫頭	
八年	正月己酉	正五位下百済王玄鏡→正五位上	
	二月丁丑	正五位上百済王玄鏡→上総守 従五位下百済王教徳→讃岐介	
	三月戊午	従五位下百済王仁貞→中宮亮	
	九月戊午		大納言従二位藤原朝臣継縄等を太政官の曹司に遣わして征東将軍等逗留して敗軍するの非を勘問せしむ。
	冬十月戊寅		大納言従二位藤原朝臣継縄を兼中衛大将と為す。
	十一月		藤原朝臣乙叡→大蔵少輔
	十二月乙未	（皇太后高野新笠薨ず。）	
	十二月丙申		大納言従二位藤原朝臣継縄等を御葬司と為す。
九年	春正月癸亥	従五位上百済王仁貞→周忌御斎會司	従二位藤原朝臣継縄等を周忌御斎會司と為す。
	二月甲午	正五位上百済王玄鏡→従四位下 従五位上百済王仁貞→正五位上 正六位上百済王鏡仁→従五位下 是日、詔して曰く百済王等は朕が外戚也。今所以に一兩人を擢って爵位を加え授く也。	大納言従二位藤原朝臣継縄→右大臣
	三月庚子	日向権介正五位上勲四等百済王俊哲の罪を免じて入京せしむ。	

	三月丙午	従五位下百済王鏡仁→豊後介	大蔵大輔正五位下藤原朝臣乙叡→兼信濃守。侍従故の如し。
	三月壬戌	正五位上百済王仁貞→左中弁 従五位下百済王元信→治部少将 左中弁正五位上百済王仁貞→兼木工頭 従五位下百済王忠信→中衛少将	正五位下藤原朝臣乙叡→兵部大輔。侍従、信濃守故の如し。 兵部大輔正五位下藤原朝臣乙叡→兼右兵衛督
	閏三月丙子	(是の日皇后乙牟漏崩ず。)	
	閏三月丁丑		従二位藤原朝臣継縄等を御葬司と為す。
	秋七月辛巳	左中弁正五位上兼木工頭百済王仁貞、治部少輔従五位下百済王元信、中衛少将従五位下百済王忠信(津連真道改姓にあたって上表した際、名を列ねる。)	
	七月戊子	従五位下百済王元信→肥後介	
十年	正月戊辰	正五位上百済王仁貞→従四位下 従五位下百済王英孫→従五位上	
	正月庚午	正六位上百済王難波姫→従五位下	
	正月己卯	正五位上百済王俊哲、東海道に遣わされ軍士を簡閲し、兼ねて戎具を検する。蝦夷を征せんが為なり。(従五位下坂上大宿祢田村麻呂と共に)	
	正月癸未	正五位上百済王俊哲→下野守	
	秋七月壬申	正五位上百済王俊哲→征夷副使	
	七月丁亥	従五位下百済王忠信→越後介	

	七月戊子	左中弁従四位下百済王仁貞→卒す。	
	九月庚辰	下野守正五位上百済王俊哲→兼陸奥鎮守将軍	
	冬十月丁酉		交野に行幸。鷹を放ちて遊猟す。右大臣（継縄）の別業を以って行宮と為す。
	十月己亥	右大臣（継縄）百済王等を率いて百済楽を奏せしむ。 従五位下百済王玄風→従五位上 従五位下百済王善貞→従五位上 正六位上百済王貞孫→従五位下	正五位下藤原朝臣乙叡→従四位下 従五位下藤原朝臣浄子→正五位下
	十月庚子	（車駕還宮）	
十一年	二月甲寅		京中巡幸。兵部大輔従四位下藤原朝臣乙叡の第に御す。宴飲楽を奏す。父、右大臣継縄布帛を献ず。従臣官に賜うこと差あり。大臣の孫正六位上諸主に従五位下を授く。
	四月乙巳		藤原朝臣乙叡→右兵衛督
	五月庚午		葛野川に幸す。便ち右大臣藤原朝臣継縄の別業に御す。
	九月庚辰	交野に遊猟す。	
十二年	正月甲午	（大納言藤原小黒麻呂、紀古佐美等を遣わして山背国葛野郡宇太村の地を相しむ。都を遷さんが為也）	
	二月丁丑		右大臣従二位藤原朝臣継縄奉献す。楽を奏す。五位已上に衣被を賜う。
	四月辛亥		葛野に幸す。便ち、右大臣（継縄）の別業に幸す。

	五月辛巳		藤原朝臣乙叡→左京大夫
	五月戊子	銭三十万及長門、阿波両国の稲各一千束を特に河内国交野郡百済寺に施入す。	
	八月壬申		車駕京中巡覧す。右京大夫従四位下藤原朝臣乙叡の園池に御す。四位已上に衣を賜う。日暮れて還宮。
	八月甲戌		葛野に遊猟す。右大臣藤原朝臣継縄の別業に御す。侍臣及び大臣の子弟に衣を賜う。
	九月戊寅	（菅野真道、藤原葛野麻呂等を遣わして新京の宅地を班給せしむ。）	
	十一月丁丑		新京に巡覧す。右大臣藤原朝臣継縄の庄に御す。五位已上に衣を賜う。
	十一月乙酉		交野に遊猟す。右大臣藤原朝臣継縄揩衣を献ず。五位已上及び命婦、采女等に給す。
十三年	正月甲午		右大臣従二位藤原朝臣継縄奉献す。楽を奏す。五位已上に衣被を賜う。
	四月庚午		新京巡覧す。右大臣従二位藤原朝臣継縄の高椅津荘に還御す。宴飲。五位已上に衣を賜う。
	七月己卯	山背、河内、摂津、播磨等の国稲一万一千束を以って従三位百済王明信等十五人に賜う。新京の家を作る為也。	
	八月庚丑		右大臣兼皇太子傅中衛大将藤原朝臣継縄等国史を奉る。
	九月壬辰	交野に遊猟す。	

	十月壬子	交野に遊猟す。百済王等に物を賜う。	
	十月二十七日		藤原朝臣乙叡→参議に任ぜらる。兼左京大夫
十四年	二月庚午		藤原朝臣乙叡→山城守。左京大夫、侍従故の如し。
	二月丁巳		藤原朝臣乙叡→兼主馬首。左京大夫、山城守故の如し。
	三月甲午	交野に遊猟す。	
	四月戊申	曲宴。天皇古歌を誦して曰く、以邇之弊能。能那何浮流弥知。阿良多米波。阿良多麻良武也。能那賀浮流弥知。尚侍従三位百済王明信に勅して之に和せ令む。成こと得ず。天皇自ら代りて和して曰く、記美己蘇波。和主黎多魯羅米。爾記多麻乃。多和也米和礼波。都祢乃詩羅多麻。侍臣万歳を稱す。	
	八月辛未	陸奥鎮守将軍百済王俊哲→卒す。	
	十月乙卯		交野に幸す。右大臣藤原朝臣継縄の別業を以って行宮と為す。
	十月乙酉		(是日、車駕宮に還る。)
十五年	正月壬子		藤原朝臣乙叡→兼伊與守
	六月庚申		藤原朝臣乙叡→兼右衛士督
	七月乙巳		右大臣正二位兼行皇太子傅中衛大将藤原朝臣継縄薨ず。
	十一月壬辰		故右大臣贈従一位藤原朝臣継縄に度七人を賜う。

	十一月丁酉	無位百済王孝法→従五位上 無位百済王恵信→従五位上	
十六年	正月甲午	従四位下百済王玄鏡→従四位上 正六位上百済王聡哲→従五位下	従四位下藤原朝臣乙叡→従四位上
	正月庚子	従五位下百済王元勝→安房守 従五位下百済王聡哲→出羽守	
	正月辛亥	能登国羽咋、能登二郡没官田并野七十七町を尚侍従三位百済王明信に賜う。	
	二月癸亥	勅。従五位上百済王孝法、百済王恵信等の位田を宜しく、男に准じて之を給す。	
	二月乙丑		従四位上藤原朝臣乙叡→越前守。左京大夫、中衛大将故の如し。
	三月丁酉		参議左京大夫従四位上藤原朝臣乙叡→兼中衛大将
	三月癸丑	従四位下百済王英孫→右兵衛督	
	六月		藤原朝臣継縄の冥福を祈る為の供養経が写された。
	十月庚申	啄木鳥有り。前殿に入る。明日。車駕将に交野に幸すべし。斯に縁りて而て止む。	
十七年	正月壬辰	河内国稲二千束を百済寺に施入す。	
十八年	二月辛巳	諱嵯峨太上天皇於殿上冠。賜五位已上衣被。 従三位百済王明信→正三位	
	二月壬午	交野行幸。	

年	月日		
	二月甲午	従五位下百済王鏡仁↓治部少輔（同日中納言従三位和朝臣家麻呂を兼治部卿と為す） 従四位下百済王英孫↓右衛士督。摂津守故の如し。	
	四月乙酉		正四位下藤原朝臣乙叡↓兵部卿。中衛大将越前守故の如し。
	六月己丑	従五位下百済王鏡仁↓右少弁	
	九月癸卯	従五位下百済王貞孫↓従五位上	
	九月甲辰		斎内親王野宮を発し、伊勢に赴く。参議正四位下藤原朝臣乙叡等を遣わし送らしむ。
	九月辛亥	正四位下百済王玄鏡↓刑部卿 従五位上百済王教徳↓上総守 従五位下百済王教俊↓下野介（同日近衛少将従五位上大伴宿禰是成を兼下野守と為す）	
	十月己卯	交野に遊猟す。	
十九年	正月癸卯		中衛大将正四位下藤原朝臣乙叡奉献。
	正月丙午		正四位下藤原朝臣乙叡↓従三位
	十月壬午	交野に幸す。	
	十月庚寅	（車駕、宮に還る。）	
二十年	八月辛丑		権中納言従三位藤原朝臣乙叡↓山城守
二十一年	正月丁丑		参議従三位藤原朝臣乙叡、近衛中将従三位坂上大宿祢田村麻呂等に各度一人を賜う。

		十月壬辰	交野に幸す。	
		十月戊戌	（車駕、交野自り帰る。）	
	二十二年	正月		藤原朝臣乙叡→兼近江守。権中納言、中衛大将故の如し。
		十月壬午		従三位藤原朝臣乙叡を御前長官と為す。和泉国日根野に幸せんが為。
	二十三年	正月庚子	従五位下百済王忠宗→伊豫介	
		正月甲辰	正五位下百済王教雲→征夷副将軍 刑部卿陸奥出羽按察使従三位坂上大宿禰田村麻呂を征夷大将軍と為す。	
		四月壬子	従五位下百済王元勝→内兵庫正	
		七月己卯	无位百済王恵信→正五位上	
	二十四年	正月丙戌	従五位上百済王鏡仁→右中弁	
		九月己丑	従五位上百済王聡哲→主計頭	
		十一月庚辰	従四位下百済王教法に相模国大住郡の田二町を賜う。	
		十二月壬寅	（藤原朝臣緒嗣と菅野朝臣真道に天下徳政を相論せしむ。軍事と造作停む。）	
大同	元年	正月癸巳	従五位上百済王鏡仁→河内守 左衛士佐従五位下百済王教俊→兼美濃守	
		二月庚戌	従五位下百済王元勝→鍛冶正	

三月辛巳	天皇崩ず。	
三月壬午	従五位下百済王教俊等を作路司と為す。	従三位藤原朝臣乙叡等を山作司と為す。

ここでまず指摘すべきは、長岡遷都と藤原朝臣継縄及び百済王氏の関わりについてである。かかる観点からの問題提起をされたのは林陸朗氏(29)である。即ち、氏は瀧川政次郎氏の説(30)を踏まえ、

① 長岡遷都は延暦三年五月十六日の視察使の任命、派遣により急に決まったものではなく、天応(延暦)元年辛酉、桓武天皇即位、延暦三年甲子、長岡遷都という辛酉革命、甲子革令という讖緯説によったものである。

② 従って、延暦三年五月の視察使派遣は最終的、形式的なものに過ぎず、それ以前から遷都の地が物色されていたとされた。そして、かかる前提条件のもと、『続日本紀』延暦二年十月戊午条の交野行幸と鷹の遊猟、さらには庚申条の百済王等の行在所に供奉する者に対する進階、加爵及び百済寺に対する近江、播磨二国の正税各五千束施入の事実に注目された。即ち、かかる行幸の目的は天帝を皇都の南郊に祀るという『周礼』以来の中国の古俗を我が国に導入した桓武天皇が「遊猟にことよせて天壇建設の地を視察」(31)することにあり、百済寺に対する正税施入も天壇築造の費用としての意味あいを持つものであったのではないかとされたのである。かかる林氏の指摘は、百済王氏と長岡遷都との関りを示唆するものであり、傾聴すべき論である。この論が妥当性を有することは、『続日本紀』の次の記載から確認できるのではないかと私は考える。即ち、延暦二年十一月丁酉条に「授二正四位下百濟明信正四位上一。」とあるのがそれである。しかるに延暦四年正月乙巳条にも「授二従五位上川邊女王正五位下。従五位下三嶋女王従五位上。无位八千代女王従五位下。従四位上橘朝臣眞都賀。正四位下藤原朝臣諸姉。百濟王明信並正四位上。従四位下藤原朝臣延福。藤原朝臣人數。和氣朝臣廣虫。囙幡國造淨成並従四位上。—中略—外従五位下豊田造信女外従五位上。无位道田連桑田外

従五位下。又授従五位上三嶋女王正五位下。」との記載があり、明信への昇叙の記載が重複している。しからば、明信の正四位上への昇叙をいずれの時点に求めるべきであろうか。史料上からはいずれとも確定し難いが、他の女官も共に昇叙されたとする延暦四年正月の記載に、より妥当性がある様に思える。かように考えることが許されるならば、次には何故延暦二年十一月丁酉条に明信の昇叙の記載があるのかが問われねばならない。ここで想起すべきは、百済寺に近江、播磨の国の正税各五千束の施入が天壇の築造の費用ではなかったかとする林氏の説である。延暦二年の冬至は十一月庚巳(32)(二十日)であり、明信の昇叙記載のある丁酉(二十四日)はその直後と言ってもよい日である。私には、何らの背景もなしに明信の昇叙記事が配置されているとは考えられない。即ち、かかる昇叙記載の背景に天壇が完成していたか否かは判然とはしないものの、百済王氏によって遷都に関る何らかの祭祀が挙行されたのではないかと考える。しかも、『続日本紀』の該当年、巻第卅七は「右大臣正二位兼行皇太子傅中衛大將臣藤原朝臣繼縄等奉 勅撰」とある如く、藤原朝臣継縄によって奉ぜられている事実からも、かかる推測があながち的はずれなものではないと考える。さらに注目すべきは、『続日本紀』(33)延暦三年五月丙戌条によると、この日(十六日)長岡遷都が公にされたが、その三日後の十九日、藤原朝臣継縄と百済王明信の息、藤原朝臣乙叡が正六位上から従五位下に昇叙され、七月十三日には侍従に就任していることである。侍従は中務省に属し、定員八名で主上に近侍し、天皇の職務を補足することを職掌(34)とし、うち三名は少納言を兼任(35)した。この補任は父、継縄(36)が中務卿であったところから生じたものとも考えられる。しかし、そこにはもっと深い背景があったのではなかろうか。即ち、この補任は長岡遷都が公になって時を経ていない時点でなされたものであり、遷都との関りでとらえるべきではないかと考える。そのことは、長岡遷都が公になった時点の侍従職を兼ねる少納言のメンバーからも推測できる。即ち、そのメンバーは大中臣朝臣諸魚(37)、春階王、藤原朝臣園人(38)であったが、ここで注目すべきは、『続日本紀』延暦三年五月丙戌条によると大中臣朝臣諸魚が造長岡宮使を務めており、長岡遷都と深い関りを有していたことである。しかも、藤原朝臣園人も長岡村の視察メン

藤原北家略系図

房前
- 鳥養――小黒麻呂
- 永手
- 真楯
- 清河
- 魚名
- 御楯
- 楓麻呂――園人

バー、藤原朝臣小黒麻呂のいとこであり、遷都と何らかの関りが推測できる。しかるに延暦四年正月二十七日、大中臣諸魚が左中弁山背守兼務、藤原朝臣園人が右少弁となり、それぞれ侍従、少納言の任を解かれている。そして、同日、後任として従五位上小倉王、百済王玄鏡が任ぜられ、さらに従五位下藤原朝臣乙叡が権少納言に任ぜられているのである。かかる大中臣朝臣諸魚と藤原朝臣園人の侍従、少納言解任は天皇に近侍し、遷都のための諸調整を行っていたものの遷都が公にされたことにより、その任務が完了したことを意味したのではないかと考えられる。

さて、百済王玄鏡が少納言に任ぜられたのであるが、少納言が侍従の兼任であったところよりすると玄鏡はいかなる時点で侍従に任ぜられたのであろうか。その任命については史料上見えないものの、宝亀八年正月二十七日に任ぜられた石見守を延暦元年正月十七日に解かれている(39)ところから、その日以降おそらくは延暦二年十月十六日の桓武天皇の交野行幸に供奉して従五位下より従五位上に昇叙された日よりそう遠くない時期に任命されたのではなかろうか。しからば、百済王玄鏡が侍従に任ぜられた意図は奈辺にあったのであろうか。長岡遷都が公にされた後の桓武天皇の当面の懸案は交野における郊祀とそれに伴う天壇構築にあったのではなかろうか。桓武天皇が天命思想及び讖緯説といった思想(40)を受入れ、郊祀にも関心を抱いていたことは『続日本紀』の記載からも窺える。即ち、延暦三年十一月戊戌朔条に「勅曰。十一月朔旦冬至者。是歴代之希遇。而王者之休祥也。朕之不徳。得レ値二於今一。思行二慶賞一。共悦二嘉辰一。王公已下。宜レ加二賞賜一。京畿當年田租並免レ之。」とある如く、朔旦冬至を祝い王公已下に賞を賜い、京畿の当年の田租を免ずる勅を出してい

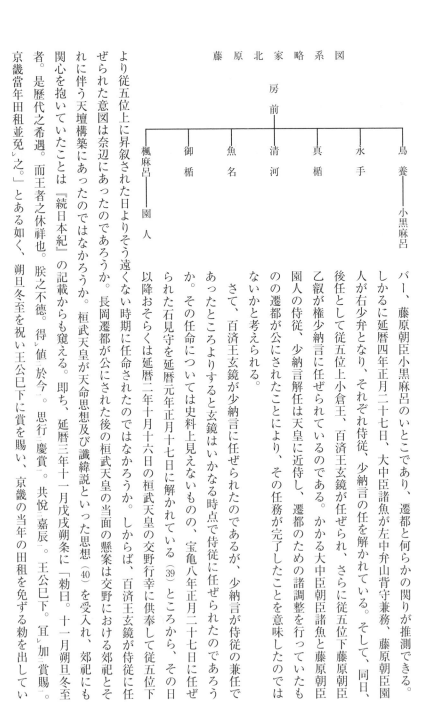

るからである。朔旦冬至は「十一月朔と冬至が同じ日になった時の祝い」(41)で、この記載が日本における初見であり、昊天祭祀と深く関るものである。先に述べた如く、延暦二年十月十六日の百済寺に対する近江、播磨の正税施入は遷都と深い関りを持つ天壇構築のためではなかったかとする林陸朗氏の説を妥当なものとし、十一月二十四日の百済王明信の昇叙記載もそれに関連するものではないかとした。しかし、延暦三年十一月の勅に対応した形で交野行幸が実施されていない事実は、この時点ではまだ諸施設が整っていなかったことを推測させる。以上の考察よりすると、天壇の構築及び郊祀を促進実現すべく藤原朝臣乙叡及び百済王玄鏡の侍従任用がなされた可能性が高いことを窺わせる。『続日本紀』延暦四年十一月壬寅条によると「祀二天神於交野柏原一。賽二宿禱一也。」とあり、郊祀が交野において実施に移されていることが判明する。そして、翌延暦五年正月二十八日、百済王玄鏡が右兵衛督として転任していることは玄鏡の侍従、少納言任用の意図が奈辺にあったかを何よりも明らかに示しているのではなかろうか。そして、その背後には侍従と深い関りを有する中務卿としての藤原朝臣継縄の存在が大きな意味あいを持っていたと考えられる。従って延暦六年十一月五日に桓武天皇が藤原朝臣継縄を遣わして交野において大々的な郊天祭祀(42)を挙行し、藤原朝臣継縄が天皇に代わり祭文を読みあげているのは藤原朝臣継縄はもとより、藤原朝臣乙叡、百済王氏が祭祀に深く関った経緯からして当然のことであったとすべきであろう。

以上、見てきた如く、天帝を皇都の南郊に祀るという郊天祭祀に藤原南家、百済王氏が関っていたとする林氏の説の妥当性を検証できたと考えるが、そのことはまた、藤原南家と百済王氏が間接的にではあれ、長岡遷都に関与していたことを意味した。さらに、福井俊彦氏(43)は桓武天皇の即位後、藤原朝臣種継によって起用された藤原朝臣小黒麻呂及び遷都後その協力者であった佐伯宿禰今毛人が就任した民部卿(44)に藤原朝臣種継暗殺後、藤原朝臣継縄が任ぜられているのは遷都を継縄が主導するようになったものと解釈された。かかる指摘は前述の藤原朝臣継縄と和気朝臣清麻呂との関係、清麻呂が長岡遷都に果たした役割を勘案すると首肯できるものであり、藤原南家の長岡遷都関与をより積極的に評価したものとして注目すべきであろう。

さて、次に指摘すべきは、百済王氏が武官として多く任用されていることである。表六より抽出してみると次の如くである。

百済王仁貞→近衛員外少將（天應元年四月八日任、延暦元年閏正月十七日播磨介に転出）
百済王玄鏡→右兵衛督（延暦五年正月二十八日任、延暦八年二月四日上総守に転出）
百済王教徳→右兵庫頭（延暦七年二月二十八日任、延暦八年二月四日讃岐介に転出）
百済王忠信→中衛少將（補任日不明、延暦九年七月十七日にはこの任にあった。延暦十年七月二十八日越後介に転出）
百済王英孫→右兵衛督（延暦十六年三月二十七日任、延暦十八年二月二十日右衛士督、摂津守故の如し）
百済王元勝→内兵庫正（延暦二十三年四月八日任、大同元年二月十六日鍛冶正に転出）

かかる任用については、既に指摘(45)されているところであり、その任用理由として渡来氏族一般が

① 軍事について先進的な技術を保有していたこと
② 豊かな経済力を背景に武具・馬匹を装備し、私的な兵力を有していたこと

をあげている。

しかし、以上の理由が百済王氏の任用理由として妥当なものであるかは疑問であり、さらには史料的な裏づけも困難である。しからば、他にその任用の理由を見出し得るであろうか。かかる点を考える上で注目すべきは、藤原朝臣乙叡の任官傾向である。即ち、表六より抽出すると

右衛士佐（延暦六年三月二十二日任、五月二十五日中衛少將に転出）
中衛少將（延暦六年五月二十五日任、延暦八年十一月大蔵少輔に転出）
兵部大輔、右兵衛督（延暦九年三月二十六日任、延暦十一年四月には右兵衛督のみの記述あり。延暦十二年五月四

日左京大夫に転出）
右衛士督（延暦十五年六月任）
中衛大將（延暦十六年三月十一日任）
兵部卿（延暦十八年四月十一日任、中衛大將、越前守故の如し）

とある如く、武官としての任用が特徴的である。しかも、延暦三年七月より延暦十二年五月以前（46）までは侍従であったことが確認でき、桓武天皇との関係の深さを窺わせる。かかる任用については、父、藤原朝臣継縄、継縄の死後は尚侍の母、百済王明信の存在を想定すべきであるとする見解（47）は妥当なものであろう。かように藤原朝臣乙叡の任用が考えられるとすれば、特筆すべきは延暦八年十月藤原朝臣継縄が大納言として中衛大将を兼務したが、翌延暦九年三月二十六日、百済王忠信が中衛少将に任ぜられていることである。かかる事実は、武官としての百済王氏の任用についても藤原朝臣継縄の存在が大きかったのではないかという推測を生ぜしめる。さらに、百済王忠信の中衛少將任命の同日、藤原朝臣乙叡が兵部大輔及び右兵衛督を兼務する補任が発令されていることは注目に価する。この任用の背景には二月の藤原朝臣継縄の右大臣就任、桓武天皇の「百濟王等者朕之外戚也。」とする詔があったものと考えられる。即ち、国家の存亡を握る武官に桓武天皇と親密な氏族の者を配置しようとする意図がその根底に存在したものと思われる。百済王氏の桓武朝における武官補任は桓武天皇と藤原朝臣継縄、百済王明信の密接な関係から派生したものとすべきであろう。

第三に指摘すべきは、光仁朝に引き続いての蝦夷地への任用である。即ち、次の事実をあげることができる。

天應元年九月二十二日、征夷の労を賞して従五位上百済王俊哲が正五位上勲四等に、正六位上百済王英孫が従五位下に昇叙されている。

延暦四年五月二十日、従五位下百済王英孫陸奥鎮守権副将軍就任。九月二十九日、従五位下百済王英孫出羽守就任。

延暦十年正月十八日、正五位上百済王俊哲東海道に遣わされ、軍士を簡閲し、兼ねて戎具を検する。蝦夷を征せんが為なり。

延暦十年七月十三日、百済王俊哲征夷副使就任。

延暦十年九月二十二日、下野守正五位上百済王俊哲兼陸奥鎮守将軍就任。

延暦十六年正月十三日、従五位下百済王聡哲出羽守就任。

延暦二十三年正月二十八日、正五位下百済王教雲征夷副将軍。

以上のことから窺えることは、既に第七章（48）で指摘したところであるが、陸奥鎮守将軍等武官としての任用が特徴的である。かかる任用は桓武朝の二大政策の一つの征夷に百済王氏が積極的に登用されている事実を示しており、その任用の背後にも藤原朝臣継縄、百済王明信の存在があったものと推測できる。

さて、以上見てきた如き藤原朝臣継縄との密接な関係による百済王氏の政界における動向は、延暦十五年七月十六日の継縄の死によって大きな打撃を蒙ることになったと考えられる。藤原朝臣継縄と百済王明信との間の子、藤原朝臣乙叡が延暦十三年十月二十七日に参議に任ぜられ、政界におけるある程度の地位は得ており、また既に述べた如く、百済王明信が尚侍に就任することにより後宮を基盤とした勢力の維持拡大をはかってはいたもののその最大の庇護者の死は大きな影響を与えずにはおかなかった。かかる状況にある百済王氏に対してきわめて注目すべき格が発せられている。即ち、『類聚三代格』巻十七蠲免事延暦十六年五月廿八日格に「勅。百濟王等遠慕二皇化一。航レ海梯レ山。輸レ欵久矣。神功攝政之世。則肖古王遣レ使貢二其方物一。輕島御宇之年。則貴須王擇レ人獻二其才士一。文教以レ之興蔚。儒風由レ其闡揚。煥乎斌丶、于レ今爲レ盛。又屬三新羅肆虐並并二呑扶餘一。卽擧レ宗歸レ仁。爲二我士庶一。陳レ力從レ事。夙夜奉レ公。朕嘉二其忠誠一。情深衿愍。宜三百濟王等課并雜徭。永從二蠲除一。勿レ有レ所レ事。主者施行。」とあるのがそれである。田中史生氏（49）は、この格について、百済王氏が日本にとりこまれた「百済王権」を象徴する存在であり、延暦十四年に平安宮大極殿が完成し、中華意識が高揚する中にあってその百済王の性格の強化を目的として発せられたものと解された。即ち、朝鮮三国時代よりの百済王の日本に対する功を強調し、その課役免除を妥当なものとする論理を導き出しているのは中華帝国を志向していた桓武朝の国際化に日本に取り込まれた「百済王権」たる百済王氏が蕃客としての役割を演じていることの帰結だとされたのである。しかし、桓武天皇が中国思想に裏うちされた諸政策を打出していることをもって中華帝国を志向していたとの拡大解釈はできない。さらに、氏の一貫して主張されている百済王権たる百済王氏の蕃客としての役割自体、藤原朝臣継縄を統率者として行動していた百済王氏の動向を見る限り論拠のないものだとしなければならない。しからば、かかる格発布の本来の目的は奈辺にあったのであろうか。ここで注目すべきは、藤原朝臣継縄の冥福を祈るための供養経が延暦十六年六月に写されている(50)ことである。従って格はその直前に出されていることになる。確かに勅は朝鮮三国時代よりの百済王の日本に対する功を強調してはいるものの、結果的には百済王の課役免除を決する理由づけに過ぎない。田中氏はその理由づけの部分を重視され、百済王氏の蕃客としての役割を導き出されているが、私は、百済王の課役免除そのものに注目すべきであると考える。即ち、藤原朝臣継縄という統率者を失った百済王氏に対して公的な理由づけのもと手厚い保護を加えようとした桓武天皇の意図が読みとれるのではなかろうか。それは正月二十四日に能登国羽咋、能登二郡の没官田并に野七十七町を百済王明信に賜与していることとあいまって「朕之外戚」たる百済王氏の経済基盤の安定をもたらすことになったであろう。しかも、そのことは百済王氏の統率者としての立場を有していた藤原朝臣継縄への何よりの供養となったはずである。いわばこの勅は六月の供養経の写経と一貫性を有するものであったと理解すべきであると考える。しかも、桓武天皇の百済王氏に対する配慮はそれのみにとどまらず、延暦十七年正月十一日には河内国稲二千束が百済寺に施入されていることも見逃すことができない。

㈣

さて、ここでは桓武天皇の交野遊猟と百済王氏との関りについて改めて考察を加えていきたい。かかる点については夙に林陸朗氏（51）が交野遊猟が十月に行われていることに注目され、冬至の日に実施される郊祀に先立ち桓武天皇自身が円丘を訪れる何らかの儀式の存在を想定されている。さらに田中史生氏（52）は林氏の説を踏まえ、遊猟を交野での郊祀祭天儀礼と一連のものとしてとらえ、「百済王氏を唐礼の皇帝田狩・郊祀祭天における蕃客の役割に擬」したとされた。田中氏の述べられる如く百済王氏に蕃客の役割を担わせたと解し得るか疑問であるが、何らかの儀式が遊猟に付随して実施された可能性は十分考えられる。かような点を考慮に入れ、なおかつ桓武天皇の行幸をも視野に入れ検討を加えていきたい。そこで、表六より該当部分を抽出すると以下の如くである。

(1) 延暦二年十月十四日、交野行幸。鷹を放ち遊猟。百済寺に近江、播磨二国の正税各五千束施入。百済王氏氏人昇叙。

(2) 延暦六年十月十七日、交野行幸。鷹を放ち遊猟。藤原朝臣継縄の別業を行宮と為す。
同年十月二十日、藤原朝臣継縄、百済王等を率い種々の楽を奏せしむ。百済王氏氏人昇叙。

(3) 延暦十年十月十日、交野に行幸。鷹を放ち遊猟す。藤原朝臣継縄の別業を行宮と為す。
同年十月十二日、藤原朝臣継縄、百済王等を率いて百済楽を奏せしむ。百済王氏氏人昇叙。

(4) 延暦十一年九月二十八日、交野に遊猟す。

(5) 延暦十二年十一月十日、交野に遊猟。藤原朝臣継縄、揩衣を献ず。五位已上及び命婦、采女等に給す。

(6) 延暦十三年九月二十二日、交野に遊猟。
同年十月十三日、交野に遊猟。百済王等に物を賜う。

(7) 延暦十四年三月二十七日、交野に遊猟。
同年十月十六日、交野に幸す。藤原朝臣継縄の別業を以って行宮と為す。
(8) 延暦十八年二月八日、交野行幸。
同年十月九日、交野に遊猟す。
(9) 延暦十九年十月十七日、交野に幸す。
(10) 延暦二十一年十月九日、交野に幸す。

さて、次に(1)から(10)の各々の行幸、遊猟が実施された年にはいかなることがおこっているのかをそれぞれ史料に基づき概略を記していきたい。

(1)既に見た如く、林陸朗氏(53)が長岡遷都との関り、特に郊祀、天壇造営との関連性でとらえられており、きわめて注目すべき指摘であると考えられる。それと共に百済寺に近江、播磨二国の正税各五千束が施入されていることは改めて検討に価する。即ち、近江、播磨各国はそれぞれ東国、西国に位置しており、大嘗祭における由紀、須機国に比定することも可能であるからである。かかる点については後に考察を加えることとする。

(2)日本古代における初の郊祀祭天が延暦六年十一月庚戌朔甲寅の日に実施されたが、その実現に向けての百済王氏及び藤原朝臣継縄、乙叡の関りについては既に見たところである。しかも、『続日本紀』同日条に「嗣天子臣謹遣二従二位行大納言兼民部卿造東大寺司長官藤原朝臣繼縄一。敢昭告二于昊天上帝一。」とある如く、この祭典において藤原朝臣継縄が摂行の形で祭文を読みあげている。夙に林陸朗氏(54)が述べておられる如く、かかる行幸、郊祀と百済王氏優遇との間に「有機的な結びつきがある」と考えるべきである。

(3)『続日本紀』に以下の記載がある。

延暦十年正月己卯条

遣二正五位上百濟王俊哲。従五位下坂上大宿祢田村麻呂於東海道。従五位下藤原朝臣眞鷲於東山道一。簡二-閲軍士一兼二撿戎具一。為レ征二蝦夷一也。

延暦十年二月辛亥条

陸奥介従五位下文屋眞人大原為二兼鎮守副將軍一。

延暦十年七月壬申条

従四位下大伴宿祢弟麻呂為二征夷大使一。正五位上百濟王俊哲。従五位上多治比眞人濱成。従五位下坂上大宿祢田村麻呂。従五位下巨勢朝臣野足並為二副使一。

延暦十年九月庚辰条

下野守正五位上百濟王俊哲為二兼陸奥鎮守將軍一。

延暦十年十月壬子条

仰二東海。東山二道諸國一。令レ作二征箭三万四千五百餘具一。

延暦十年十一月己未条

更仰二坂東諸國一。辨二-備軍粮糒十二万餘斛一。

かかる記載より、征夷の諸準備が着々と整えられつつあり、百済王俊哲も陸奥鎮守副将軍に任ぜられていることに注目すべきである。

(4)『日本紀略』延暦十一年十月癸未朔条に「陸奥國俘囚二人叙二外従五位下一。懐二外虜一也。」、閏十一月己酉条に「征東大使大伴乙麿辭見。」とあり、征夷が実施に移されていることが窺われる。

(5)林陸朗氏は、この日が冬至に当たっていることに注目された[55]。そして、『類聚國史』延暦十二年五月戊子条[56]に「錢三十万及長門阿波兩國稻各一千束。特施二-入河内國交野郡百濟寺一。」とある百済寺に対する施入を延暦二年の時と同様、「郊祀祭天或は施設整備等の費用として」用いられたのではないかとされ、郊祀の実施を推測されている。また、平安京の地も「その南郊たる交野円丘との関係において選定されたもの」と考えられ、この行幸と平安新京との関り及び藤原朝臣継縄の関与を示唆された。

(6)『日本紀略』に以下の記載がある。

延暦十三年正月乙亥朔条
賜二征夷大將軍大伴弟麿節刀一。
延暦十三年正月庚寅条
告二征夷事於山陵一（山階。田原。）
延暦十三年正月辛卯条
遣下二參議大中臣諸魚一奉中幣於伊勢太神宮一。爲レ征二蝦夷一也。
延暦十三年六月甲寅条
副將軍坂上大宿禰田村麿已下征二蝦夷一。
延暦十三年九月戊戌条
奉二幣帛於諸國名神一以下遷二于新都一及欲上レ征二蝦夷一也。
延暦十三年十月丁卯条
征夷將軍大伴弟麿奏。斬二首四百五十七級一。捕二虜百五十人一。獲二馬八十五疋一。焼二落七十五處一。―中略―遷レ都。詔曰。云々。葛野乃大宮地者。山川毛麗久。四方國乃百姓乃參出來事毛便之弖云々。

かかる記載より征夷と遷都の関連記事が多く見出せることに注目すべきである。

(7)『日本紀略』延暦十四年正月戊戌条に「征夷大將軍大伴弟麿朝見。進二節刀一。」、二月乙巳条に「詔曰。云々。征夷大

将軍以下加二爵級一。」とあり、征夷に従事した者に対する褒賞が三月二十七日の遊猟前に行われていることが注目に値する。なお、十月十六日の交野行幸については何らの徴すべき記載は見出せないものの『日本紀略』延暦十四年八月辛未条に「陸奥鎮守将軍百濟王俊哲卒。」とする百済王俊哲の死亡と関連するのではなかろうか。『延喜式』巻二十四、主計上には各国から調庸などの物を平安京に運送する際の陸路および海路の所要日数が記載されている。それによると陸奥国の場合は「陸奥國行程上五十日。下廿五日。」とあり、行程の上は、平安京に調庸等を運送する際の所要日数、下は物資を伴わない空身の帰還に要する日数を意味するから(57)、陸奥国より平安京に至る日数は陸路物資を伴う場合は五十日、伴わない場合は二十五日を要したことになる。かかる点を考慮に入れると百済王俊哲の卒去の報は即日陸奥国を発したとして、八月三十一日頃京にもたらされたことになる。そして、百済王氏の氏人が即日出発し、遺骨を受取り、帰還する往復の日数五十日を加えると十月十九日頃遺骨がもたらされたことになる。桓武天皇の交野行幸は十月十六日に行われ、二十二日、宮に還っているところから、百済寺における百済王俊哲の法要に参加する目的を有していた可能性があるとすべきであろう。

(8)『日本後紀』延暦十八年二月辛巳条に「諱嵯峨太上天皇於二殿上一冠。賜二五位已上衣被一。」とあり、神野親王（嵯峨天皇）が元服しているが、その日百済王明信は従三位より正三位に昇叙されている。そしてその翌日、二月八日に交野行幸が実施されていることに注目すべきであろう。かかる行幸は安殿親王（平城天皇）をひどく刺激したのではあるまいか。それというのも藤原朝臣縄主と藤原朝臣薬子の間の長女が延暦十七年頃安殿親王の東宮時代に宮に入ってから薬子自身が安殿親王と関係を結ぶに至り、桓武天皇がこの情事を嫌っていた(58)からである。私は、この行幸が後の安殿親王（平城天皇）と百済王氏の関係悪化の大きなポイントとなったと考えている。十月九日の交野遊猟については、その前後の記事に特に注目すべきものは見出せない。

(9)『日本紀略』延暦十九年十月癸巳条に「任二征夷副将軍一。」、同年十一月庚子条に「遣下二征夷大将軍近衛権中将陸奥出

羽按察使従四位下兼行陸奥守鎮守将軍坂上大宿禰田村麿一。撿中挍諸國夷俘上。」とあり、征夷に関連する記事に注目すべきものがある。

(10)『日本紀略』に以下の記載がある。

延暦廿一年正月甲子条
陸奥國三神加レ階。縁三征夷将軍奏二靈驗一也。
延暦廿一年正月乙丑条
加二征夷軍監已下軍士已上位勳一。各有二等級一也。
延暦廿一年正月丙寅条
遣下従三位坂上大宿禰田村麿一造中陸奥國膽澤城上。
延暦廿一年正月庚午条
越後國米一万六百斛。佐渡國鹽一百廿斛。毎レ年運二送出羽國雄勝城一。爲二鎭兵粮一。
延暦廿一年四月庚子条
造陸奥國膽澤城使田村麿等言。夷大墓公阿弖利爲。盤具公母禮等率二種類五百餘人一降。
延暦廿一年八月丁酉条
斬二夷大墓公阿弖利爲。盤具公母禮等一。此二虜者。並奥地之賊首也。斬二二虜一時。將軍等申云。此度任レ願返入。招二其賊類一。而公卿執論云。野性獸心。反覆无レ定。儻縁二朝威一獲二此梟帥一。縦依二申請一。放二還奥地一。所レ謂養レ虎遺レ患也。即捉二兩虜一。斬二於河内國杜山一。

かかる記載より征夷の関連記事が多く見出せる。

以上、桓武天皇の交野行幸、狩猟の実施年における史料上の動向を私なりに考察してきたが、これを総合的に検討するといかなることが言えるのであろうか。一つ特徴的なことは征夷と遷都に密接に関っていることである。もちろん征夷については、延暦八年の征東大使紀朝臣古佐美が阿弖流夷の軍と戦い大敗を喫した事実から窺える如く、桓武天皇の交野行幸、遊猟実施年以外にも実施に移されている。そして、桓武朝の二大政策が征夷と造都であったところから該当年における征夷記事も特別なものとは見なし難いということも当然考慮に入れなければならない。かかる点を考える上で注目すべきは(3)で掲げた『続日本紀』延暦十年正月己夘条にある如き諸準備を整え、七月十三日には従四位下大伴宿祢弟麻呂を征夷大使、正四位上百済王俊哲、従五位上多治比真人濱成、従五位下坂上大宿祢田村麻呂、従五位下巨勢朝臣野足を副使とする任命が行われていることである。大伴宿祢弟麻呂は延暦二年十一月に大伴宿祢家持の持節将軍体制のもとで征東副将軍、さらに延暦七年三月には征東副使に任ぜられていた。また、百済王俊哲は寶亀六年、大伴宿祢駿河麻呂のもとで征夷を経験し、寶亀十一年六月には陸奥鎮守副将軍、延暦六年閏五月五日、事に坐して日向権介に左降されたが、この時、陸奥鎮守将軍であった。さらに、多治比真人濱成も延暦七年三月、征東副使に、巨勢朝臣野足も延暦八年十月、陸奥鎮守副将軍にそれぞれ任ぜられており、征夷の経験者であった。しかるに、坂上大宿祢田村麻呂のみは征夷の経験者ではなかった。しかし、寶亀十一年、近衛将監、延暦六年九月、近衛少将となっており、武官としての経験が長い。以上の構成メンバーよりみて、この度の征夷がなみなみならぬ決意のもとに実施に移されようとしていたかが窺える。さらに新野直吉氏(59)は『類聚國史』の延暦十一年正月十一日(60)、七月二十五日(61)、十月一日(62)、十一月三日(63)、十一月二十八日(64)各条にみえる賜物、帰順、叙位、饗宴、免租の記載に注目され次のように推測された。

① 延暦十一年九月二十七日、征夷副使で兼陸奥介となった巨勢朝臣野足、延暦十年下野守であり、兼陸奥鎮守将軍となった百済王俊哲が、陸奥守となっていた多治比真人濱成とともに「征夷使としての実務を果していた」のではないか

② 延暦十一年閏十一月二十八日、辞見した大伴宿祢弟麻呂（乙麿）が、「多賀城なり、俊哲の本務地である下野国衙なりで、副使たちと協議をし、出動についての見通しを固めた」結果、延暦十二年二月十七日の征東使から征夷使への名実ともの変更(65)があり、二月二十一日(66)の坂上大宿祢田村麻呂の辞見に至った

③ (6)に掲げた『日本紀略』延暦十三年正月乙亥条に見える如く、辞見した弟麻呂が再び都に帰還していることが判明する。かかる帰京は、「協議や事前の準備を終えた」ことによるもので節刀を賜わって改めて赴任することになった

以上の点を踏まえ氏は、延暦十三年の「正月が征夷についての一つの画期性を持つもの」とされた。しかも、『日本紀略』によると延暦十三年正月十六日に天智、光仁天皇の陵(67)に征夷の報告をし、同月十七日、伊勢太神宮(68)に蝦夷を征せんが為に奉幣がなされている事実は、この度の征夷に対する政府の意欲の表われとみることができる。さて、六月十三日、副将軍巳下が征夷に向かったが、かかる記載は国史編纂の過程で整えられたものであり、現地からの報告は当然その日より遅れたものと考えられる。報告がいつ頃もたらされたかについては不明という他ないが、その日よりあまり時を経ていないであろう九月二十二日、交野に遊猟していることは注目に価するといわなければならない。しかも、『日本紀略』延暦十三年九月戊戌条には「奉㆓幣帛於諸國名神㆒以㆘遷㆓于新都㆒及欲㆖レ征㆓蝦夷㆒也。」との記載があり、この交野遊猟を単なる遊猟とは解し得ない。以上に見た如く、延暦十三年の征夷がそれ以前のものとは異なると認識されていることは、以降の行幸、遊猟年における征夷との密接な関係を考える上できわめて重要な点だとしなければならない。

一方、行幸、遊猟と遷都との関りについては、先述した如く、林陸朗氏が郊天祭祀及び長岡京との関係で論述されているところである。さらに、佐伯有清氏は平安遷都前後、即ち、表六にある如く延暦十一年五月十六日、延暦十二年四月三日、八月二十八日、十一月二日の桓武天皇の葛野行幸の際に藤原朝臣継縄の別業、高橋津荘に行幸していることに

注目された(69)。そして、

① 藤原朝臣継縄の高橋(椅)津荘が中山修一氏(70)の比定された如く、下京区吉祥院付近だと考えると、「継縄が葛野地方とくに平安京に入る地にはやくから別業をもち」、度々桓武天皇が出かけていること

② 高橋(椅)津の地が秦高椅、高椅忌寸という氏族の存在から秦氏の勢力圏になっており、その地縁的関係から藤原朝臣継縄と「何らかの関係」が成立していたこと

等を勘案し、藤原朝臣継縄が「平安遷都の中心建議者であった」のではないかとされた。しかも、(5)で述べた如く、林陸朗氏も藤原朝臣継縄と平安遷都の関係を想定しておられる。かように考えてくると、桓武天皇の交野行幸、遊猟を征夷及び遷都、郊祀との関係でとらえなおすと、征夷(3)(4)(6)(7)(9)(10)、遷都、郊祀(1)(2)(5)(6)、その他(8)に類別できよう。かかる事実は、林陸朗氏が遊猟が「しばしば民情視察や特殊なかくれた目的をもつことがあった」(71)と指摘されている点に思い至る。しからば、桓武天皇の特殊なかくれた目的とはいかなるものであったかを解明するのが次の問題点である。

さて、かかる問題点を考えるにあたって留意すべきは河内の百済寺の存在である。光仁、桓武朝の仏教政策について井上光貞氏(72)は以下の如く考えられた。

① 僧尼の統制―得度制度の励行。僧尼の非行に対する禁圧。

② 寺院経済に対する統制―山川藪沢の排他的占有の厳禁(既に官符を賜わり、または旧来占買のところでも収還するとの官符あり。)。私寺の禁の再通告。半官半私の定額寺の統制強化(定額寺が私寺増大の温床となり、王臣勢家の私有物となることをおそれ、国司・三綱・檀越等の自粛を命じ、違反者に対する罰則を厳しくした。)。

③ 清浄な教団・僧尼の育成。

かかる井上氏の指摘に従えば、付論(73)でも見た如く、百済寺が奈良時代半官半私の寺院としての性格を有しており、

当然定額寺として規制をうけたであろうことは想像に難くない。そのことは、『続日本紀』延暦二年六月乙夘条に「勅曰。京畿定額諸寺。其數有レ限。私自營作。先既立レ制。比來所司寛縱。曾不二糺察一。如經二年代一。無二地不一レ寺。宜三嚴加二禁斷一。自レ今以後。私立二道場一。及將二田宅園地一捨施。并賣易与レ寺。主典已上解二却見任一。自餘不レ論二蔭贖一。決二杖八十一。官司知而不レ禁者。亦与同罪。」とする寺院制限政策から窺うことができる。しかるに百済寺においては、前述の如く延暦二年十月十六日、近江、播磨二国の正税各五千束が施入されており、林陸朗氏が説かれる様な背景があったとはいえ、「定額寺の制約をのりこえて」(74)官寺的地位を得たことを意味する。その一端は百済寺の遺構から吹田市岸部瓦窯出土の平安宮の瓦と同笵のものが出土(75)しているところから窺うことができる。この他百済寺に対しては延暦十二年五月十一日、銭三十万及び長門、阿波両国の稲各一千束が、延暦十七年正月十一日には河内国の稲二千束が施入されている。延暦十二年五月の施入については既に見た如く、林陸朗氏が平安遷都をにらんだ郊祀祭天施設整備の費用に充てられたと想定され、延暦十七年の施入については私見として藤原朝臣継縄の死と関連づけてとらえた。いずれも寺の維持の為の経済的基盤を与える意味あいを持つものであったことは疑いのないところである。

さて、百済寺に対する施入の状況を見てきたのであるが、それでは桓武朝において他寺に対して施入がいかになされているのであろうか。その状況を見ると以下の如くとなる。

ⓐ 延暦十一年二月甲辰(76)
以二大和國高市郡水田一町一施二入長谷川原寺一。

ⓑ 延暦十二年十月辛亥(77)
正四位下和氣朝臣清麻呂奏請三能登國墾田五十八町施二入神願寺一。許レ之。

ⓒ 延暦十四年四月丁巳(78)
大和國稲二千束施二入菩提寺一。以レ遭二火灾一也。

ⓓ

延暦十四年九月己酉 (79)

詔曰。眞教有レ屬。隆二其業一者人王。法相無邊。闡二其要一者佛子。朕位膺二四大一。情存二億兆一。導レ德齊レ礼。雖レ遵二有國之規一。妙果勝因。思レ弘二無上之道一。是以披二山水名區一。草二創禪院一。盡二土木妙製一。莊二餝伽藍一。名曰二梵釋寺一。仍置二清行禪師十人一。三綱在二其中一。施二近江國水田一百町。下總國食封五十戸。越前國五十戸一。以充二修理供養之費一。所レ冀還經二馳驟一。永流二正法一。時變二陵谷一。恒崇二仁祠一。以二茲良因一普覃二一切一。上奉二七廟一。臨二寶界一而增レ尊。下覃二万邦一。登二壽域一而洽レ慶。皇基永固。卜二年無窮一。本枝克隆。中外載逸。綿該二幽顯一。傍及二懷生一。望二慈雲一而出二迷途一。仰二惠日一而趣二覺路一。

ⓔ

延暦十七年十一月壬申 (80)

大和國添下郡荒廢公田廿四町。舊池一處入二秋篠寺一。永爲二寺田一。

ⓕ

延暦十九年二月辛巳 (81)

河内國若江郡田一町六段施二入龍華寺一爲二燈分一。

ⓖ

延暦廿年三月□□ (82)

幸二近江大津一。國司奏二歌儛一。近二行宮一諸寺施レ綿。

ⓗ

延暦廿三年十月庚戌 (83)

獵二于日根野一。河内國獻レ物。

延暦廿三年十月辛亥

―前略―遣二使於和泉日根二郡諸寺一。施レ綿。

ⓘ

延暦廿三年十月壬子 (84)

幸二紀伊國玉出嶋一。

延暦廿三年十月癸丑

―前略―遣㆓使於名草海部二郡諸寺㆒。施㆑綿。

ⓙ延暦廿三年十月丙辰(85)

御㆓難破行宮㆒。

延暦廿三年十月丁巳

國司奉献。遣㆓使於西成東成二郡諸寺㆒。捨㆑綿。

ⓚ延暦廿三年十二月丙寅(86)

聖體不豫。遣㆘㆓使平城七大寺㆒。賷㆓綿五百六十斤㆒誦經㆖。又賑㆓恤舊都飢乏道俗㆒。

かかる史料のうちⓖⓗⓘⓙの諸寺に対する綿施入については、近江大津行幸、日根野遊猟、紀伊国玉出嶋行幸、難波行幸の際のものであり、その点において百済寺に対する施入と同一軌上にあるとしなければならない。即ち、それは恒常的なものではなく、行幸、遊猟という国家としての公的性格は持つもののプライベートな面のウェートが高い際の施入である点に注目すべきである。従って行幸、遊猟において施入はするものの、それはあくまで特殊なものであり、桓武天皇の仏教政策である定額寺の統制強化に抵触するものではなく、政策そのものは貫いているのである。ただその内容を検討するとⓖⓗⓘⓙにおいては綿施入の寺院は諸寺として一括記載されているのみであり、具体的な寺院名は記されておらず、一寺に対する綿の施入量もそう多くはなかったと推測される。その点において百済寺における施入とは大きな隔たりがあるとしなければならない。しかも、百済寺に対する施入は『類聚國史』延暦十二年五月十一日条にある如く、行幸、遊猟時以外にもなされているのであり、百済寺は先に見た如く、官寺的取扱いをうけていたものと考えられる。次にⓑの神願寺は、和気朝臣清麻呂が道鏡事件で宇佐八幡に赴いたとき、八幡神が託宣し、社稷を万代に固めんが為、一伽藍を建てることを求めたことに端を発している。そこで清麻呂は寶亀十一年、光仁天皇に寺を建立せんと願い出、天応元年、桓武天皇は即位に伴いこの旨を普く天下に詔したが、延暦年中遂に私に伽藍を建て神願寺と名づけた。そして桓武天皇は先功を嘉し、神願寺を定額寺に加えた(87)のである。この事実から判明する如く、神願寺は光仁、桓武天皇と関係の深い寺であったことが窺われる。さらにⓔの秋篠寺はその寺伝『和州添下之郡阿陀縛狗山秋篠寺真言院之縁起』(88)によると光仁、桓武両天皇の勅願により善珠大徳を開基としたとするが、その創建については必ずしも明確ではない。その寺号の秋篠は地名より起ったと考えられる。この地には桓武天皇の外祖母につながる土師氏が居住しており、延暦元年その居住地にちなんで秋篠と改姓している事実が示す如く、桓武天皇との関りが窺われる。しかも、寶亀十一年光仁朝一代を限って寺封百戸が施入され、『日本後紀』大同元年四月乙卯条に「行二五七齋於大安秋篠寺一。」とある如く、桓武朝において勅願寺、あるいはそれに準じた取扱いがなされていたと考えられる。ⓕの龍華寺は『続日本紀』神護景雲三年十月乙卯条に「權建二肆鄽於龍華寺一以二西川上一。而駈二河内市人一以居レ之。陪従五位已上以二私玩好一交二關其間一。車駕臨レ之。以爲レ遊覽一。難波宮綿二万屯。塩卅石。施二入龍華寺一。」とあり、弓削氏の氏寺であったと考えられる弓削寺と同一の寺である可能性が強い(89)。何故弓削氏の氏寺に対して施入がなされているのか不明という他ない。かかる点を考える上で弓削宿祢塩麻呂が延暦四年十月、造東大寺司次官となり、同八年三月、左京亮に転任するまでその職にあったと考えられることは注目に価する。即ち、延暦五年六月、大納言藤原朝臣継縄が兼任で造東大寺長官に就任しており、塩麻呂との接点が窺えるからである。この施入時点において藤原朝臣継縄は既に死去しているが、百済王明信、藤原朝臣乙叡の口添えがあったとも推測できる。ⓒの菩提寺に対する稲二千束施入は火災によるもの、ⓚについては桓武天皇不予に伴うものであり、他のものと性格が異なる。ⓐの長谷川原寺については史料上確認できず考察の対象外とするとして問題はⓓの梵釋寺に対する施入記事である。梵釋寺は『続日本紀』延暦五年正月壬子条に「於二近江國滋賀郡一。始造二梵釋寺一矣。」とあるが、『類聚國史』の記載ⓓによると延暦十四年の建立としている。井上光貞氏はかかる相違について延暦五年に着工し、延暦十四年に完成したものと解釈され(90)、その矛盾を解消された。建立年についてはそれ自体問題点を多く含むが、今、論点からはずれるので措くとして、ⓓの記載から次のことが確認できる(91)。

① 七廟、即ち、皇祖の霊を慰めること(92)を目的として建立した。

② かかる目的を持った梵釈寺に対して、下総及び越前国の食封各五十戸(93)が、後さらに近江国の水田一百町が施入されている。

③ 梵釈寺に「置二清行禪師十人一」き「弘二無上之道一」めんことを願った。

かかる事実は、井上光貞氏が指摘されている如く、他の諸大寺に比して貧弱な財政のもと、清浄な教団、僧尼の育成により「質実な正法の維持」(94)をはかったものと考えられる。

以上、ⓐよりⓚまでの考察から、桓武朝における寺に対する施入は、光仁、桓武天皇と関りの深い所に多くなされていることが確認できる。そして、その中でも梵釈寺及び私寺とはいえ官寺的性格を有していた百済寺が他を圧していたことが判明する。梵釈寺が大寺に列すべき勅願の寺であったことを考慮に入れると百済寺に対する施入がきわめて特異なものであったことが明らかとなるのである。かような特殊性はいかなる点に発するのであろうか。そのことを考える上で注目すべきは、梵釈寺が天智天皇を強く意識した寺であったという事実である。いわば、父方の系譜を意識したものであった。その様に考えることが許されるとすれば、百済寺は擬制的なものであれ、母方、つまり高野朝臣新笠の出自である百済につらなる寺として桓武天皇に意識されていた可能性がある。梵釈寺が桓武天皇の仏教に対する取組み姿勢を体現した寺であり、公的なものであったのに対し、百済寺は官寺的色彩を帯びてはいるものの百済王氏の私寺であり、桓武天皇の現世利益的な面を充足させる寺としての性格を有していたのではなかろうか。かかる推論が許されるとすれば、(1)で指摘した百済寺に対する施入国、近江、播磨二国を大嘗祭における由紀、須機国に比定し得る可能性が高まる(95)。そこで、かかる点を検討するために桓武朝成立後の太政官の構成員を中心に考察を加えていきたい。

天應元年四月三日、皇太子山部親王は、父、光仁天皇より譲位され即位した。桓武天皇である。そして、六月二十七日、即位後最初の太政官の人事異動が実施された。その構成メンバーを掲げると以下の如くである。

左大臣　正二位　藤原朝臣魚名
大納言　正三位　藤原朝臣田麻呂
中納言　従三位　藤原朝臣継縄
参　議　正三位　藤原朝臣是公
　　　　従三位　藤原朝臣小黒麻呂
　　　　従三位　藤原朝臣濱成
　　　　正四位上　藤原朝臣家依
　　　　正四位上　大伴宿禰家持
　　　　正四位上　大伴宿禰伯麻呂
　　　　正四位下　神王
　　　　従四位上　石川朝臣名足
　　　　従四位上　大中臣朝臣子老
　　　　従四位上　紀朝臣船守

この人事異動後、九月三日には藤原朝臣是公が中納言に昇っている。かような太政官の整備を実施した後、十一月十三日、越前国を由機、備前国を須機国として大嘗祭が挙行された。

さて、延暦元年に入ると閏正月に氷上真人川継の謀反が発覚した。川継は塩焼王を父とし、母を井上廃后の妹、不破内親王としており、聖武天皇の孫にあたる。かかる事件は、桓武天皇が天武天皇系に連なる川継を具体的な計画が整う前に機先を制し取り除いた可能性が高い（96）。しかし、この事件は太政官構成員に大きな変動をもたらした。即ち、川継の妻法壹が藤原朝臣濱成の娘であったところから参議を解任されたのである（97）。さらに事はそれにとどまらず大伴宿禰家持も連座の形で参議を解かれている（98）。しかも、二月三日には大伴宿禰伯麻呂が薨じている。この様な参議の欠員に対応すべく三月二十六日には藤原朝臣種継が参議に任ぜられ、五月十七日には罪を許されたらしく大伴宿禰家持が参議に復任されている。ところが、六月十四日に至ると左大臣藤原朝臣魚名が事に坐せられて左大臣を罷免される事態が発生している。この罷免には、桓武天皇の専制性が窺われ、天皇親政確立のために魚名の政治外追放を遂行（99）し、その結果、貴族政治が瓦解した（100）ものと考えられる。この魚名の左大臣罷免に伴い、六月二十一日、以下の如く太政官の異動が実施された。

右大臣	正三位	藤原朝臣田麻呂
大納言	正三位	藤原朝臣是公
中納言	正三位	藤原朝臣継縄
参　議	正三位	藤原朝臣小黒麻呂
	従三位	藤原朝臣家依
	従三位	大伴宿禰家持
	正四位下	神王
	正四位下	石川朝臣名足
	正四位下	紀朝臣船守
	正四位下	藤原朝臣種継
	従四位上	大中臣朝臣子老

従四位下　紀朝臣家守

かかる構成で注目すべきは左大臣が置かれず(101)、石川朝臣名足、紀朝臣船守、紀朝臣家守、藤原朝臣種継を中心とした議政を桓武天皇が望んでおり、そこに「桓武の政治への主導性が現れてきている」(102)ことである。木本好信氏(103)は、八月十九日に実施された「延暦」改元も貴族政治勢力を除き、天皇権力の確立をなしとげた桓武の自信から出たものとされている。

延暦二年に入ると、二月七日、藤原朝臣乙牟漏、藤原朝臣吉子が夫人とされ、四月十八日には乙牟漏が皇后とされている。一方、太政官に眼を向けると三月十九日、右大臣藤原朝臣田麻呂が薨じ、それに伴う太政官の異動が七月十九日に実施されている。それは以下の如くであった。

右大臣　正三位　藤原朝臣是公
大納言　正三位　藤原朝臣継縄
中納言　従三位　大伴宿禰家持
参　議　正三位　藤原朝臣小黒麻呂
従三位　藤原朝臣家依
従三位　藤原朝臣種継
正四位上　石川朝臣名足
正四位上　紀朝臣船守
正四位下　神王
従四位上　大中臣朝臣子老
従四位下　紀朝臣家守

木本好信氏(104)は、かかる太政官の構成の成立をもって桓武天皇の親政体制が確立したものと考えられ、十月の交野遊猟を「桓武の政治への自信の現われ」ととらえられた。この木本氏の視点は大きな示唆を与えてくれる。即ち、交野行幸、遊猟の直前、七月十九日の太政官の構成をもって桓武親政体制が確立したとすれば、それは桓武天皇にとって出発点として強く意識されたのではなかろうか。かような推定が許されるとすれば、母系の寺として桓武天皇に認識されていた百済寺において大嘗祭に擬した何らかの行事が実施された可能性が生ずる。その点において近江、播磨二国が由機、須機国に比定し得ることはきわめて注目すべきことだとしなければならない。何故ならば、近江国守は藤原朝臣種継の、播磨国守は石川朝臣名足の兼任であったからである。種継、名足は共に桓武天皇が信任していたと考えられる官人であり、このことを単なる偶然と片付けるわけにはいかない。

以上、考察を加えてきたが、桓武天皇の行幸の主目的は百済寺参詣であり、遊猟の際には当然遊猟がその主目的であったろうが、百済寺参詣がその日程に組み込まれていた可能性は高いと考える。その参詣の目的の内容は、親政体制確立の報告、長岡及び平安遷都事業の推進の報告、及び征夷の成功祈願、戦果の報告、あるいは神野親王(嵯峨天皇)の元服報告(105)であったのである。

結語

以上、桓武朝における百済王氏の動向を見てきたのであるが、その論点は主として次の如くであった。

①藤原四家の勢力関係から議政官の地位に就くことはなかった。

②しかし、その反面百済王明信が尚侍に就任することにより、後宮を中心とした勢力を伸張させた。その尚侍就任にあ

たっては、渡来人であることのハンディキャップを補うために「百濟王寺者朕之外戚也。」とする詔を下した。

③桓武天皇の行幸及び遊猟の目的の一部に百済寺参詣が含まれており、遷都、征夷の報告及び事業の進捗祈願、親王の元服報告等現世利益的な願いがなされた。

もちろん、桓武朝における百済王氏の動向については上田正昭(106)、井上満郎(107)両氏等が詳細に述べておられる如く多面にわたっており、私の考察もその一端を述べたに過ぎないのである。

注

(1)『日本後紀』大同三年六月甲寅条　藤原朝臣乙叡薨伝

(2)百済王氏が「天皇に近侍し、また軍事に関係して内乱・東北経営など律令国家をささえるための重要な任務をせおって活躍しながら、決して政界における政治勢力の地歩をきづけなかったのは帰化人であるために排除されたものとも考えられる。」とする。『セミナー日朝関係史Ⅰ』古代編第四章離れゆく二つの国家42日本における百済王一族の消長　鬼頭清明氏執筆。　桜楓社。一九六九年

(3)「百済王氏が一流貴族の待遇をうけながら、太政官にあって国政をみる参議以上の官職についたものがまったくみられないことである。しかしこれは百済王氏が異民族出身であったためである。」とする。『枚方市史』第二巻第二章律令制下の枚方地方第三編古代の枚方地方第四節枚方地方の氏族　長山泰孝氏執筆。　一九七二年

(4)『続日本紀』延暦九年二月甲午条

(5)表一、表二、表三は『日本古代人名辞典』、『日本古代氏族人名辞典』を参考に作成。　吉川弘文館。

(6)『日本古代氏族人名辞典』菅野朝臣真道の項。　吉川弘文館。　一九九〇年

(7)入侍時期が不明確の為、表二、表六の記載から除外している。

(8)『公卿補任』吉川弘文館。

本多伊平編『平安時代補任及び女人綜覧』笠間書院。一九九二年
等により作成。

(9)林　陸朗「桓武朝廟堂の人的構成」『上代政治社会の研究』所収。吉川弘文館。一九六九年

(10)田中史生『日本古代国家の民族支配と渡来人』第一編渡来系氏族と日本古代国家第二章桓武朝の百済王氏第二節和史氏と百済王氏
校倉書房。一九九七年

(11)注(10)
『和氏譜』については、新笠が桓武天皇に対し、外祖母(家)に対する不十分な扱いを認識させるものであり、その撰上の結果、大枝朝臣賜姓が実現したとする瀧浪貞子氏の説、氏の系譜は政府が氏の素性を明確にする為に出させたもので、中宮を出すようになった家の『家譜』を整備する目的をもって撰述されたものとする平野邦雄氏の説などがある。
瀧浪貞子「高野新笠と大枝賜姓」―和氏譜の撰上『日本古代宮廷社会の研究』所収。思文閣出版。一九九一年
平野邦雄『和気清麻呂』人物叢書　吉川弘文館。一九六四年

(12)平野邦雄　注(11)著書。

(13)『平安遺文』十巻

(14)福井俊彦「征夷・造都と官人」『史観』第一二〇冊所収。一九八九年

(15)本多伊平編注(7)著書。
『平安時代事典』資料、索引編所収、主要官女表。財団法人古代学協会古代学研究所編。角川書店。一九九四年
等を参考に作成。

(16)『日本古代氏族人名辞典』安倍氏の項　吉川弘文館。一九九〇年

(17)『日本後紀』延暦廿三年四月辛未条の和朝臣家麻呂の薨伝に「爲レ人木訥。無二才學一。以二帝外戚一。特被二擢進一。蕃人入二相府一。自レ此始焉。」とあり、承和七年十二月九日、藤原朝臣緒嗣等により『日本後紀』が撰修奉進された時点においても蕃人観は厳として存在していたことが窺える。

(18)今井啓一「天子後宮における百済王氏の女人」『百済王敬福』所収。綜芸舎。一九六五年

(19)『日本紀略』國史大系　吉川弘文館。
(20)『群書類從』第五輯系譜部所収。　續群書類従完成會。　一九七九年
(21)『帝王編年記』國史大系　吉川弘文館。
(22)改定『史籍集覧』第一冊通記類所収。　近藤活版所。　一九〇〇年
(23)『本朝皇胤紹運録』にひく『日本紀略』の大同三年二月己酉は三月己酉の誤記と考えられる。
(24)『本朝皇胤紹運録』はその薨日を六月十三日とするが、『日本紀略』の六月二十日を正とすべきであろう。
(25)駿河内親王の母、百済王貞香の父を『本朝皇胤紹運録』は教徳とし、『一代要記』は教法とする。教法は、桓武天皇の女御であり、教徳とすべきであろうが、正史には見えず、確定し難い。
(26)田中史生氏も百済王氏の後宮入りが延暦十年代からみられることは、百済王氏が桓武の「外戚」としての地位を確保したことが背景にあったと考えざるを得ないとされる。田中史生注（10）著書。
(27)『日本後紀』延暦十五年七月乙巳条の藤原朝臣継縄の薨伝によると「謙恭自守。政迹不㆑聞。雖㆑無㆓才識㆒。得㆑免㆓世譏㆒也。」とあり、政治において敏腕を振うような人物ではなかったと考えられる。一方、百済王明信は、本文はじめにで触れた如く、桓武天皇に寵渥されていた。その一端は、本文表六、延暦十四年四月戊申の欄に記した曲宴の席での天皇との歌を巡ってのやりとりからも窺うことができる。かように考えてくるならば、二人はお互いを補う形で桓武朝における地位を築きあげていったとすべきであろう。
(28)『続日本紀』、『日本後紀』、『日本紀略』、『類聚國史』、『公卿補任』により作成。
(29)林　陸朗『長岡京の謎』新人物往来社。　一九七二年
「長岡・平安京と郊祀円丘」『古代文化』第26巻3号所収。　財団法人古代學協會。　一九七四年
(30)瀧川政次郎「革命思想と長岡遷都」『京制並に都城制の研究』所収。　角川書店。　一九六七年
(31)林　陸朗　注（29）著書。
(32)岡田芳朗、伊東和彦、大谷光男、古川麒一郎編『日本暦日総覧』具注暦篇古代中期2　株式会社本の友社。　一九九六年
(33)「勅遣㆓中納言正三位藤原朝臣小黒麻呂。従三位藤原朝臣種繼。左大弁従三位佐伯宿祢今毛人。參議近衛中将正四位上紀朝臣船守。參議神祇伯従四位上大中臣朝臣子老。右衛士督正四位上坂上大忌寸苅田麻呂。衛門督従四位上佐伯宿祢久良麻呂。陰陽助外従五位下船連田

口寺於山背國。相乙訓郡長岡村之地。爲遷都也。」とある。
(34)『令義解』職員令に「掌常侍。規諫。拾遺補闕。」とある。
(35)『令義解』職員令に「少納言三人。掌奏宣小事。請進鈴印傳符。進付飛驛函鈴。兼監官印。其少納言。在侍從員内。」とある。
(36)藤原朝臣乙叡が侍従に補任された延暦三年七月時点の中務卿は父、継縄であった。なお、『令義解』職員令によると中務卿の職掌の一つに「掌侍從。獻替。賛相礼儀。」とあり、侍従と深い関りがあった。
(37)『続日本紀』延暦元年閏正月庚子条に「以従五位下大中臣朝臣諸魚爲少納言。」とあり、同三年四月壬寅条にも「従五位上大中臣朝臣諸魚爲兵部大輔。少納言如故。」とある。
(38)『続日本紀』延暦二年二月壬申条に「以従五位下春階王。藤原朝臣園人。並爲少納言。」とある。
(39)『続日本紀』延暦元年閏正月庚子条に「從五位下安倍朝臣船道爲石見守。」とある。
(40)桓武天皇が抱いていた思想については林陸朗氏の論文に詳しい。
林　陸朗「桓武天皇の政治思想」山中　裕編『平安時代の歴史と文学』歴史編所収。吉川弘文館。一九八一年
(41)新日本古典文学大系16『続日本紀』五補注38—二九　岩波書店。一九九八年
(42)かかる郊祀の目的について、従来の天武系から光仁系への皇統の交替を強調するのではなく、桓武天皇の即位の正当性の不安定さに求め、皇位継承の問題から現われてきたもの、即ち、早良廃太子、安殿立太子に関連づけて解釈しようとする河内春人氏の説もある。しかし、藤原朝臣種継暗殺に端を発し、かかる皇太子の交替が行われたのであり、本文で述べた如く、百済王玄鏡及び藤原朝臣乙叡をその近侍として置くことにより郊祀の実現を目指していた桓武天皇の方針を勘案するならば、容易に認められない。
河内春人「日本古代における昊天祭祀の再検討」『古代文化』二〇〇〇年一月号所収。古代學協會
(43)福井俊彦　注(14)論文。
(44)『令義解』職員令によると民部卿の職掌は「掌諸國戸口名籍。賦役。孝義。優復。蠲免。家人。奴婢。橋道。津濟。渠池。山川。藪澤。諸國田事。」とあり、造都に深い関連を有していた。
(45)『枚方市史』第二巻第二章律令制下の枚方地方第三編古代の枚方地方第四節枚方地方の氏族　一九七二年
(46)『公卿補任』延暦十三年藤乙叡の経歴に「十一年四月乙巳右兵衛督（大輔侍従如元）。延暦十二年五月辛巳左京大夫。」とあり、延暦

十二年五月左京大夫補任の際には侍従を兼務しておらず、以降の史料にも認められない。

(47)『日本古代氏族人名辞典』藤原朝臣乙叡の項。吉川弘文館。一九九〇年

「毎年ともいえる顕要の官職の歴任は、右大臣にまで昇進した父継縄との関わりによるものであり、継縄没後は尚侍として桓武天皇の寵幸を得た母明信の存在がことのほか大きかったと思われる。」とある。

(48)百済王氏は古くより東北地方と深く関ってきたが、寶亀十一年六月の百済王俊哲の陸奥鎮守副将軍就任により武官としての一歩を踏み出したものと推測し、その背後に藤原朝臣継縄の存在が認められることを明らかにした。

(49)田中史生　注(10)著書。第一編渡来系氏族と日本古代国家第二章桓武朝の百済王氏第四節延暦十六年の百済王氏への課役免除

(50)『日本古代人名辞典』第六巻［藤原朝臣継縄］の項。吉川弘文館。一九七三年

仏説胞胎経（日本写経綜鑒295）、菩薩地持論巻七（知恩院蔵）、仏説菩薩投身饑虎起塔因縁経（良訓補忘集、古経題跋上、平遺題跋編）、金剛頂経曼珠室利菩薩五字心陀羅尼品（書陵部蔵）、須頼王経（続古経題跋）があり、何れも奥書に贈従一位右大臣兼皇太子傅中衛大将継縄とある。

(51)林　陸朗「桓武天皇と遊獵」『栃木史学』創刊号所収。一九八七年

(52)田中史生　注(10)著書第一編渡来氏族と日本古代国家第二章桓武朝の百済王氏第三節桓武朝初期の百済王氏

(53)林　陸朗　注(29)著書、及び論文。

(54)林　陸朗　注(29)論文。

(55)林　陸朗　注(29)論文。

(56)『類聚國史』巻百八十二佛道九施入物

(57)虎尾俊哉『延喜式』日本歴史叢書　吉川弘文館。一九七八年

(58)北山茂夫「平城上皇の變についての一試論」『續萬葉の世紀』所収。東京大學出版會。一九七五年

保立通久『平安王朝』岩波新書469　岩波書店。一九九六年

(59)新野直吉『古代東北の兵乱』日本歴史叢書41　吉川弘文館。一九八九年

以下の引用文は同書による。

(60)『類聚國史』巻百九十　風俗　俘囚
延暦十一年正月丙寅。陸奥國言。斯波村夷膽澤公阿奴志己等。遣レ使請曰。己等思レ歸二王化一。何日忘之。而爲二伊治村俘等所一レ遮。無レ由二自達一。願制二彼遮鬪一。永開二降路一。卽爲レ示二朝恩一。賜レ物放還。夷狄之性。虛言不實。常稱二歸服一。唯利是求。自今以後。有二夷使者一。勿レ加二常賜一。

(61)『類聚國史』巻百九十　風俗　俘囚
七月戊寅。勅。今聞。夷爾散南公阿破蘇。遠慕二王化一。情望二入朝一。言二其忠欵一。深有レ可レ嘉。宜下路次之國。擇二壯健軍士三百騎一。迎二接國堺一。專示中威勢上。

(62)『類聚國史』巻百九十　風俗　俘囚
冬十月癸未朔。陸奥國俘囚吉弥侯部眞麻呂。大伴部宿奈麻呂。叙二外從五位下一。懷二外虜一也。

(63)『類聚國史』巻百九十　風俗　俘囚
十一月甲寅。饗二陸奥夷俘爾散南公阿波蘇。宇漢米公隱賀。俘囚吉弥侯部荒嶋等於朝堂院一。阿波蘇。隱賀並授二爵第一等一。荒嶋外從五位下。以レ懷レ荒也。詔曰。蝦夷爾散南公阿波蘇。宇賀米公隱賀。俘囚吉弥侯部荒嶋等。天皇朝尓參上仕奉弖。今者己國尓罷去天仕奉牟止白止聞食行弖。冠位上賜比。大御手物賜久止宣。又宣久自レ今往前母伊佐乎之久仕奉波。益々須治賜物曾止宣大命乎聞食止宣。

(64)『類聚國史』巻八十三　政理五　免租歩
延暦十一年十一月己卯。永免二出羽國平鹿。最上。置賜三郡狄田租一。

(65)『日本紀略』延暦十二年二月丙寅条
改二征東使一爲二征夷使一。

(66)『日本紀略』延暦十二年二月庚午条
征夷副使近衛少將坂上田村麿辭見。

(67)『日本紀略』延暦十三年正月庚寅条
告二征夷事於山陵一山階。田原。

(68)『日本紀略』延暦十三年正月辛卯条

遣下二參議大中臣諸魚一奉中幣於伊勢太神宮一。爲レ征二蝦夷一也。

(69) 佐伯有清「長岡・平安遷都とその建議者達」『日本古代の政治と社会』所収。吉川弘文館。一九七〇年

以下の引用文は同論文による。

(70) 中山修一「長岡廃都考」『史想』第五号所収。一九五六年

(71) 林 陸朗 注(29)論文。

(72) 井上光貞『日本古代の国家と仏教』前篇第四章律令的国家仏教の変革第一節光仁・桓武朝の仏教政策 日本歴史叢書。岩波書店。

一九七一年

(73) 本書付論「百済寺の創建と宣教」

(74)『枚方市史』第二巻第二章律令制下の枚方地方第三編古代の枚方地方第五節枚方の寺院二、百済王氏の百済寺 一九七二年

(75) 注(74)

『河内百済寺跡発掘調査概報』大阪府教育委員会。一九六五年

なお、藤沢一夫氏も概報において、百済寺の出土瓦について「平安時代前期屋瓦の種類が多く、中に平安宮屋瓦と同笵出遺例の何種類かを見出し、これらは官窯から供給されたに相違なく、したがって当寺が官寺的扱いを受けた時期のあったことを思わせる。」とされている。

(76)『類聚國史』巻百八十二 佛道九 寺田地

(77) 注(76)

(78)『類聚國史』巻百八十二 佛道九 施入物

(79)『類聚國史』巻百八十 佛道七 諸寺

(80) 注(76)

(81) 注(76)

(82)『日本紀略』

(83)『日本後紀』

(84) 注(83)

(85) 注(83)

(86) 注(83)

(87) なお、『類聚國史』巻百八十、佛道七、諸寺、淳和天皇天長元年九月壬申条によると、神願寺は地勢汚穢で壇場にふさわしくないので清麻呂の死後、高雄寺をこれにかえて定額寺としたとの記載があり、発掘状況等勘案し、西山廃寺(足立寺)を神願寺に比定しようとする説が妥当性を帯びている。

京都府教育委員会『埋蔵文化発掘調査概報』一九六九年

八幡町教育委員会『西山廃寺(足立寺)発掘調査概報』一九七一年

(88) 『日本地名大辞典』29奈良県　角川書店。一九九〇年

(89) 『日本歴史地名大系』28大阪府の地名Ⅱ　平凡社。一九八六年

(90) 井上光貞　注(72)著書。

(91) ①〜③は村尾次郎氏の指摘による。

村尾次郎『桓武天皇』人物叢書112　吉川弘文館。一九六三年

(92) 『類聚國史』巻百八十、佛道七、諸寺、延暦廿二年十月丙午条に「制。崇福寺者。先帝之所レ建也。宜レ令下二梵釋寺別當大法師常騰一兼加中撿挍上。」とあり、梵釋寺と天智天皇の建立した崇福寺との関係が窺える。

(93) 『七大寺年表』によると延暦七年六月のこととする。

(94) 井上光貞　注(72)著書。

(95) 龍谷大学教授松倉文比古氏の御教示による。

(96) 北山茂夫「藤原種継事件の前後」『日本古代政治史の研究』所収。岩波書店。一九五九年

(97) 『続日本紀』延暦元年閏正月辛丑条

(98) 『続日本紀』延暦元年閏正月壬寅条

(99) 田中正日子「奈良末・平安初期の政治上の問題―中央官人の動向をめぐって―」『日本史研究』四十二号所収。一九五九年

(100) 木本好信「藤原種継」『藤原式家官人の考察』所収。高科書店。一九九八年

(101) 林　陸朗　注(9)論文。

(102) 木本好信　注(100)論文。

(103) 木本好信　注(100)論文。

(104) 木本好信　注(100)論文。

(105) 私は、この報告を目的とする行幸が桓武朝以後の百済王氏にとって大きな影響を与えたと考えるのであるが、この点を究明するために平城、嵯峨朝における百済王氏の動向をも踏まえ略述しておきたい。

桓武朝の後宮に百済王教法、貞香等が入っており、その背後に後宮の女官の長としての百済王明信の存在があったことは明らかである。さらに、藤原南家の藤原朝臣是公と尚侍橘朝臣麻都我との間に生をうけた藤原朝臣吉子が桓武天皇の夫人として入っており、その間に伊予親王が誕生していた。夙に玉井力氏が述べておられる如くI、桓武朝において政治勢力としては重きをなしていなかった橘氏の常子、御井子、田村子の三名が後宮に入っているのは、橘朝臣麻都我によるところが大きかったと考えられる。かかる状況を踏まえ氏は「藤原南家を中心として橘・百済王・帰化系諸氏は一つの勢力を形勢して」Iおり、交野遊猟がこの関係を補強する役割の一端を果たしていたとされる。この交野行幸に神野親王が同道したと考えられることは本文で述べたところであるが、玉井力氏も「父に従ってしばしば猟に出かけ」Iたとされる。交野行幸に玉井氏が想定された様な意図があったか否かは別途考察しなければならないが、神野親王が即位後、橘朝臣嘉智子を夫人として納れ、また、百済王貴命を寵愛したこと、及び度重なる交野行幸がなされていることは注目すべき点であろう。それはさておき、延暦十八年二月七日の交野行幸に神野親王が同道していたとすると安殿親王をひどく傷つけたのではなかろうか。それというのも百済王明信の夫、藤原朝臣継縄は安殿親王の皇太子傅であったからであり、藤原南家とそれに連なる百済王氏に対しておおい難い不信感を植えつけたものと推察できる。しかも、藤原朝臣薬子との関係から桓武天皇が安殿親王を避ける傾向にあり、反面、伊予親王の邸への行幸が度々行われていたのである。

さて、大同二年十月に発生した伊予親王事件は伊予親王及び藤原朝臣吉子のみならず、安殿親王が皇太子の時、宴で不敬を働いたことを原因IIとして藤原朝臣継縄と百済王明信との間の子、藤原朝臣乙叡が失脚している。ここに藤原南家は大打撃を蒙り、没落の一途をたどることになったのである。『日本後紀』は乙叡の失脚の原因を宴の際の不敬としているが、その契機の一つに延暦十八年の交野行幸

があったのではなかろうか。しかも、藤原朝臣乙叡の失脚は則、百済王明信の尚侍の地位を揺るがすことになったものと思われる。否、かかる事件の背景の一つに百済王明信の尚侍の地位剥奪が意図されていた可能性すらある。尚侍の定員は二名であり、藤原朝臣薬子がその一つの地位を占めており、百済王明信の存在が目障りになっていたと考えられるからである。この伊予親王事件による藤原朝臣乙叡、百済王明信の失脚は百済王氏の活動に大きな制約を与えずにはおかなかったであろう。嵯峨朝における百済王貴命を最後として天皇の後宮に百済王氏の女性が入ることはなかったし、政界における活動も、もはや大きなものとはなり得ず、九世紀後半から十世紀前半にかけて「廟堂から勢力を後退させ、没落の過程をたどってゆく」Ⅲのである。

Ⅰ玉井　力「女御・更衣制度の成立」名古屋大学文学部研究論集一九　一九七二年

Ⅱ『日本後紀』大同三年六月甲寅条の藤原朝臣乙叡の薨伝に「推國《平城》天皇爲二太子一時。乙叡侍レ宴。瀉酒不敬。天皇含レ之。後遘二伊豫親王事一。辟連二乙叡一。」とある。

Ⅲ田島　公「「氏爵」の成立—儀式・奉仕・叙位—」『史林』七一巻一号所収。一九八八年

(106)上田正昭「桓武朝廷と百済王氏」『京都市歴史資料館紀要』第10号所収。一九九二年。後、『論究・古代史と東アジア』に収録。岩波書店。一九九八年

(107)井上満郎「桓武天皇と渡来氏族」『長岡京古文化論叢Ⅱ』所収。三星出版。一九九二年

付論　百済寺の創建と宣教

はじめに

百済王氏の氏寺と考えられるものが難波と河内に存在したことは明らかであるが、その性格、歴史的背景については必ずしも究明されているとは言い難い状況にある。いわんや『興福寺官務牒疏』（1）に河内百済寺の開基を宣教であるとする記載が存在するにもかかわらず、そのことに対する正面からの検討が加えられていない背景には、史料の成立が室町時代末期頃（2）であり、内容に伝説的縁起を含み、史料としての信憑性に欠けるという点にあったと考えられる。しかし、史料の成立年代が新しいとはいえ、百済寺の開基を宣教であるとする伝承が存在したことはそれなりに考察の対象と成し得るものであり、その歴史的背景を究明することも十分意義のあることだとしなければならない。

（一）

百済王氏が地域的、あるいは氏族的結合の強かった難波の地を離れ、交野の中宮に移住したことはその地に百済寺が営まれ、その遺構が存するところから確認できる（3）。その時期は史料的に必ずしも明確ではないが、『続日本紀』天平神護二年六月壬子条の百済王敬福の薨伝に「遷二宮内卿一。俄加二河内守一。」とあり、それに対応すると考えられる記載が天平勝寶二年五月辛丑条に「以二従三位百濟王敬福一爲二宮内卿一。」とあるところから天平勝寶二（七五〇）年頃であったとする推論（4）が妥当なものであるとされている。かかる河内の百済寺の創建に関する記載は正史に全く見出すことはできないが、『興福寺官務牒疏』は宣教大師の開基であるとする。既述の如く、この史料の成立年代が新しいこと、さらに加えて宣教大師の伝記が存在しないこと、史料が必ずしも満足のいくものでないことは従来の研究の対象とはされず、わずかに音代節雄氏（5）が述べているに過ぎないことにあらわれているといえよう。従って、以下の私の叙述も断片的に残された史料からの推論である。

さて、宣教に関する考察を加える上で一つの手がかりとなるのは『三國佛法傳通縁起』巻中（6）、法相宗の項に「智鳳。智鸞。各授二法於義淵僧正一。義淵有二七人上足一。謂玄昉僧正。行基菩薩。宣教大德。良敏大僧都。行達大僧都。隆尊律師。良辨僧正也。道慈律師亦從學レ法。即成二八人一。」とあり、『元亨釋書』（7）巻第二慧解二之一にも「釋義淵。世姓阿氏。和州高市郡人。其父無レ子。祈二觀自在像一。一夕聞二兒呱一出見レ之。柴籬上有二一包一。香氣芬郁。開而見レ之。小兒也。父母喜而收養。不二數日一而長。天智帝聞之。同二皇子一鞠二育崗本宮一。後出家。從二智鳳一學二唯識一。又入レ唐稟二智周法師相宗之訣一。周者慈恩基公之上首也。歸朝盛倡二相宗一。受二其業一者。行基。道慈。玄昉。良辨。宣教。隆尊。等也。又勤二營建一。龍盖寺。龍門寺。龍福寺。皆淵之構造也。大寶三年爲二僧正一。神龜五年十月寂。勅二禮部一監二護喪

事。」とあり、さらに『興福寺流記』(8)にも「傳法院門徒。法相宗新羅智鳳習緣。義淵僧正弟子宣教大法師。資賢憬大僧都。資明福僧都。資延賓已講。資空晴僧都。故僧正修圓僧都。傳法興隆也。」とある如く、玄昉、行基、良敏、行達、隆尊、良弁とともに義淵の弟子上足七人のうちの一人であったことが判明する。しかるに、その出自については関連する史料が欠如しており、一切不明である。かかる点を推察するために、今、宣教の開基、あるいは再建とされている寺院の分布を『興福寺官務牒疏』より抽出すると以下の如くになる。

A　山田寺。　同郡在㆓山田郷朝日莊㆒。
　僧房六宇。
　皇極帝大化二年。元興寺道昭大德開基。
　宣教大師再建。本尊實生佛。承元三年炎上。正應二年再建。

B　法輪寺。　在㆓同郡嵯峨㆒。號㆓智福山㆒。僧房二十四宇。
　養老三年義淵僧正開基。天平六年宣教大師中興。
　始號㆓葛井寺㆒。貞觀十六年道昌大德弘㆓眞言㆒。
　本尊虛空藏菩薩

C　尊延寺。　在㆓交野郡芝村郷㆒。
　宣教大師。天平三年勅願草創。中興安願菩薩也。
　僧房十二宇。屬侍二十人。

D　百濟寺。　在㆓同郡中宮郷㆒。宣教大師開基。
　遷㆓和州百濟寺㆒建立。僧房廿八宇。(9)
　末院十八寺。屬侍三十六人。

E　開元寺。　徳泉寺F□津田寺G。在同郡。倶宣教大師開基。坊舎八舎宛在レ之。

其外。河州餘郡在レ之。略。

H　蓮臺寺。　在二同郡餉郷一。號八葉山一。

坊宇十一宇。

孝謙帝叡願。天平十九年丁亥年。宣教大師開基。中興弘法大師弟子眞雅僧正。

貞觀元己卯年再建成就也。

このうち再建、中興と記されるものがA、B、開基とされるものがC、D、E、F、G、Hであり、その分布は山城国A、B、河内国C、D、E、F、G、近江国H、という構成になっている。ただしBについては貞観十六（八七四）年、空海の弟子、道昌が寺の発展に寄与したとする共通性を有しながらも、和銅六（七一三）年元明天皇の勅願で行基が開創とする寺伝も存在する（10）。しかし、養老元（七一七）年行基の民間伝道が僧尼令違反として禁圧されているところから、その信憑性について疑問が生じるのであり、『興福寺官務牒疏』の記載のいずれが史実を伝えるのか決し難い状況にある。従ってこの度の対象から除外して考察を加えるとして、その構成上特徴的なことは、その開基とされる寺院C、D、E、F、Gが河内国交野郡に存在していることである。かかる事実は、この地が宣教の本貫の地であった可能性を示唆するものとしてとらえることができよう（11）。このうちE、開元寺は交野市倉治の神宮寺集落の東南道路面から出土した繰り出しのある円柱礎石、及び交野小学校に保管する瓦片よりして倉治の地、G、津田寺は枚方市津田、F、徳泉寺はその寺院址は発見されていないものの、寺村の北で学校敷地の整備中、布目平瓦二片が採集され奈良時代、あるいはそれをさかのぼる寺院の存在が想定されるところから、これに当てることが可能であるとすると（12）、そこに共通する要素、即ち㈠山麓に存在すること

㈡その所在地のはただ（畠田―津田の旧名）、はたもの（機物―倉治）、はたやま（寺村の旧名）の名の示す如く、機織を業とする渡来氏族の集落であること

㈢各々の集落の長が寺院を建立し、それが津田寺、開元寺、徳泉寺に比定することが可能であること

が指摘できよう。しからば、交野郡に存在した機織を業とする渡来系氏族としていかなる氏族を想定し得るであろうか。『新撰姓氏録』河内国諸蕃には交野忌寸として「出レ自二漢人庄員一也」と記されており、その交野の名を冠するが故に交野郡に住した渡来系氏族であったことが判明する（13）。漢人とは、関晃氏によると「五世紀に入るころから朝廷が部の制度をととのえ、大陸の技術を持った品部を設置してゆくのに伴って、その直接の監督者に任命され、やがて大てい東漢氏の指揮下に編成されていった」（14）者で、その東漢氏が六世紀には蘇我氏の体制下に組入れられていったことは先学の指摘するところである（15）。漢人庄員もおそらくは機織の技術を有する一群の人々を統率する立場にあり、蘇我氏とも深い関わりを有していたであろうことは、蘇我氏系にゆかりのある交野郡片埜神社、及び炊屋姫（推古天皇）（16）の経済的基盤たる「私部」、「私市」の存在するところから推定できるところである。そしてその後裔は山麓一帯に寺村、倉治、畠田（津田）の機織集落を形成し、その首長が交野忌寸を与えられたものと考えられる（17）。かかる地のE、F、G三寺の開基に宣教が選ばれていることは、宣教が交野忌寸と深い関係を有していたか、あるいは想像をたくましくすれば交野忌寸出身であった可能性すらあるのではなかろうか。いずれにしても、この交野忌寸の実態についてはは必ずしも明確ではないが、交野の名を冠していること、また枚方市牧野坂に存在し、その祖神を交野忌寸とする片埜神社（18）は郡名の交野をもつところから古く大きな勢力を有していたと考えられる。かように宣教と交野忌寸の関係が推定できるとすると片埜（野）神社が交野郡山田郷に存することに注目しなければならない。即ち、山田村の大字には甲斐田、片鉾、田口、中宮があり、百済寺の存する中宮の地も山田郷に含まれることが知れるからである。かかる事実は百済王氏の交野移住に伴う百済寺開基に際し、その出身地が近接しており、既に開元寺、徳泉寺、津田寺の開基と

なっていた宣教が選ばれたものと解すことも可能ではあろうが、私は、そこにさらに複雑な歴史的背景が考えられるのではないかと思う。以下その点について考察を加えていきたい。

（二）

『正倉院文書』(19)優婆塞貢進文には

（族）

八戸史挨大國 年十八 河内國高安郡玉祖鄉橘戸君麻呂戸口

讀經

最勝王經一部十卷訓

法華經一部八卷訓

壽命涅槃經三十卷訓

誦經

藥師經一卷

最勝王經序品

觀世音經

心經一卷

誦陀羅尼

千手陁羅尼

佛頂陁羅尼

金勝地陁羅尼

誦義
三寶義
淨行六年
天平十五年正月
（自署）
「宣教」

とあり、宣教が優婆塞八戸史族大国の師主僧であったことが判明する。八戸史族がいかなる氏族であったのか必ずしも明らかではないが(20)、『新撰姓氏録』河内国諸蕃に「出レ自二後漢光武帝孫章帝一也。」とある八戸史との間に何らかの関係（主従関係をも含め）を有していたと考えて大過なかろう。この八戸史については、『日本三代実録』陽成天皇元慶三年十月廿二日戊寅条に「河内國高安郡人常陸權少目從八位上常澄宿禰秋雄。權史生從八位上常澄宿禰秋常。河内國撿非違使從七位下八戸史野守。醫師從八位上常澄宿禰□吉。河内國高安郡少領從七位下常澄宿禰宗雄。從六位上常澄宿禰秋原等六人。賜二姓高安宿禰一。秋雄等自言。先祖。後漢光武皇帝。孝章皇帝之後也。裔孫高安公陽倍。天萬豊日天皇（孝徳）御世。立二高安郡一。陽倍二字。意與二八戸兩字一語相渉。仍後賜二八戸史姓一。末孫正六位上八戸史貞川等。承和三年改二八戸史一。賜二常澄宿禰一。望請改二八戸常澄兩姓一。復二本姓高安一也。」とある如く、先祖の陽倍が孝徳天皇の御世に高安郡を立て、陽倍の二字が八戸を相渉るので後に八戸史の姓を賜ったと主張している氏族であり、高安郡居住氏族の中心をなしていたと考えられる。しからば、宣教と八戸史族大国及び八戸史との関係はいかに生じたのであろうか。ここで注目すべきは高安郡に居住したと考えられる三宅史の存在である(21)。しかも、交野郡にも三宅郷があり、今井啓一氏は、「交野郡の屯倉に史職を仕奉ったかと考えられる。でなければ旧高安郡の三宅郷を本居としたかも知れぬ。」(22)とされ、交野郡三宅郷との関係をも推定しておられる。かかる推論が妥当なものであるとすると、その三宅郷に宣教開基と伝えられる開元寺、及び徳泉寺が営まれていることはきわめて注目すべき点だとしなければならない。即ち、宣教と八戸史大国、及び八戸史の媒介をなしたのが三宅史であった可能性が高いと考えられるからである。さらに留意すべきは、『新撰姓氏録』によると、この三宅史は「山田宿禰同祖。忠意之後也。」とある如く、山田宿禰と同祖族であるとされている事実である。私見によると(23)この山田宿禰(24)は交野郡山田郷に居住し、百済王氏移住前に百済寺に先行する寺院を成立せしめている。さらに一族の山田三井宿禰比売嶋が孝謙天皇の乳母であったという皇室との強い関係を持ちながらも、橘奈良麻呂の乱の発生により、既に死亡していたにもかかわらず生前奈良麻呂の謀反を聞きながら蔽匿して報告しなかったという理由で賜わっていた山田御井宿禰及び御母の名を除かれた事実がある。ここに示す如く、その守旧性故に藤原仲麻呂の淀川水路掌握及び大仏造営事業推進過程において百済王氏交野移住をもって排除されたと考えるのである。しかし一方、森郁夫氏(25)は同系瓦(26)の分布状況により政権掌握者の動向を見きわめようとされ、特に平川廃寺と百済寺についての考察を加えておられる。平川廃寺の存在する城陽市は木津川の右岸の洪積丘陵の縁辺、大和と山城を結ぶ交通の要衝にあたり(27)、律令国郡制下においては山城国久世郡と称され、『日本書紀』に栗隈県として登場する地であった。周囲の歴史的状況は、古墳時代の前期から後期に至るまで約八十基からなる久津川古墳群が形成され、特に平川の台地上に営まれた車塚古墳を盟主とする平川古墳群はことに強大な勢力を有していた様である。かかる久津川古墳群に見うけられる強大な勢力は、奈良時代に下っても維持されていた様で、宇治市広野廃寺、城陽市久世廃寺、正道廃寺(28)、平川廃寺が営まれている(29)。森氏は、この平川廃寺の「八世紀の軒丸瓦で最も出土量の多いのはL型式であ」り(30)、「中房の蓮子が一＋四であること、間弁が大きく開いて隣接する間弁と連なって蓮弁を区画すること、開いた間弁の上方に楔状の珠点をおくこと。外縁頂部には凸線が一条めぐることなど」他の奈良時代の軒丸瓦と明瞭に区別でき、次に多くの出土例を見た内区に二四弁の単弁蓮華文を飾るため蓮弁がきわめて細く見えるQ型式が恭仁宮造営の主要な軒丸瓦であることからすると「平川廃寺の造営工事は天平年間前半に行われた」と考えることが可能であるとされた。そしてさらに注目すべきは平川廃寺出土のL型式の同笵品が河内百済寺跡より出土することであり、しかも軒丸瓦で最も出土例が多かった[31]所から、これらが百済寺造営当初の軒丸瓦と考えられるとされる。従ってこの平川廃寺と同笵瓦を持つことを論拠として、その創建年代を天平前半期と考えることも可能ではある。しかし、同笵瓦の「文様を比べると、明らかに平川廃寺出土品が鮮明で、百済寺出土品は不鮮明であり、瓦当笵使用による損傷の進行を示して」[32]おり、その造営の開始時期を平川廃寺より若干遅れた時期とされている。さらに氏は、平川廃寺出土の軒丸瓦Q型式と同笵瓦が恭仁宮大極殿地区の発掘調査で出土したことに留意され、この遷都を画策した橘諸兄がその別業のある井手の地を根拠として木津川沿いを掌握堅持し、さらに淀川を通じ難波に至る水路を獲得する為に、木津川、宇治川、淀川の合流地点久世に着目し、栗隈一族に強い働きかけをなし、栗隈の地に営まれた平川廃寺と強い関係を有したのではないかとされる。諸兄が栗隈王の孫であり、王名に地名を冠した者はその母親の出身地、あるいは養育者の出身地であったことを考えあわせると、諸兄の祖父栗隈王が栗隈一族と何らかの関係を結んでいた可能性のあることが想定され、その論拠としておられる。そして、平川廃寺と同笵軒丸瓦が創建時のものであると考えられる河内百済寺との関係についても、橘諸兄の介在によるものとされ、おそらくは諸兄が「淀川沿いの掌握の手段のひとつとして、百済寺の造営を策し、平川廃寺の瓦当笵を百済寺に送らしめたのだろう」とされ、その創建年代を天平年間後半期と考えておられる。かかる推論は天平勝寶二（七五〇）年の百済王敬福の河内守補任を契機として河内に移住したとする論と相違をきたすことになる。この点に関しては百済寺の創立年代からは首肯し難く、むしろ黄金産出の賞賜として本貫河内守として任ぜられたとすべきであろうとし、この黄金貢献についても橘諸兄が所有していた黄金を百済王敬福に陸奥国から産出したと言わしめたとする武者小路穣氏の論[33]を援用して、百済寺と諸兄の関係を強調しておられる。

しかし、かかる所論においては難波が百済王氏の本拠地であり、その地に百済寺が営まれていたことに対する考察が欠落しており、文脈よりすると少なくとも天平年間後半期には、百済王氏が河内を本貫としていたとする主張がいかなる史料的裏づけでもってなされているのかが判然としない。しからば、かかる平川廃寺と百済寺の同笵軒丸瓦の存在をいかにとらえるべきであろうか。いみじくも森氏自信も「百済寺造営のころは、恭仁宮造営もすでに停止が決定しており、藤原仲麻呂の台頭によって、その権力にはわずかながらかげりが見え始めつつあった。」(34)と述べておられる如く、天平十七（七四五）年五月の平城遷都の前後から藤原仲麻呂の勢力の伸張が顕著となる(35)。橘諸兄政権のブレーンをなした僧玄昉は、天平十七（七四五）年十一月に筑紫観世音寺造営という名目で左遷され、翌天平十八（七四六）年六月に配所で死去しており、吉備真備も天平勝寶二（七五〇）年正月、筑前守に左遷されるに至った。さらに政策上からは、天平九（七三七）年以降諸兄政権によって実施に移されていたものを旧に復することが顕著に見られる様になる。天平十七（七四五）年六月における大宰府の復置、同十八（七四六）年十二月の鎮撫使停止、諸国兵士復活、同十九（七四七）年三月に大養徳国がもとの通りに大倭国と改められた。さらに、ほぼこの頃には東国防人の派遣も旧制に復した事実が示す如く、諸兄の勢力は徐々に衰退にむかっていった。しかも、平城宮から東海道、東山道、山陽道、山陰道へ至る交通の要衝に位置した南山背を治める山背守も、少なくとも天平十七（七四五）年三月の段階には佐伯宿禰浄麻呂が就任(36)しており、同十八（七四六）年九月、皇后宮大夫にも任ぜられているところから、光明皇后、藤原仲麻呂との関係が推測される。天平勝寶元（七四九）年八月就任した大伴宿禰犬養にしても、天平十八（七四六）年十一月式部少輔に任ぜられており、同年三月五日、仲麻呂が式部卿に就任しているところから、その関係が推測される。右のような事実が示す如く、諸兄の地盤は足もとから崩されつつあったとしなければならないであろう。

以上の考察により、私は、森氏のいわれる諸兄の淀川水系掌握の手段として百済寺が造営された、とされる見解は成立し難いものであると考える。しかし、その掌握過程においては山田宿禰氏が重要な働きをなしたとすることは前述した如き山田宿禰氏と橘氏の関係から十分考えられるところである。その山田宿禰氏の氏寺に平川廃寺の瓦当笵による瓦が使用されたとすることは可能であろう。しかし、かかる諸兄の木津川及び淀川水系の水路の掌握を藤原仲麻呂が奪取した可能性の高いことは前述したところである。その結果、山田寺で使用されていた平川廃寺同笵瓦が百済寺に転用されたものと考える。私は、かように百済王氏交野移住の背後に藤原仲麻呂の存在を想定するのである。加えて既述の如き宣教↕三宅史↕山田宿禰の関係が成立し得るとすれば、百済王氏交野移住の媒介者としての宣教の存在が俄かにクローズアップされてくることとなる。山田宿禰移住後の地に百済寺が建立され、その開基として宣教が登場してくる必然性は既に存在していたとすべきであろう。しからば、かかる宣教と仲麻呂の関係を史料上明らかにし得るであろうか。この点を検討するため、以下の史料を掲げることとする。

ⓐ右、以廿年十月十日、自寺政所奉請如〔

　　知　他田水主

「以廿一年三月一日、返送了、受宣教師　知長□　他田□□(水主カ)」(37)

ⓑ大般若第四帙一二三四幷四巻奉請宣教師所使沙弥正弐

　　元年十一月十六日他田水主

　　知阿刀史生

大般若第四帙五六七八九十并六巻

右、依次官(今毛人)口宣、奉請宣教師所、付使忍坂友依

　　勝寶元年十一月十九日常世馬人(38)

ⓒ造東寺司牒　宣教大徳房下

奉請疏五部卅五巻一部不知巻數

无量義経疏一部側法師撰
法花論子注一部三巻
唯識論要集一部十巻道勝師集
瑜伽抄卅巻基法師撰
正理門論抄一部二巻倫法師撰
牒、今依　令旨、應冩件疏、此求他所、都無所淂、兼聞在大徳房中、仍差舎人
阿刀月足、充使令向、乞察事趣、須臾之間、分付此使、今具状、牒、
天平勝寶三年六月十四日主典従七位下紀朝臣池主
玄蕃頭正五位下 (39)

ⓓ涅槃経疏一部卅巻吉蔵師　白紙黄表綺緒梨軸　官一切経内者
右、依次官佐伯宿祢天平勝寶五年二月十三日宣、以十七日奉請宣教
師所、使公石主、
(別筆)
「以六月十六日奉返了収呉原生人　上馬甘　知呉原生人 (40)

このⓐ〜ⓓの史料を検討すると、ⓐの史料により、少なくとも天平廿一（七四九）年三月頃において宣教が東大寺に居住していたことが明確となる。そして、ⓓの史料から天平勝寶五（七五三）年頃に東大寺を離れたことが推測できる。しかも、その移った寺が藤原氏の氏寺興福寺であったことは、宣教の弟子賢璟 (41) が興福寺で宣教より唯識を学んだとする『元亨釈書』の記載より想定できる。かかる宣教の東大寺から興福寺への移住の背景に既述の如き藤原仲麻呂と

宣教との関係を想定したとき、その理由を無理なく解釈できるのではなかろうか。

㈢

さて、次に考うべきは近江国に唯一、宣教開基とされるH蓮台寺が存することである。かかる伝承の背景には、いかなる歴史的事実を想定し得るであろうか。『興福寺官務牒疏』の近江国の寺院開基内容には、

大菩提寺。在㆓栗太郡㆒。號㆓金勝寺㆒。鎭守神（三上。兵主。山律照。飯道。四神。）
僧房山上三十六院。衆徒三十六口。屬侍廿六人。
天武天皇御宇。白鳳元壬申年。役優婆塞之靈蹟。殊元正天皇養老元年金粛菩薩之開基。良辨僧正安㆓置諸尊㆒。爲㆓
平城宮鬼門之梵刹也。本尊丈六釋迦如來安㆓金堂㆒。藥師佛安㆓講堂㆒。亦建㆓八宗經論之道場㆒之處也。

とあるのをはじめとして、法満寺、少菩提寺、正福寺、薬王寺の四カ寺が、金粛菩薩と良弁の関係を有するとしている。宣教大師開基とされる先のH蓮台寺は、大菩提寺、即ち、金勝寺の別院の一院とされていることは、同じく義淵を師とする宣教と良弁の関係よりして、一考すべき点であるとしなければならない。

かかる近江の金勝寺についての論考は、夙に喜田貞吉氏（42）によって展開されている。天平十六年十一月十三日、盧舎那仏の体骨柱を建てた甲賀寺＝紫香楽寺＝金鍾寺であり、聖武天皇の平城還都、大仏事業の再開により金鍾寺もまた平城の地に遷った。この金鍾寺をもって良弁僧正の開基とする史料が存するのは、金鍾寺を東大寺の前身である金光明寺となさんがための仮托であり、それは、大和金光明寺が大養徳恭仁大宮、即ち、今の山城相楽郡瓶原附近にあったと考えられることから明らかである。金鍾寺の開基とされる金鍾行者は『日本書紀』天武天皇十四年冬十月庚辰条にみ

える優婆塞益田金鍾であり、鍾は鐘に通ずる。『日本霊異記』以下に優婆塞金鷲または金熟、金鐘などとあるもの、及び近江国栗太郡に存する金勝山大菩提寺の金勝も金鐘であり、寛平九年の太政官符にみえる金勝寺の応化聖人金粛菩薩もまた同一人であると考えられる。氏は右の諸点を根拠とされ、信楽の地の金鐘寺は優婆塞金鐘が創建し、後、良弁が住し大仏の工を起し、寺名は甲賀寺と称せられた。平城還都の後も旧地に寺はなお存したが後、いったん荒廃した。平安期の初期に至って興福寺の願安が隣地に再興し興福寺末となり、寺名を大菩提寺と称したが、仁明天皇によって金勝寺と改められたとされるのである。

しかし、かかる喜田氏の説に対して、福山敏男氏（43）は正倉院文書天平十八年具注暦の三月十五日の書入に「天下仁王經大講會、但金鐘寺者、浄御原天皇御時、九丈灌頂、十二丈撞立而大會」とあることに注目される。氏はこの史料より持統天皇の時代既に金鐘寺が相当の規模をもっており、紫香楽の地にかかる寺が存し、金鐘寺の名称の記された最も古い文書、正倉院文書皇后宮職移案に記される可能性について疑問を呈示された。しかも、栗太郡の金勝寺は甲賀寺とは別個のものであり、寛平九年の太政官符にも金勝山に禅居した願安が弘仁年中金粛菩薩の古跡に伽藍を建立したことを述べており、「かかる霊地は自由に移動されるべくもない」と主張される。さらに喜田氏は大和国分寺が奈良の地にあってはならないことを証明しておらず、古くから奈良に存した金鐘寺が天平十四年に金光明寺と改称されたとし、近江の金勝寺と金鐘寺の関連性を否定されたのである。

さらに、家永三郎氏は福山氏が重視された天平十八年の具注暦書入について疑問を抱かれた。即ち、持統朝において大会を行ったほどの大寺が何故天平八年において「山房」、同十一年において「金鐘山房」という一山堂を想起させる名称で呼ばれねばならなかったのかという問題提起をされたのである。そして、この点に関して氏は、『続日本紀』神亀五年十一月乙未条に「以二従四位下智努王一為二造山房司長官一。」とあり、また同庚申条に「擇二智行僧九人一。令レ住二山房一焉。」とある記事から、前月二歳にして薨去した聖武天皇の長子基皇太子の「御冥福を祈り給う叡意によって建立せられた一山堂であ」り、「これこそ天平八年の正倉院文書に見える「山房」すなわち後年の金鐘寺の創建を告げるものであったろう。」とされ、福山説を批判された(44)。

加うるに堀池春峰氏は、家永説を基に発展的に考察をすすめられ、金鐘寺が聖武天皇の「最愛の皇太子の逝去に当たり、山房として創立」され、「皇后宮職と密接な関係を保持し、平城京諸大寺に伍して活発なる活動を行っていた」ことを、天平十二年十月創始の華厳経講説と同十五年正月の最勝王経転読悔過により証せられた。さらに、良弁に関しては、「金鐘山房創立以来より入寺していたか否かについては確証は無いが、天平十二年創始の華厳経講説、十五年の最勝王経転読、あるいは後年東大寺初代別当に補任せられた点などより帰納して、彼が四十歳の時、即ち金鐘山房が智努王により造立をみた時の智行僧九人の中の一人であったと推定して誤りがなかろう。」とされ、金鐘寺が金光明寺となり東大寺として生成発展した背景に良弁の政治的手腕と宗教的実践力を想定された(45)。

かように金鐘寺が当初より奈良に存したものであり、また、良弁が金鐘山房創立当初より関わりを有していたとする説が有力となっている。一方、かかる研究動向を踏まえながらも、喜田氏が提起された近江の金勝寺と金粛菩薩及び良弁の関係について新見解を呈示されたのが横田健一氏である。氏は、『興福寺官務牒疏』の記載により、金粛菩薩の方が良弁より一時代前の文武、元正天皇時代であると伝承している所から、金粛菩薩と良弁との間に子弟関係を想定される。それと共に、金勝寺の金勝が「金光明王最勝王経」の略で、その第五巻の金勝陀羅尼との関係が深いこと、金粛もコンショク、キンショクのいずれかに読むのであろうから、金勝のコンショウ、キンショウと音通であることに注目される。さらに『日本霊異記』中巻第二十一話にある金鐘寺の名称が金鷲に基づくものであり、字は異なるものの金勝、すなわち、「金光明最勝王経」のそれを指すと考えられることに留意され、金粛菩薩が「大和の平城京東方の三笠山中腹の地に金鐘寺の前身となるような道場をつくったということは、近江の甲賀・栗太方面との距離からいって考え」得ることであり、その師の金鐘堂をうけつぎ、金光明寺、東大寺へと発展させる基礎をつくったのが良弁だと考えられた

(46)。しかし、かかる金勝寺と金粛菩薩の関係については夙に薮田嘉一郎氏が、「興福寺の願安が此地方の教界に勢力を扶植する手段として、その名に注目し、その当時奈良で成立しつつあった金熟行者や良弁の伝説を己の住む山寺に付会せんとし、金就菩薩と関係のあるらしい金粛菩薩の名を創造し、その古跡と吹聴したものである」とされる(47)如く、良弁＝金鷲菩薩の伝承に対抗して興福寺側が金粛菩薩の名をつくり出すことにより良弁との関係を強調しようとしたとする見解が認め得るとすれば、横田氏の説もまた成立し得ないこととなる。しかも良弁自身の生国についても相模国人で柒部氏(48)、相模国人で百済氏(49)、近江国粟津の人(50)、百済氏で近江志賀里人（或曰相州）(51)とする諸説があり、これは正史である『続日本紀』の宝亀四年閏十一月甲子条に「僧正良弁卒。遣レ使弔レ之。」とあるのみで詳しい伝記が記載されていないことに起因するものであると考えられる。歴史学界にあっても近江、相模のいずれをその生国とするかは決していない(52)。『興福寺官務牒疏』の記載より良弁と近江国との関係を云々することも論拠不足であるとせねばならないのである。従って前述した如き宣教大師開基とされるH蓮台寺が金勝寺の別院の一院であることをもって同じく義淵僧正の上足の一人であったと考えられる良弁との関係からこれを説明することもまた否とせねばならない。次にその点について考察を進めていきたい。

さて、蓮台寺は、下鈎村（現在の栗東市下鈎）に存在している。この村名の鈎は、小俣王の後裔「勾君」の封地であったことに由来すると伝えられており、後、上下に分かれた。この地は、東山道と東海道の間に位置し、条里地割の実施されたことが示す如く(53)、古代において要衝の地であったことは、栗太郡衙跡と考えられている岡遺跡が近接しているところから容易に想定できる。しからば、かかる地に宣教大師開基と伝えられる寺院が存在するのは何故であろうか。この点を解明する上できわめて注目すべきは、開基の年が天平十九丁亥年と伝えられていることであり、その契機が孝謙帝の叡願によるとされていることであろう。この天平十九丁亥年が大仏造営過程において重要な年であったことは、『東大寺要録』本願章第一の天平十九年丁亥九月廿九日条に「始奉レ鑄二大佛一。又大佛殿造事。始レ自二今年一焉。」とする記載に徴して明らかである。かかる時代背景を考えたとき金勝寺の存在する「金勝山から田上山《たなかみ》一帯は、東大寺建立や大仏鋳造にあたって、ぼうだいな建築用材や鉱物資源などの供給地」であったとする指摘(54)は、この蓮台寺の造寺が純然たる意味における仏教的事業ではなく、東大寺造営物資の運搬における中継基地的性格をも有していたのではないかと考える余地を与える。しかも、先述した如く、この寺を造営する契機が孝謙天皇の叡願であったと記されていることは、聖武天皇と孝謙天皇の錯誤はあるものの、国家との強い関わりをも想定させる。そしてその背後には、天平十七(七四五)年九月より近江守を兼務し、近江国に多大な影響を与えた藤原仲麻呂の存在があったであろうことは、『続日本紀』天平二十年二月壬戌条に「進二知識物一人等。外大初位下物部連挨子嶋。外従六位ト甲可臣眞東。外少初位上大友國麻呂。従七位上柒部伊波並授二外従五位下一。」とある如く、大仏の知識物を進めた四人のうち甲賀(可)臣真東、大友国麻呂が近江国の豪族であったことを考慮に入れたとき、首肯し得る所であると考える。

以上、考察してきた如く、宣教大師開基とされる蓮台寺が大仏造営物資運搬の中継基地としての機能を有しており、藤原仲麻呂と宣教の深い関係を認め得るとすれば、同様に近江国に存在し、大仏の「物資、材木、労働力の輸送中継地、また連絡所、ターミナル的な性格をもっていた」(55)良弁開基伝説を持つ石山院と直結することとなり、きわめて注目すべき点だとしなければならない。かかる石山寺と良弁の関係については福山敏男氏の詳細な考察(56)があり、天平寶字五～六(七六一～七六二)年の石山寺の造営に東大寺と良弁が深く関っていたことを証せられた。一方、その創立となると縁起は天平二十一年(天平感寶元年、天平勝寶元年)であるとし、その創立者は聖武天皇と良弁ということになっている。しかし、良弁が石山寺と深く関っていたことが確認できる天平寶字五～六(七六一～七六二)年から東大寺大仏造立の史実に結びつけて説かれた初見である『三宝絵詞』の成立した永観二(九八四)年までは二百二十余年の間隔があり、年代差が大きすぎるので、創立期の石山寺の成立は年時と創立者の点で縁起の示す通りかどうかは決定し難いとされる(57)。かように創立期の石山寺と良弁との関係は確定し得ないものの、藤原仲麻呂が石山の地を重視したということは十分に考え得ることだとしなければならない。しかも、先述した如き、藤原仲麻呂の交通の要衝の地である南山背地方の掌握、さらに、天平十九（七四七）年という点に関連して考えれば、別稿(58)でも述べた如く、大仏物資の集積地、木津地方に勢力を有する狛氏を中心とする高句麗系渡来人を大仏造営に組織化するに際し、高句麗系渡来人である背奈福信に背奈王姓を与えていることと同一政策上にあると考えるべきであろう。かかる推測は第四章(59)で考察した如く、百済王氏の交野移住の背景に河内国に居住する百済系渡来人の統率者的立場を有する百済王氏を居住せしめるのみならず、河内守に百済王敬福を任ずることにより、山陽道の門戸としての樟葉の地をも掌握し、大仏物資の円滑な運輸をはかろうとする藤原仲麻呂の政策の協力者としての宣教の姿を大きくクローズアップさせてくることとなる。即ち、百済寺の存在する地が奈良を起点とした古山陰、古山陽併用道(60)に設定された山本駅からの普賢寺越（尊延寺越）のコースの終着点にあたる(61)こと、しかもそのコースに存する尊延寺が宣教開基とされていることは注目すべき点である。さらに普賢寺も『興福寺官務牒疏』に

普賢寺補略録曰

天平十六年甲申年勅願。良辯僧正再造開基。號二息長山一。―以下略―

とあり、良弁と深い関係を有している。また、宣教大師再建とされるA山田寺が山城国山田郷にあったと考えられ(62)、現、京都府相楽郡精華町と木津町にまたがり、遺構出土地点の小字が精華町大字山田小字心蓮寺、及び木津町大字相楽小字城西に存在する樋ノ口遺跡に比定し得る可能性がたかい(63)。かかる地は木津川に注ぐ山田川によって開析された幅四〇〇mの谷の北東端に立地しており、平城宮から北へ約四・八㎞の地点に相当し、古山陰道と古山陽道併用の道が調査地の東方約三〇〇mに想定され、恭仁宮から西へ約七㎞の地点でもある(64)。しかも、足利健亮氏によって恭仁宮段階の山陽道として推測されている道がこの開析谷を通ったと考えられ、二つの道の交差点にほぼ相当することが明らかにされている。右の考察から諸寺共に交通の要衝としての地をしめていることは、きわめて注目すべき点だとしなけ

ればならない。即ち、百済寺及び尊延寺、山田寺も大仏物資運輸の中継地的役割を付与されていた可能性を有していたのではないかと考えられるからである。

以上、宣教に関する試論を展開してきたのであるが、尊延寺が天平三（七三一）年に開基、同十五（七四三）年正月の優婆塞貢進文に優婆塞八戸史族大国の師主僧となっていること、蓮台寺の開基が天平十九（七四七）年、百済寺の開基が天平勝寶二（七五〇）年頃と考えられること等を勘案すると、天平及び天平勝寶年間にその主活動時期を設定することができよう。しかも、天平勝寶三（七五一）年には宣教大徳(65)と称せられており、仏教界においてかなりの高僧として位置していたらしく、年齢的にも若くはなかったと考えられる。しかるに『興福寺官務牒疏』には、

> 靈山寺。　在㆓坂田郡丹生郷㆒。號㆓中靈山㆒
> 　僧房十八宇。政所一人。公文一人。下司一人。
> 　目代二人。下僧十六人。神主八人。
> 天武天皇白鳳九年庚午。役氏始來入㆓修法所㆒。元正天皇養老元丁巳年。越智泰澄大師開基。本尊毘盧遮那如來也。金肅菩薩藥師彫刻安置。神護景雲三年。宣教大師於㆓山下㆒。建㆓立七箇精舍㆒云。弘仁二年願安大師再興。鎮㆓二所丹生神㆒、在㆓南北山下兩所㆒。

とあり、神護景雲三（七六九）年に近江国の霊山寺の山下に七箇精舎を建立したとしており、天平勝寶五（七五三）年(66)以降史料上その活動を明確にし得ず空白となっている。この空白期間については音代節雄氏(67)の推論する如く、百済寺の建立に専念していたと解することも可能ではあろう。しかし、今一つの解釈としては百済寺の開基となることにより百済王氏と深い関わりを有することとなった宣教が天平勝寶六（七五四）年の百済王明信の藤原継縄との婚姻を契機とした百済王氏と藤原仲麻呂の確執にまき込まれることとなり、仲麻呂との関係に変化が生じたと考えることも可能である(68)。前述した如く、天平勝寶五（七五三）年以降史料上その名を確認できないことはその反映であるとする

こともできよう。その後、天平寶字八（七六四）年の仲麻呂の敗死により、宗教的活動を再開したとも解し得る。しかし、『興福寺官務牒疏』霊山寺の史料には「神護景雲三年。宣教大師於二山下一。建二立七箇精舎一云。」とあり、「云」という語が言い伝え的なニュアンスを含み、かつ、他の寺の建立に関するものには見られない表現から、果たして宣教の活動として承認できるかは疑問であり(69)、従ってその生存の下限とすることもまた排除せねばならないであろう。

結語

以上の論述よりして、百済寺の開基が宣教とされていることについては、その歴史的背景よりして十分考え得ることであり、百済寺自体も岡本敏行氏(70)が明らかにされている如く、氏寺ではあるが官寺的性格を有していたと推定されていることについても首肯できる見解だとしなければならない。かかる官寺的取扱いは百済王氏の歴史上における氏族的地位の評価によるものであったと考えることもできようが、その背後には他氏族の思惑がうずまき、複雑な様相を呈していたとすべきであろう。しかし、宣教の宗教的活動及びその意義については、その一端を示し得たに過ぎず、しかもその結論はあくまで『興福寺官務牒疏』の記載を基礎としたものであり、史料上事実とみるところに立脚している。いわば試論の域を出ないことをお断りしておく。

注

（1）『大日本仏教全書』84巻　寺誌部二所収。　鈴木学術財団　一九七二年

（2）嘉吉年間（一四四一～一四四三年）の成立とされている。
（3）『大阪府史蹟名勝天然記念物調査報告書』第四輯、百済寺阯の調査。　大阪府。　一九三四年三月
『河内百済寺跡発掘調査概報』大阪府教育委員会。　一九六五年八月
（4）音代節雄「百済寺の研究」旧版『枚方市史』所収。　一九五一年
今井啓一「摂津百済郡考」『百済王敬福』所収。　綜芸舎。　一九六五年
（5）音代湘園（節雄）「百済王氏研究序説」『大阪史談会報』所収。　一九三三年二月
「百済王氏研究序説（二）」『大阪史談会報』所収。　一九三三年八月
「百済王氏研究序説（三）」『大阪史談会報』所収。　一九三四年六月
「河内百済寺の学統」『上方』所収。　一九三八年二月
なお、注（4）旧版『枚方市史』所収「百済寺の研究」は上記論文の増補改訂稿である。音代氏は百済寺の開基が宣教とされた背景を宣教の弟子賢璟の来歴を勘案し、その「識見より推して其師宣教の為人が自ずと知られる。故に宣教は当時の碩学の中から選ばれて河内百済寺創建の大業を百済王氏から託され遂に之を完成して其開山となった」と推測されているが、何故、百済王氏が依頼したのが宣教でなければならなかったのかという問題に関しては何らの言及をも行っておられない。
また、直接考察の主題とはしておられないが、藤沢一夫氏は本文で述べた『興福寺官務牒疏』の史料を掲げられ、「宣教大師は義淵僧正の七人の高足の中に、行基菩薩、玄昉僧正などと肩を並べている。大師は没年を明らかにしないが、奈良時代（天平）に活躍していたことは諸文献に照らして明らかである」と述べられるに留まる。さらに萩原俊彦氏も「先祖の菩提をとむらうため百済寺を建立したものであるが、このときに迎えられた僧は岡寺の義淵僧正の弟子で興福寺に属し、法相宗を学んでいた宣教大師であった。宣教はこの当時多くの碩学のなかからえらばれて河内百済寺建立の大事業を百済王氏から依頼された。」とされ、「宣教は百済寺建立以来、奈良にも赴かずもっぱらこの地で修行門弟の教育や、寺院開基のために力をつくした。その彼を開基とする寺は枚方市東郊の尊延寺や開元寺、近江国蓮台寺などをあげることができる。こうして交野が原における仏教の布教に力をつくした宣教は中央の同僚玄昉、行基、良弁などにくらべてあまりその名は知られていない」としておられるが、いずれも開基とされる歴史的背景についての深い考察はされていない。

藤沢一夫「百済寺の歴史」注（3）『河内百済寺跡発掘調査概報』所収。

萩原俊彦「王仁と百済王氏」『日本のなかの朝鮮文化』第十号所収。日本のなかの朝鮮文化社。一九七一年

（6）凝然の著。応長元（一三一一）年に成立した。『大日本仏教全書』62巻、史伝部一所収。鈴木学術財団 一九七二年

（7）虎関師錬の著。元亨二（一三二二）に成立した。国史大系『元亨釈書』吉川弘文館。一九七一年

（8）『大日本仏教全書』84巻、寺誌部二所収。鈴木学術財団。一九七二年

（9）音代節雄氏は、和州百済寺を遷したものとあることについて、『日本書紀』舒明天皇十一年秋七月条に「詔曰、今年、造二作大宮及大寺一。則以二百濟川側一爲二宮處一。是以、西民造レ宮、東民作レ寺。便以二書直縣一爲二大匠一。」とある百済大寺（後の大安寺）に関連づけて論を展開しておられる。しかし、かかる百済大寺と百済王氏との関係は全く見出すことができず、百済王氏と密接な関係を有した難波の百済寺は、その存在した百済郡が中世には「欠郡」と称せられている如く、『興福寺官務牒疏』の成立した室町時代にはその存在すら認識されていなかった可能性が高い。おそらくは百済寺といえば百済大寺が想起された結果の記述であり、音代氏の論及は的を射ていないものと考える。

音代湘園（節雄）注（5）「百済王氏研究序説（三）」。

（10）『日本歴史地名大系』27京都市の地名。平凡社。一九七九年

（11）『日本古代氏族人名辞典』宣教の項。吉川弘文館。一九九〇年
瀧浪貞子『平安遷都』集英社版日本の歴史5 一九九一年

（12）交野町略史復刻編『交野市史』第六章奈良時代、第二節奈良時代後期（天平時代）。交野市。一九八一年

（13）「交野の氏名は、河内国交野郡（大阪府北河内郡の一部）の地名にもとづく。交野忌寸氏の一族の人名は、他の史料にみえない。」
佐伯有清『新撰姓氏録の研究』考證篇第五 456頁 吉川弘文館。一九八三年

（14）関　晃『帰化人』至文堂日本歴史新書。83頁 至文堂。一九六六年。後に関晃著作集第三巻『古代の帰化人』に収録。吉川弘文館。一九九六年

（15）上田正昭『帰化人』中公新書70 中央公論社。一九六五年
関　晃　注（14）著書。

(16) 黛　弘道「推古女帝と蘇我氏」『古代史を彩る女人像』所収。　講談社学術文庫。　講談社。一九八五年

(17) 交野町略史復刻編『交野市史』第五章古墳時代、第四節古墳から見た交野地方の二系統文化。交野市。　一九八一年

(18)『枚方市史』第三編古代の枚方地方、第三章貴族政治の成立展開と枚方地方、第五節平安時代の社寺。枚方市。　一九七二年

今井啓一　『帰化人』第七集（別冊）「分布・繁衍」篇―畿内及び江・濃における―　綜芸舎。一九七四年

今井氏は「交野忌寸の氏人は史に見えず判然しないけれども、いま枚方市、旧牧野村大字坂に式内旧郷社片野神社（鍬靫）があり、古来、牧郷の一ノ宮と称している。交野忌寸もこの辺に居住し、この社も交野忌寸がその祖神を祀ったのかも知れぬ。」とされている。

今井啓一　同書、二、各説、第二節、二、旧交野郡　87頁

(19)『大日本古文書』巻八　164～165頁。

なお、福山敏男氏は天平十四年十一月十七日附の城下郡司解（『大日本古文書』巻二　318、319頁）に

合貳人

鏡作首縄麻呂、年十三、黒田郷戸主正八位下大市首益山戸口

他田臣挨前人、年十六、同郷戸主鏡作連浄麻呂戸口

右、被國今月十五日午時符云、爲國分寺僧尼應定、宜知此意、簡取部内清

信廉行堪爲僧尼之人貢擧者、謹依符旨、簡誠部内之人、且貢進、謹解、

天平十四年十一月十七日

大領外正八位下大養徳連友足

權少領少初位上室原造具足

とあるのは、同月十五日午時大養徳（大和）国司から下した符に「国分寺」の僧尼たるに堪ゆる部内の清信廉行の者を簡びとって貢進すべきことを命じたことに伴い二人の少年を貢上した文書であるが、この宣教が師主となった優婆塞貢進も大和国分寺へ貢上され、後得度され僧となるべき者であったことが知れるとされる。かかる指摘は、宣教と良弁（両者共に義淵の弟子）の関係を想定したとき、すこぶる興味深いものであると考える。

福山敏男「東大寺創立に関する問題」『東大寺法華堂の研究』所収。　大八洲出版。　一九四八年。後、吉川弘文館より復刻。

一九八四年

(20)『続日本紀』聖武天皇神亀二年十月辛未条に「詔近レ宮三郡司授レ位賜レ祿各有レ差。國人少初位下掃守連族廣山等除二族字一。」とあり、岩波書店、新日本古典文学大系『続日本紀』二の脚注は「氏姓の下に「族」の字のつくいわゆる族氏がその氏姓をもつ氏人よりも身分の低い証拠とされる」とする。さらに佐伯有清氏は「八戸史族大国(天平十五年正月、「優婆塞貢進文」八―一六四)は八戸史氏の同族と称していたであろう。」とされている。佐伯有清　注(13)著書。

(21)佐伯有清氏は「三宅の氏名は、後の河内国高安郡三宅郷(大阪府八尾市恩智辺り)の地にあった屯倉(三宅)の管理者であったことにもとづき、同郷を本拠とする。」とされるが、交野郡の三宅郷と何らかの関係を有したと考えることも可能ではなかろうか。佐伯有清　注(13)著書。426頁。

(22)今井啓一　注(18)著書。二、各節第二節河内国六、旧高安郡　110頁。

(23)本書第四章「百済王氏の交野移住」

(24)「山田の氏名は、河内国交野郡山田郷(大阪府枚方市山田・牧野一帯)の地名にもとづく」とされる。佐伯有清　注(13)著書。422頁。

(25)森　郁夫「奈良時代の政権と寺院造営」『日本の古代瓦』所収。考古学選書34　雄山閣出版。一九九一年

(26)森氏の説かれる同系瓦とは「複数の遺跡から出土する軒瓦が、全く同じ型から作られたもの(同笵品)を含め、瓦当文様の系譜を同じくすると判断できるいくつかの条件を備える軒瓦」をいう。森　郁夫　注(25)論文。一六七頁。

(27)「平川廃寺発掘調査概報」『城陽市埋蔵文化財調査報告書』第一、第二、第三集。一九七三年、一九七四年、一九七五年。

(28)「正道遺跡発掘調査概報」『城陽市埋蔵文化財調査報告書』第一集。一九七三年。
なお、現在では久世郡衙跡であるとする見解が強い。

(29)遺構は金堂跡と塔跡であり、金堂を東に塔を西においた配置である。塔跡の西方、国道24号線沿いに認められたわずかな地形の高まりはトレンチ調査により古墳の痕跡であることが明らかとなり赤塚古墳と名づけられた。周濠底に近く平川廃寺の瓦層が認められるので古墳が削平され周濠が埋積されたのは平川廃寺廃絶後であり「平川廃寺存続時には、赤塚古墳は本来の姿をとどめていたと考えられ、また南方約一五〇mには恵美塚古墳が、西方約二三〇mには古墳の痕跡が、さらに北方約一五〇mには平川古墳群の主座、車塚古墳が位置して」いる。従って「平川廃寺は、平川古墳群のただ中に造営されている」のであり、「平川廃寺の建立氏族は、平川古墳群被葬者

をその祖先と意識し、平川廃寺はその菩提寺的性格を有していたものとも考えられ」る。注(27)第二集。39頁。
(30)森　郁夫　注(25)論文。172頁。173頁。
(31)昭和七年の調査における出土瓦を考察の対象としておられる。
(32)森　郁夫　注(25)論文。174頁。179頁。
(33)武者小路穣『天平芸術の工房』歴史新書32。教育社。一九八一年
(34)森　郁夫　注(25)論文。179頁。
(35)岸　俊男『藤原仲麻呂』人物叢書153。吉川弘文館。一九六九年
(36)天平十七年三月丹波国船井郡々里戸主私部智国の戸口継人を優婆塞として貢進した貢進文に「従四位下左衞士府督兼山背守侍従」の自署がある。
(37)『大日本古文書』廿四巻　510頁。
『寧樂遺文』中巻　518頁。『大日本古文書』廿五巻　82頁。
(38)『大日本古文書』十巻　629頁。
(39)『大日本古文書』三巻　511頁。　同月付の疏本目録が『大日本古文書』十二巻8頁にある。
(40)『大日本古文書』四巻　93頁。『大日本古文書』十二巻388頁にも同内容の記載がある。
(41)『元亨釈書』巻第十二忍行五に「釋賢璟。世姓荒田氏。尾州人也。妙年出家。受二唯識于興福寺宣教一。―以下略―」とあり、また『招提千歳傳記』巻中之一、賢璟僧都傳にも「僧都諱賢憬。尾州人。姓荒田氏。幻而出塵。習唯識於興福寺宣教法師一。―以下略―」とある。
(42)喜田貞吉「東大寺と大和の国分寺」『喜田貞吉著作集』6奈良時代の寺院所収。平凡社。一九八〇年
(43)福山敏男　注(19)論文。49頁。
「東大寺法華堂の建立に関する問題」『東大寺法華堂の研究』所収。大八洲出版。一九四八年。後、吉川弘文館より復刻。一九八四年
(44)家永三郎「国分寺の創建について」『上代仏教思想史研究』新訂版所収。96頁。法藏館。一九六六年
(45)堀池春峰「金鐘寺私考」『南都仏教史の研究』上所収。25頁～26頁。50頁。法藏館。一九八〇年

(46)横田健一「金鐘寺と金粛菩薩」『橿原考古学研究書論集』巻三所収。643～644頁。吉川弘文館。一九七五年
(47)藪田嘉一郎「三月堂創立に關する諸問題に就て」『東大寺法華堂の研究』所収。大八洲出版。一九四八年。後、吉川弘文館より復刻。一九八四年
(48)『東大寺要録』巻一本願章一、『東大寺別当次第』。
(49)「七大寺年表」『續羣書類從』第二十七輯上所収。486頁。續羣書類從完成會。一九二五年
(50)「七大寺巡礼私記」『校刊美術史料』寺院篇上巻所収。中央公論美術出版。一九七二年
(51)『元亨釈書』。
(52)横田健一、今井啓一、平岡定海氏等は近江国誕生説をとられ、筒井英俊、岸俊男氏等は相模国誕生説をとっておられる。
横田健一　注(46)。
今井啓一「東大寺大仏造立と帰化人」『百済王敬福』所収。綜芸舎。一九六五年
平岡定海『東大寺』教育社歴史新書〈日本史〉6。教育社。一九七七年
筒井英俊「良辨僧正と漆部氏」『南都仏教』創刊号所収。南都仏教研究会。一九五四年
岸　俊男「良弁伝の一齣」『南都仏教』四三、四四号合併号所収。南都仏教研究会。一九八〇年
(53)『栗東の歴史』第一巻第二章古代の展開第三節条里と古道。栗東町役場。一九八八年
(54)『栗東の歴史』第一巻第三章古代の文化第一節寺院の興隆、金勝山寺の確立の項。240頁。栗東町役場。一九八八年
(55)杉山二郎『大仏建立』208頁。学生社。一九六八年
(56)福山敏男「奈良時代に於ける石山寺の造営」『日本建築史の研究』所収。桑名文星堂。一九四三年
(57)福山敏男「石山寺の創立」福山敏男著作集2『寺院建築の研究』中所収。中央公論美術出版。一九八二年
なお、福山氏は、石山寺創立縁起を第一類（縁起類中の古形→宇佐神宮の所伝等で金峰山も良弁も出てこず、陸奥国よりの産金は八幡大神の神験によるものとする）、第二類（新古中間の過渡期の形→『東大寺要録』巻一本願章第一所引の伊勢大神宮禰宜延平日記で金峰山や良弁の名は出ないが、石山寺創立のことは出ている。なお、延平は『皇太神宮禰宜譜図帳』によると承保二（一〇七五）年～康和元（一〇九九）年の間、内宮禰宜として在任、長治元（一一〇四）年二月に没しており、延平日記は『扶桑略記』と相前後して十一

世紀末ごろに書かれたものと考えられる）、第三類（一般によく知られている石山寺の縁起物語の完成した形で、十世紀の『三宝絵詞』には良弁の名はあらわれず、十一世紀末の『扶桑略記』の文に初めて出てくるが、『今昔物語』や『七大寺巡礼私記』などでは物語の細部に一層潤色が加えられてくる。）に分類されている。

かかる分類は妥当なものと考え得るが、ただ私は

㈠福山氏が第二類に分類された伊勢大神宮禰宜延平日記が『扶桑略記』と前後して十一世紀末ごろに書かれたものであること

㈡記載内容の信憑性が問題となるが、天平十九（七四七）年に下野国から黄金が出土したという他の縁起にない内容を含むこと

㈢『続日本紀』天平勝寶元年四月戊戌条に「伊勢大神宮祢宜従七位下神主首名外従五位下」とあり、『東大寺要録』の外従八位上と従七位下の位階の錯誤はあるものの、史実性を認め得る可能性のあること

㈣藤原仲麻呂と深い関係を有した律令官人佐伯宿禰今毛人が天平十七（七四五）年二月伊勢守に任ぜられ、天平十九（七四七）年の段階では同守であったことが確認できること

㈤佐伯宿禰今毛人を介して百済王敬福の黄金発見を知り得る立場にあったこと

㈥横田健一氏が黄金の出現したのが下野国ではなく陸奥国であるところから、多少の疑念はあるものの古代においては誤聞訛伝ということも十分考えられるとされていること（注（46））

等を勘案すると、古伝が含まれているのではないかと考えている。

(58) 拙稿「背奈氏に対する賜姓の一考察」『国史学研究』18号所収。一九九二年

(59) 注（23）。

(60) 足利健亮『日本古代地理研究』第二章山背の計画古道第三節山背の交通路網。大名堂。一九八五年

(61) 和田　萃「河内の古道」『探訪古代の道』第三巻河内みち行基みち所収。法藏館。一九八八年

(62) 『角川日本地名大辞典』26　京都府上巻。角川書店。一九八二年

(63) 足利健亮「樋ノ口遺跡を山田寺跡にあてる考証」『京都府埋蔵文化財情報』第四十二号所収。一九九一年氏によると、樋ノ口遺跡の比定に際して最も有用な資料は小字名であり、心蓮寺が地元でシンデンジと読まれており、この読みを傍証するものが北隣の小字医王寺にある新殿神社であり、寺社名の転訛即ち、サンデンジ、またはセンデンジが心蓮寺《しんでんじ》、新殿《しんでん》神社に転じた

のではないかと考えられ、この遺跡が山田寺《せんでんじ》であった可能性が大きいとされる。さらには、この遺跡の西三kmの大字拓榴在紫雲山極楽寺（浄土宗）に蔵せられる「山田伊王寺」銘梵鐘からして医王寺＝山田伊王寺であったと考える他なく、『興福寺官務牒疏』によると承元三（一二〇九）年に山田寺が炎上し、正応二（一二八九）年に再建されており、この再建にあたって伽藍が旧寺地の背後の丘上に営まれ、本尊が薬師如来に代わったことによって寺号も山田伊（医）王寺と称される様になったとされる。そしてその後、寺が急速に衰微し、天文十六（一五四七）年に至って山田庄天王宮本殿、後の新殿神社が造立されることとなったと考えておられる。さらに氏は樋ノ口遺跡が八世紀後半から始まると考えられる所から『興福寺官務牒疏』がその再建者とする宣教大師に注目され、その活動時期が天平三―六年頃であったらしいところから、山田寺の中興も天平期と想定することには問題がないとされる。

(64) 伊野近富「樋ノ口遺跡の調査」『京都府埋蔵文化財情報』第四十二号所収。一九九一年

伊野氏は『続日本紀』天平寶字七（七六三）年十月条に孝謙上皇が山背国に行幸した記事に注目される。この際、山背国介と稲蜂間連中村女が位を上げられており、稲蜂間氏の居宅が精華町畑ノ前遺跡と言われており、樋ノ口遺跡と一・五kmしか離れておらず、今はその内容は省略するが、遺跡の出土品、遺構よりして孝謙上皇を迎えるのに必要な諸施設が整っていた離宮を考えるのがもっとも可能性が高いとされる。なお、足利氏の当遺跡を山田寺跡とする見解に対しては『興福寺官務牒疏』によると承元三（一二〇九）年に焼亡したとされており、仮に寺とすると今回の調査が伽藍中心地の西部であり、十世紀初めで断絶しており焼亡の痕跡もなかったところから記事とは合致せず、当該地を山田寺跡とすることは出来ないとされる。しかし、足利氏の論証のすべてを否定されているわけではなく、山田という一―二kmの範囲に寺があった可能性は極めて高く、調査地の近辺にあったかもしれないとされている。

(65) 注（39）。

(66) 注（40）。

(67) 注（4）。

(68) 本書第五章「藤原仲麻呂政権下の百済王氏」

(69) なお、『興福寺官務牒疏』の神照寺の項には

宇多天皇寛平六甲寅年。本覺大師開基大日如来。千手観音。宣教大師彫刻也。

とあるが、事実関係は疑問としなければならない。

(70) 岡本敏行「渡来氏族と仏教—百済王氏と其の氏寺—」『龍谷史壇』第七十九号所収。一九八一年

終　論

本書は、百済王氏の渡来から桓武天皇に到るまでの歴史上における動向を考察したものである。最後にあたって、各論考の纏めをしておきたい。

第一章「百済王氏の成立」では、百済王賜姓を持統朝の政治動向と関連させて論じた。天武天皇朱鳥元年九月の天武天皇の殯宮で百済王良虞が誄しているのは、旧百済国の王族としての地位を温存、保護されながらも反面、それ故に隷属する立場にある者と見做されていたことを示している。百済王氏が位階を与えられ律令体制に組み込まれるのは、持統天皇五年正月七日である。そこには正廣肆百済王余禪廣、直大肆遠寶と見える。禪廣に与えられた正廣肆は、右大臣正廣參丹比嶋真人に次ぐ位階であったことは注目に値する。さらに留意すべきは、百済王余禪廣と記載されていることであり、それ以前において百済王に統一されていることと相違する。かかる事実は、この時点あるいはこの時点を遠く遡らない時点で、百済王を賜姓された可能性が高い。この賜姓の背後には、天武朝に着手されながらもその死によって途絶した藤原造都が想定される。即ち、この時期新羅との正式外交が中断しており、その対抗意識の上からも、また日本の国威を誇示する上でも、造都を決意した持統天皇が新羅により滅ぼされた百済の王族に百済王を賜姓し、その影響下にある技術集団の百済系渡来人を掌握利用しようとしたものであったと考える。それは併せて、新羅に対する宿怨の念の強い官人の統率を計るためになされた政策の一環でもあった。

第二章「聖武天皇難波行幸と百済王氏」は、天平十二年二月及び天平十六年二月の聖武天皇の難波行幸とその際における百済王氏の風俗楽、百済楽の奉仕を大仏造営事業と関連づけて考察したものである。天平十二年の難波行幸における風俗楽奉仕は、難波への途上に河内国大縣郡の智識寺の盧舍那仏を見て大仏造営を思い立った際のものである。それは将来の大仏造営に際して必要となるであろう技術を有する、百済系渡来人の統率者である百済王氏を奉仕させることで、その掌握を強固なものにしようとする意図のもとになされたものであった。一方天平十六年二月の際のものは、直木孝次郎氏が説かれる如く、聖武天皇を中心として光明皇后、藤原仲麻呂勢力と元正太上天皇、橘諸兄勢力が対立していた状況の中で行われたものであった。元正太上天皇、橘諸兄は紫香楽にあった聖武天皇を誘い難波遷都を画したが、光明皇后、藤原仲麻呂はそれを利用し、紫香楽の地において大仏造営が進行している現状に鑑み、難波周辺に居住する百済系渡来人の組織化を計った。その統率者たる百済王氏に百済楽を奉仕させることは計画を円滑に進める上で必要なことであり、それはまた百済王氏の再掌握をも意味した。以上の計画を成したのは藤原仲麻呂と考えられ、百済王氏との関係は大仏造営過程の中においてより密接なものとなっていった。

第三章「大仏造営と百済王氏」では、主として大仏造営過程における百済王敬福の黄金貢献の歴史的背景を百済系渡来人、藤原仲麻呂、石川年足との関係の中で私見を述べた。光明皇后が大仏造営に果たした役割には、大きなものがあった。光明皇后は、その幼名安宿媛が示す如く、安宿郡を含む河内国南部の地と深いつながりを有していたことは確かであろう。その地は、西文氏や、船氏とその同族が居住しており、新旧の相違はあるも百済からの渡来という共通基盤のもと密接な関係にあった。加うるに石川郡には蘇我系の石川朝臣氏が居住しており、西文氏、船氏に影響力を有していた。こうした状況を知っていた光明皇后の助言により、有能な官吏であった石川年足が大仏造営の初期の段階で、その計画に組み込まれたものと考えられる。そして更に、強固に百済系渡来人を掌握するために百済王氏が利用されたのである。その結果、光明皇后のもとで頭角をあらわし、大仏造営推進者でもあった藤原仲麻呂との関係が成立したのである。かような関わりの中で、その後の百済王氏一族及び石川年足の任官、および百済王敬福の黄金貢献などの歴史的位置づけが行われるべきだと考える。大仏造営過程における百済王氏と藤原仲麻呂の関係の成立は、その後の百済王氏の方向性を決する上でも大きな転機となるものであった。

第四章「百済王氏の交野移住」では、百済王氏の交野移住の歴史的背景について考察した。百済王氏が当初は難波に居を構えていたことは、『日本書紀』天智天皇三年三月条により明らかである。しかるに、天平勝寶二年頃、一族は河内国交野郡中宮の地に移住している。この地は『百済王三松氏系図』の記載によると王辰爾の旧館の存在した所であるとされてきた。しかし、その系図そのものの内容に疑問点が多いうえに、中宮の地には山田史氏が居し、その氏寺が存在していたと考えられる。山田史氏は『万葉集』の記載よりして橘諸兄、大伴家持との関係が想定できる。加うるに、山田史比売嶋が孝謙天皇の乳母であったことから山田御井宿祢を賜姓されたにもかかわらず、橘奈良麻呂の乱に関連したため旧姓に復されている。かかる山田史氏の居住地に、百済王氏を移住させた推進者は藤原仲麻呂をおいて他にない。その目的を究明するために山田史氏居住地周辺の氏族、淀川をはさんだ対岸の三島居住氏族について考察し検討を進めた。その結果、それは藤原仲麻呂の淀川水系掌握のプロセスであり、同年百済王敬福を河内守に任ずることにより同国に居住する百済系渡来人の掌握を計り、大仏造営事業への積極的活用を目的としたものであったことが明らかとなった。百済王氏交野移住は、きわめて政治性色彩を帯びたものであったのである。

第五章「藤原仲麻呂政権下の百済王氏」においては、大仏造営過程で成立した百済王氏と藤原仲麻呂の関係がどのような影響を百済王氏に与えたのかについて、藤原仲麻呂の専制政権の成立から終焉に至る流れの中で論じた。藤原仲麻呂の専制政権の成立時において特筆すべきは、実質的権力機能を有していた紫微中台の少弼に百済王孝忠が任ぜられていることである。さらに百済王敬福も宮内卿、常陸守、検習西街道兵使、左大弁を歴任しているから、仲麻呂との関係は良好であったことがわかる。しかるに、天平勝寶六年頃、仲麻呂の兄、藤原豊成の息、継縄と百済王明信の婚姻の成立は兄、豊成を排除せんとしていた仲麻呂との間に確執を生む原因となった。加うるに、橘奈良麻呂の乱に際し第三子乙継が普段から奈良麻呂と仲がよかったことを理由に豊成は右大臣を罷免され、大宰員外帥に左降されたことは、その確執をより深めることとなった。この乱において百済王敬福が刑部卿として容疑者を取り調べているが、これは敬福がいかなる行動を示すのかを見極めようとする仲麻呂の無言の訊問であった。しかし、かかる状況にありながらも百済王氏を政界から排したわけではなく地方官に任じている。それは百済王氏が百済系渡来人に対して有する求心力が侮り難いものであったことを示しており、正面きっての対立を回避した結果であった。

第六章「称徳・道鏡政権下の百済王氏」は、称徳・道鏡政権下での百済王氏の動向を藤原継縄を中心とする藤原南家との関わりの中で論じた。藤原仲麻呂の乱における仲麻呂の敗死は、称徳・道鏡政権の成立のみならず、百済王氏にとっても仲麻呂との確執の終焉を意味した。しかし、仲麻呂の乱鎮圧に藤原南家で直接関与したと考えられるのは縄麻呂一人を数えるに過ぎず、参議に任ぜられてはいるものの他の藤原諸流の活躍に比した時、その非活動性が指摘できる。一方、百済王氏についてみると、百済王敬福が外衛大将として淳仁廃帝の際の軍事行動に参加している。これは藤原豊成の右大臣復任と密接に関連したものであった。しかも、天平神護元年の称徳天皇の紀伊行幸に際し、縄麻呂が御前騎兵将軍、百済王敬福が御後騎兵将軍に任ぜられ、さらに弓削寺の前で敬福が本国儛を奏している。かかる背景としては、称徳天皇がその政権の安定をはかる上で、豊成を中心とする藤原南家及び百済王氏の力を最大限に利用する方針をとったことが考えられる。しかし、天平神護元年十一月に藤原豊成が、同二年六月には百済王敬福が薨じたことは、等しく勢力退潮にむかうことになる。かかる状況にありながらも、百済王氏が百済系渡来人に対する統率力を有するが故に西大寺建立等に最大限利用されたのである。

第七章「光仁朝の百済王氏」では、光仁朝における百済王氏の動向を藤原南家との関わりの中で考察した。光仁朝における百済王氏の動向は、史料上明確な形では捉えられない。そのことに起因してか、研究の対象とはされていないのが現状である。光仁天皇は寶亀元年十一月左大臣橘諸兄に縁のある御鹿原、また同二年二月には百済王氏が居す交野に行幸しているが、ともに聖武天皇との関わりを有する交通の要衝でもあった。従って、行幸の目的は井上皇后を介して聖武皇統の継承者であることを、衆庶に知らしめることにあったと考えられる。光仁天皇の即位は、井上皇后との間に誕生していた他戸親王を皇太子とすることにより実現したものであった。しかし、藤原式家の良継、百川は山部親王に将来を託し、廃后、廃太子を強行した。この過程において、三関のうちの一つ伊勢国の守に百済王理伯が就任していることは注目されてよい。関を固めることは内乱を未然に防止する意味からも必要不可欠のものであったが、その背後には藤原南家の縄麻呂、継縄の存在があったであろうことは想像に難くない。かように考えるならば、山部親王立太子の過程において百済王氏もその一端を担っていたのではないかと考えられる。かかる想定が可能であれば、光仁朝に顕現化する蝦夷征討に百済王氏が任用されていることも首肯できる。それは、古くから百済王氏が東北地方と深い関わりを有していたことが考慮されたものとも言えよう。

第八章「桓武朝の百済王氏」においては、百済王氏の動向を桓武天皇との関わりはもちろん、藤原継縄との関係をも踏まえて、多方面に亘り私見を述べた。桓武朝は渡来系の和朝臣家麻呂が中納言、菅野朝臣真道、坂上大宿禰田村麻呂が参議に任ぜられた。しかるに、百済王氏は桓武天皇より「百濟王等者朕之外戚也」と優遇されたにもかかわらず、参議に任ぜられることはなかった。それは、延暦期全般を通じて藤原四家の中で南家が根強い力を保持しており、そこに継縄の強い影響下にある百済王氏が台閣の一員となれば権力構成のバランスが崩れる可能性があるために回避されたと考えられる。それは百済王氏に制約が加えられることを意味した。それに関わる対策としてなされたのが、百済王明信の尚侍就任である。奈良時代において渡来系氏族出身者が尚侍に任命されたことはなく、それを補うために右の外戚也とする詔を下し、さらに同日、藤原継縄を右大臣に任じたと考える。ここに百済王氏が後宮に入る契機がつくられ、桓武天皇との関係をより深めることとなった。桓武天皇との強い関係は天皇の頻繁な交野行幸、遊猟からも窺えるが、その際には百済寺参詣もその行程に含まれていたものと思われる。その目的は造都、征夷の報告、事業の進捗祈願、親王の元服報告等、現世利益的なものであった。しかし、延暦十五年七月、藤原継縄が世を去ったことは百済王氏に大きな影響を与えずにはおかなかった。その後は百済王明信及び継縄と明信との間の子、藤原乙叡の存在が百済王氏の命運を左右することとなるのである。

付論「百済寺の創建と宣教」では、百済寺の開基とされる宣教について論じた。『興福寺官務牒疏』によると宣教開基と伝えられる寺院は百済寺と指呼の距離にある河内国交野郡に多く存在している。かかる事実により、宣教は『新撰姓氏録』河内国諸蕃にみえる交野忌寸の出身である可能性が高い。『正倉院文書』によると、宣教は河内国高安郡の優婆塞八戸史族大国の師主僧であったことが確認できる。両者を結びつけたのが同郡に住する三宅史であった可能性が高く、交野三宅郷との関係も推測できる。三宅史氏は『新撰姓氏録』には山田宿禰同祖とあり、山田宿禰氏は百済王氏交野移住前にその地に居し、百済寺に先行する寺院を成立させていた。山田宿禰氏は橘諸兄との関係が深く、諸兄の淀川水系掌握の一端を担った氏族と考えられている。その後、台頭の著しい藤原仲麻呂は諸兄より淀川水系を奪取し、大仏造営事業推進強化の目的をもって百済王氏を山田宿禰氏の居住地に移住させ、河内百済寺が創建された。この背景には先にも見たように宣教、三宅史、山田宿禰の関係があり、ここに河内百済寺の開基として宣教が登場する必然性が存在した。

あとがき

本書は、以下に記す諸論考を収録したものである。各論はそれぞれ独立したものであるが、近接した時代を論じたものも多く、若干、重複する部分もある。本書を編むに際し、書き改めることも考えたが発表当時のままにした。なお、発表当時から年数を経過しているものもあり、必要最低限の補訂を加え、引用文における旧字を当用漢字に変更したところもある。しかし、全体を通じる論旨にはいささかの変更もない。諸論考の初出一覧は次の通りである。

緒言　新稿

第一章「百済王氏の成立」(「百済王賜姓に関する一考察」を改題。『国史学研究』第十三号、一九八七年)

第二章「聖武天皇難波行幸と百済王氏」(「聖武天皇の難波行幸に関する一試論」-百済王氏との関連性を中心に-を改題。『国史学研究』第十一号、一九八五年)

第三章「大仏造営と百済王氏」(「大仏造営過程における百済系渡来人」-百済王氏を中心に-を改題。『国史学研究』第十五号、一九八九年)

第四章「百済王氏の交野移住」(「百済王氏交野移住に関する一考察」を改題『龍谷史壇』第九十六号、一九九〇年)

第五章「藤原仲麻呂政権下の百済王氏」(「藤原仲麻呂政権下における百済王氏」を改顕。日野昭博士還暦記念論文集『歴史と伝承』所収。一九八八年)

第六章「称徳・道鏡政権下の百済王氏」(「称徳・道鏡政権下における百済王氏」を改題。『龍谷史壇』第九十九・一〇〇合刊号、一九九二年)

第七章「光仁朝の百済王氏」(「光仁朝における百済王氏」を改題。『龍谷史壇』第一一三号、一九九九年)

第八章「桓武朝の百済王氏」（「桓武朝における百済王氏」を改題。『龍谷史壇』第一一九・一二〇合刊号、二〇〇三年）
付論「百済寺の創建と宣教」（「宣教についての一試論」-百済寺の開基としての歴史的背景-を改題。『日本古代の社会と宗教』所収。一九九六年）
終論　新稿

「百済王氏の研究をしてみないか」と高校三年生の時の担任で大学の先輩でもある故山本美一先生から言われ、研究に着手して早や四十年が過ぎ去った。その間の研究の成果が本書に収められた諸論考であるが、過ぎ去った時間に比してその内容の乏しさはいかんともし難く慙愧に堪えない。顧みると、研究に着手した頃は百済王氏を対象とした先行論文の数も少なく、纏まった著作と言えば今井啓一氏の『百済王敬福』があるのみであった。一つ一つ史料にあたり卒業論文を提出したものの、極めて不十分なものであった。更なる研究の深化をと志してはみるものの、研究成果の発表の機会がなく時が流れた。そんな折、現在龍谷大学名誉教授の日野昭先生が『国史学研究』に論考を掲載する便宜をはかって下さった。それが本書第二章の論考である。以来先生が主催される輪読会に参加させていただき多くの方々と接する機会を得た。その他の論考の多くは輪読会の存在なしには語れない。会でのご指導、ご教示がなければ論考という形で実を結ばなかったであろう。

今、一書を成すにあたって充足感があることは否めない。しかし、これはあくまで一つの通過点であり、今後もライフワークである百済王氏の研究を継続して行きたい。

最後になったが、日野昭先生は言うに及ばず平林章仁、松倉文比古両龍谷大学教授をはじめとする輪読会のメンバーに改めてお礼を申し上げたい。殊に大学の同期である平林章仁教授にはお忙しい中、株式会社雄山閣への斡旋の労をとっていただいたばかりか過分な推薦文も頂戴し、感謝の念で一杯である。

また、表紙カバー写真の撮影については、友人である矢吹誠氏の手を煩わせた。

終わりにあたって株式会社雄山閣の久保敏明氏には何かとアドバイスを頂戴し、出版の運びとなったことに対し厚く御礼申し上げる次第である。

普及版あとがき

旧版奥付を見ると平成二十年一月三十一日発刊とあり、既に十一年が過ぎ去ろうとしている。この度、出版事情が厳しい状況にあるにも拘わらず普及版を発刊したいとの申し出があり、筆者としては望外の喜びである。

この間百済王氏に関する研究が必ずしも進展したとは言い難い現状にあるのは寂しい限りである。本書が普及版としてより多くの読者の眼に触れ研究の発展に寄与することが出来ればと願ってやまない。

私事になるが、この十一年間の時の流れの中で恩師日野昭先生が平成二十三年七月に逝去され、旧版の表紙カバーの写真撮影を引き受け彩ってくれた矢吹誠氏も鬼籍に入られた。

また、推薦文を頂戴した平林章仁氏も龍谷大学教授の職を去られた。寂しさは拭えない。

最後になったが、普及版の発刊にご尽力頂いた雄山閣八木崇氏に深くお礼申し上げる。

平成三十一年一月

や 行

ら 行

わ 行

な 行

は 行

ま 行

研究者索引

■著者紹介

大坪　秀敏（おおつぼ　ひでとし）

1949年生まれ。
1971年、龍谷大学文学部史学科国史学専攻（現歴史学科日本史学専攻）卒業。
現在、龍谷大学史学会会員。

〈本文以外の既刊論文〉

「背奈氏に対する賜姓の一考察」『国史学研究』第18号　1992年
「百済王氏と藤原仲麻呂―大阪市天王寺区細工谷遺跡出土銭貨に関連して―」『日本古代の宗教と伝承』所収　2009年　勉誠出版
「百済王氏と藤原仲麻呂との関係成立についての一考察―「藤原武智麻呂伝」を手がかりとして―」『龍谷史壇』第141号　2015年
「藤原仲麻呂の新羅征討計画における国司任命について」『史聚』第50号記念号　2017年

2008年1月31日　初版発行
2019年1月10日　普及版初刷発行
《検印省略》

百済《くだら》王《のこにきし》氏《し》と古代《こだい》日本《にほん》【普及版】

著　者　大坪秀敏
発行者　宮田哲男
発行所　株式会社 雄山閣
東京都千代田区富士見2-6-9
ＴＥＬ　03-3262-3231／ＦＡＸ　03-3262-6938
ＵＲＬ　http://www.yuzankaku.co.jp
e-mail　info@yuzankaku.co.jp
振　替：00130-5-1685
印刷・製本　株式会社 ティーケー出版印刷

ISBN978-4-639-02624-2 C3021
N.D.C.210　350p　22cm